Anne Dufourmantelle
Lob des Risikos

 aufbau

Anne Dufourmantelle

LOB
DES
RISIKOS

Ein Plädoyer
für das Ungewisse

Aus dem Französischen
von Nicola Denis

Mit einem Vorwort
von Joseph Hanimann

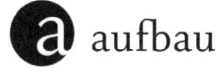 aufbau

Die Originalausgabe mit dem Titel
Éloge du Risque
erschien 2011 bei Editions Payot & Rivages, Paris.

MIX
Papier aus verantwor-
tungsvollen Quellen
FSC® C083411

ISBN 978-3-351-03732-1

Aufbau ist eine Marke der Aufbau Verlag GmbH & Co. KG

2. Auflage 2019
© Aufbau Verlag GmbH & Co. KG, Berlin 2018
© 2011, 2014, Editions Payot & Rivages
Einbandgestaltung zero-media.net, München
Satz LVD GmbH, Berlin
Druck und Binden CPI books GmbH, Leck, Germany
Printed in Germany

www.aufbau-verlag.de

Inhalt

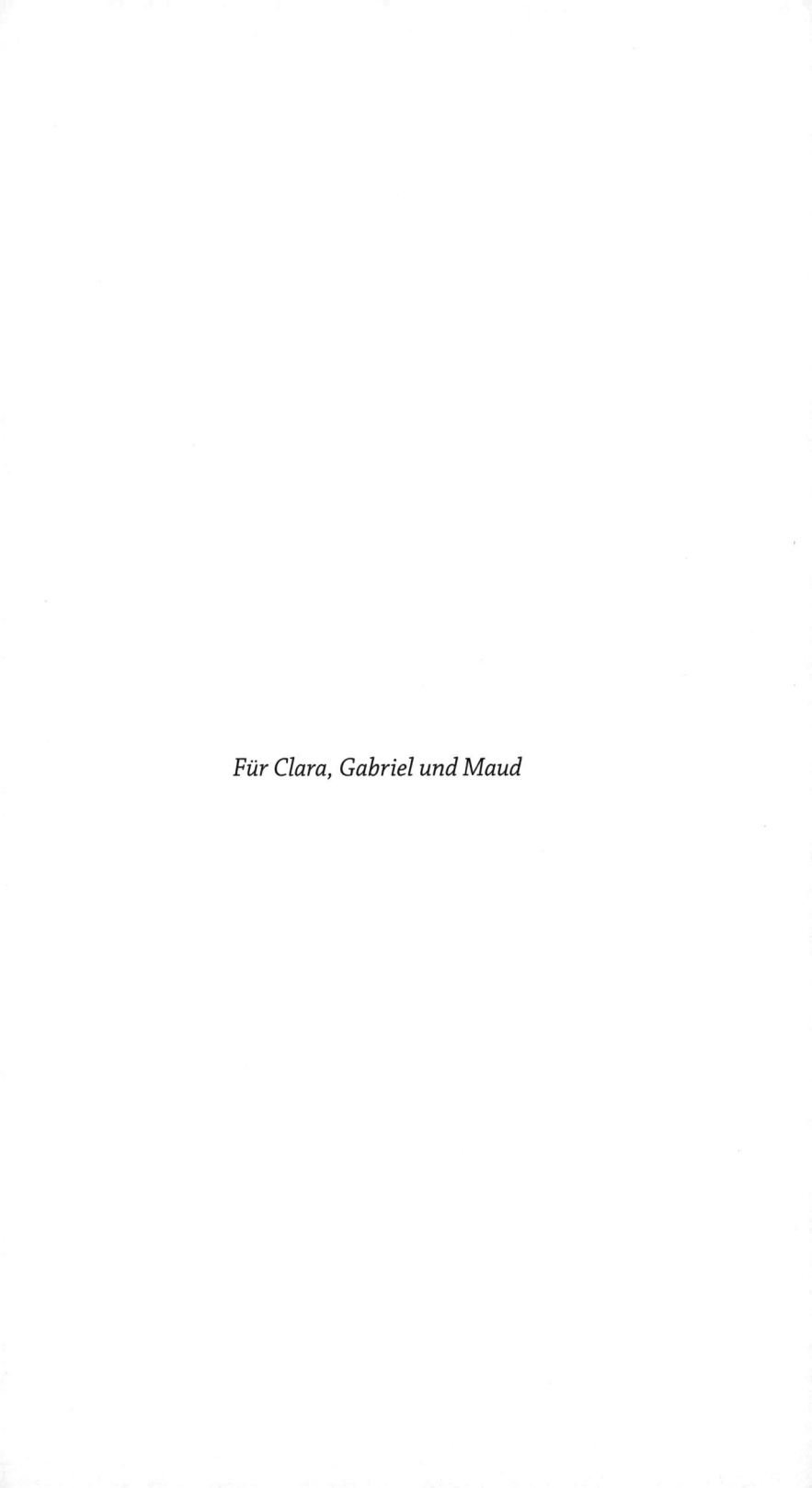

Für Clara, Gabriel und Maud

Vorwort

Bücher, die wie dieses nachträglich vom Autor beglaubigt wurden durch einen Akt der Courage, verlangen vom Leser eine ganz besondere Einstellung. Sie werden durch jenen Akt nicht wahrer, sind nicht ein für allemal gefeit gegen Vorbehalte, Einwände, Kritik. Sie weisen diese aber in Grenzen, hinter denen der Kommentar letztlich verstummt und allein die Tat sprechen lässt.

Als am 21. Juli 2017, sechs Jahre nach Erscheinen dieses Buchs, an einem französischen Badestrand der Côte d'Azur bei heraufziehendem Sturm zwei Kinder in Gefahr gerieten, ist Anne Dufourmantelle ihnen zu Hilfe geeilt und kam dabei selbst um. Die beiden Kinder blieben heil. Über die letzten Lebensmomente der Autorin können wir nichts wissen. Ihre Empfindungen bei jenem endgültigen Schritt vom Gedanken zur Tat bleiben uns verborgen.

Nachvollziehbar ist aber der lange Weg dorthin, denn wir haben die veröffentlichten Bücher und Schriften sowie die Zeugnisse von Angehörigen, Bekannten und Freunden.

Unermüdlich schritt die Psychoanalytikerin und Philosophin in ihren wechselnden Aktivitäten auf den Querpfaden zwischen Platon, Spinoza, Kierkegaard, Freud, Derrida, zwischen den großen literarischen Figuren Kassandra, Medea, Raskolnikow, Joseph K., zwischen den Erzählungen ihrer Analysepatienten und ihren eigenen Überlegungen dazu das Gelände unserer zeitgenössischen Lebensfragen ab. Was wird aus einer Zivilisation, die hinter der Bereitschaft zum Risiko nur noch Heroismus, hellen Wahnsinn oder ein abstruses Verhalten zu sehen vermag, fragt sie am Anfang des vorliegenden Textes. Anliegen ihrer Arbeit war es stets, das menschliche Tun aus den vorgestanzten Normen zu lösen und in den Horizont einer offeneren, reflektierten, hinterfragbaren Normalität zu stellen.

Sie unternahm dies als Psychoanalytikerin in der Tradition Freuds und Lacans, aber auch als Leiterin philosophischer Seminare in Paris und New York, als Verlagslektorin, Gastpublizistin bei der Zeitung *Libération* und als Autorin von rund zwanzig philosophischen, psychologischen und belletristischen Büchern. Das letzte, 2018 postum erschienene Werk, ist der Roman *Souviens-toi de ton avenir* (Denk zurück an deine Zukunft) über einen mongolischen König und seine Expedition im 14. Jahrhundert über den Pazifik bis zu den Gestaden Ecuadors.

Dass die Öffnung auf dieses breite Spektrum schon in ihrem Elternhaus begonnen hatte, war der 1964 in Paris Geborenen stets bewusst. Ihr Vater war englischer und schweizerischer Herkunft, ihre Mutter, eine Französin, stand als Psychoanalytikerin in der Nachfolge C. G. Jungs. Beide fühlten sich dem Denken Ivan Illichs verbunden. Philosophische Grundsatzdiskussionen waren der Schülerin und Studentin von Haus aus vertraut. Und ihre hohe Erwartung an die Philosophie zeigte sich in der 1994 an der Sorbonne eingereichten Doktorarbeit. Es war keine akademische Studie zu einem geistesgeschichtlichen Thema, sondern eine Untersuchung über die »prophetische Bestimmung« der Philosophie. Die Arbeit erschien vier Jahre später als Buch. Sie handelt von der Art, wie das Subjekt im Spannungsfeld zwischen Determinismus und Freiheit durch ein höheres Wissen den individuellen Lebenshorizont übersteigen kann. Gezeigt wird das anhand zweier mythologischer Figuren: Kassandra, die Künderin eines unabwendbaren Schicksals, und der biblische Jonas, der aus der göttlichen Vorsehung ausbricht und auf seinen Irrwegen den Menschen die Möglichkeit einer anderen Zukunft andeutet.

In jenen frühen Jahren ereignete sich aber auch etwas, was in der Laufbahn der Philosophin sich später mehrmals wiederholen sollte. Aus der Begegnung mit dem Philosophen Jacques Derrida, dessen Seminare sie an der Pariser École des Hautes Études en Sciences Sociales besuchte, entstand ein Denken im Dialog. »Gastfreundschaft« hieß das Thema, das Derrida in einem seiner Seminare behandelte, ausgehend von der Frage, was genau passiere an jenem seltsamen Ort zwischen »hospitalité« und »hostilité«, Gastfreundschaft und Feindseligkeit, den wir »Grenze« nennen. Anne Dufourmantelle fügte den Ausführungen Derridas zu dieser Frage eigene Überlegungen hinzu und lud ihn ein, seinerseits darauf zu antworten. So entstand 1997 das gemeinsam verfasste Buch *De l'hospitalité*. Es versucht, deutlich zu machen, dass der Zusammenhang zwischen Öffnung und Abgrenzung gegenüber dem Fremden eine komplexe Frage des immer neuen gegenseitigen Einschätzens ist und nicht so schnell über den Kamm von Offenheit und Abschottung, von Groß- und Kleinmut geschoren werden kann.

Dufourmantelles fragende, tastende, die Problematik mehr an- als umreißende Art des Philosophierens machte sie besonders empfänglich für die Gedankenarbeit zu zweit. Mit ihrem Kollegen Miguel Benasayag zusammen publizierte sie 2001 einen Gesprächsband mit dem Titel *Parcours*. Im Duo mit dem italienischen Philosophen Antonio Negri legte sie 2002 ein ABC zur Biopolitik vor (*De retour: abécédaire biopolitique*). Mit der tschechisch-amerikanischen Autorin Avital Ronell veröffentlichte sie vier Jahre später das Buch *American Philo,* eine Studie über Derrida und die »French Theory«. Austausch, Konfrontation, Vergleich war ein Grundgestus dieses Denkens, das mehr auf Weiterbewegung als auf thesenhafte Endgültigkeit abzielt.

Damit hängt auch zusammen, dass Anne Dufourmantelle schwer in den Rahmen der »French Theory«, der intellektuellen Strömungen im Frankreich des Post-Strukturalismus, einzuordnen ist. Diese Autorin stand mittendrin und zugleich stets leicht daneben. Ihre Nähe zu Derrida machte sie nicht zu einer Schülerin seiner Philosophie des endlosen Zeichendeutens und Spurenlesens. Statt sich mit einem festgelegten Begriffsinstrumentarium gegenüber anderen Theorien zu positionieren – gegenüber Jean-François Lyotard etwa und seiner Ökonomie der Libido, Pierre Bourdieu und seiner politisch engagierten Soziologie, Étienne Balibar und seinem Neomarxismus –, schöpfte sie aus vielen Quellen zugleich. Eher als auf Insiderdebatten zielt ihr Denken auf die Lebensfragen eines breiteren Publikums ab.

Ähnlich verhält es sich auf ihrem anderen wichtigen Tätigkeitsgebiet, der Psychoanalyse. Im Wespennest der rivalisierenden psychoanalytischen Schulen stand ihr der Sinn nicht nach fulminanten Wortgefechten und Theorieschlachten. Sie war zwar ein aktives Mitglied im Kreis des »Cercle Freudien«, eines in Ablösung der »École freudienne de Paris« 1981 entstandenen Vereins, der sich nach dem Tod Jacques Lacans wieder stärker am Urvater Freud orientieren wollte und in Konflikt geriet mit der von Lacan-Schülern gegründeten »École de la cause freudienne«. Auch engagierte sie sich tatkräftig bei der Initiative Stop DSM gegen das starre Klassifizierungssystem für Geistesstörungen, das unter dem Namen Diagnostic and Statistical Manual of Mental Disorders von Amerika aus sich als maßgebender Standard der Psychiatrie aufzubauen sucht.

Sowohl Kollegen wie Patienten stellten aber praktisch einhellig die große Sensibilität, das tiefe Einfühlungsvermögen und die außerordentliche Sanftheit der Psychoanalytikerin Anne Dufourmantelle in den Vordergrund.

Sanftheit war auch das Thema eines ihrer Bücher. Unter dem Titel *Puissance de la douceur* veröffentlichte sie 2013 eine Reflexion über jene besondere Kraft, die im menschlichen Umgang mehr durch diskretes Einfühlungsvermögen als durch herrisches Auftreten wirkt. Mit ihrem nicht kalkulierten Schwebezustand zwischen Geben und Nehmen hat die Sanftheit in einigen speziellen Lebensmomenten ihren selbstverständlichen Ort: nach der Geburt gegenüber dem Säugling, vor dem Tod gegenüber der geschwächten Person. Und da sie durch ihr zurückhaltend uneigennütziges Vorgehen ebenso viel ausrichten könne wie die zielstrebige, diplomatisch oder autoritär auftretende Macht, schreibt Dufourmantelle, sei sie dieser in der Praxis ebenbürtig, vielleicht sogar überlegen.

Das bedeutet freilich nicht, dass ihre Bücher nur in leisen Tönen und sanften Andeutungen zu uns sprechen. Ihre erste wichtige Buchpublikation trug im Jahr 2000 den Titel *La sauvagerie maternelle.* »Jede Mutter ist wild«, lautet der Eingangssatz: wild entschlossen nämlich, das Neugeborene nach der Geburt nie ganz loszulassen. Kaum sei das Kind nicht mehr Teil von ihr, sondern ein Eigenwesen, ein Stück Fleisch, dessen Haut sich von ihrer Haut abgelöst hat und sich nun eigenständig faltet, sich zwar noch an sie schmiegt, aber eben nicht mehr mit ihr verwachsen ist, setze jene spontane Energie des unbändigen Festhaltenwollens ein, schreibt die Autorin. Diese spontane Verweigerung von Ablösung, Weitergabe, Teilhabe, Vermittlung sei etwas Normales, ursprünglich Vererbtes, das in Extremfällen bis zum Kindsmord oder zum Selbstmord gehen könne: ein dumpfer Rest ungeteilten Beisichseinwollens, der sich gegen alle Teilungs- und Unterscheidungsmechanismen von Vernunft, Sprache, Gesetz oder sozialen Umgangsnormen auflehnt. Medea und Jokaste, die biblischen Figuren Eva und Esther, aber auch Sophie aus William Styrons Buch *Sophies Entscheidung,* die Mutter aus dem Roman *Heiße Küste* von Marguerite Duras oder Tolstois *Anna Karenina* sind Beispiele, mit denen die Autorin Dufourmantelle dieses Phänomen subtil zu erläutern versteht. Anna Karenina habe zwei Kinder gehabt, schreibt sie – allzu oft vergesse man das. Und Tolstois Roman sei »einer der schönsten, der je über die ›mütterliche Wildheit‹ geschrieben wurde«. An dieser Frau zeigt die Autorin, wie durch eine überbordende Liebe in der Vorstellung der Mutter manchmal das Kind und der Liebhaber einander überlagern und sich zugleich neutralisieren und negieren. So stößt Anna in einer Romanszene bei der Suche nach einem Porträt von ihrem Sohn Serjoscha auf ein Foto in einem Bilderrahmen und schiebt es, da sie gerade kein geeignetes Instrument zur Hand hat, mit einem anderen Foto aus dem Rahmen: dem Foto ihres Geliebten Alexej Wronskij. »Sieh an!«, entfährt es ihr dabei: Dieser Mann hinter dem Kind sei die Ursache all ihres gegenwärtigen Leids.

Neben solchen literarischen Beispielen und den einschlägigen philosophischen Texten dazu von der Antike bis zur Gegenwart streut die Psychologin Dufourmantelle von Buch zu Buch aber immer auch Zeugnisse aus ihrer Tätigkeit als Analytikerin ein. »Psychoanalytiker sein bedeutet, auf die stimmlose Musik verödeter Leben, verhinderter Freude, dumpfer Liebesangst, stillen Ausharrens, zurückgehaltener Tränen zu hören«, schrieb sie am Schluss von *La sauvagerie maternelle*.

Deshalb ist im Hintergrund ihrer Bücher durch die dünne Wand der Theorie stets auch ein Echo aus dem Analysezimmer vernehmbar, begleitet vom Nachdenken darüber, was da am Kopfende des Diwans eigentlich genau vor sich gehe. Patientengeschichten und der philosophische Argumentationsverlauf zum jeweiligen Thema sind in Dufourmantelles Werken eng ineinander verwoben: durch unterschiedlichen Drucksatz zwar klar voneinander abgegrenzt, aber doch als Einheit gedacht. Die Übergänge von einem zum anderen muss der Leser durch Gedankenassoziation sich selbst schaffen. Ausschließlich theoretische Abhandlungen wären der Autorin zu spekulativ, Patientengeschichten ohne thematischen Kern hingegen zu anekdotisch vorgekommen. Sie zielte auf ein ständiges Hin und Her zwischen dem konkreten Fall und der Allgemeinheit, dem Einzelschicksal und dem System, der unmittelbar gelebten und der reflektierten Situation, in einem eleganten Stil, der mit Bildern wie mit Begriffen spielt, sie oft nur lose miteinander verknüpft und mehr assoziativ als deduktiv miteinander verbindet.

Auch in ihrem letzten zu Lebzeiten veröffentlichten Buch *Défense du secret* (Verteidigung des Geheimnisses) kam die Autorin 2015 gleich zu Beginn noch einmal auf die Funktion des Analytikers zu sprechen. Psychoanalytiker werden bedeute, »sich auf die Seite des Geheimnisses zu begeben«, schrieb sie: ins Halbdunkel, ins Verborgene, in die Stille. Vom Beichtstuhl habe die Psychoanalyse den Gedanken von Geständnis und Vergebung übernommen, nicht aber jenen von Sünde unter einem göttlich urteilenden Auge. »Dem Analytiker ›alles zu sagen‹ ist keine Disziplinierung, um mit sich selbst ins Reine zu kommen oder ein von der Epoche uns abverlangtes Geständnis zu machen«. Gegen die Tendenz unserer Zeit, alles offenzulegen, über die Netzwerke der Dauerkommunikation sich schrankenlos mitzuteilen und hinter jedem Geheimnis den Verdacht auf Vertuschung zu hegen, erinnert die Autorin an die Bedeutung des Verborgenen, nie ausdrücklich Gesagten und im Grunde nicht Mittelbaren. In der Antike wurden die Geheimnisse von den Göttern gehütet als ein Wissen vom Lauf der Welt und von unserem persönlichen Schicksal. Im christlichen Mittelalter und dann in der Renaissance begann in der Intimität des Ich das

18

moderne Subjekt zu reifen. Unsere Epoche muss, so mahnt die Autorin, einen neuen Ort für das Geheimnis finden.

Konkret präsentieren sich die meisten Bücher von Anne Dufourmantelle als Abfolge kurzer Kapitel, die im Wechsel zwischen Meditation, Lesenotiz, Textkommentar, Fallstudie, Zeitanalyse und Gesellschaftskritik weitmaschig eine ganz eigene Ordnung aufweisen. Der ständige Schrittwechsel lässt heraushören, dass sie in kurzen Intuitionsschüben, nicht durch systematische Ausarbeitung eines fest vorgefassten Plans entstanden sind. Entsprechend darf man dieses elegante Staccato der Überlegungen ganz nach seinen eigenen Interessenschwerpunkten angehen. Man kann beim Lesen vorgreifen, Einzelnes herausnehmen, auf frühere Kapitel zurückkommen. Die jeweilige Zentralidee, die wie ein philosophisch-musikalisches Grundmotiv vom Titel her durchs ganze Buch klingt, muss man als solche aber erfassen und stets im Sinn behalten.

In *Lob des Risikos* herrscht der Gedanke vor, dass das Risiko nicht einfach eine Wette mit dem Zufall, ein kühner Sprung ins Ungewisse oder ein Faktor für Versicherungsexperten sein kann. Die Bereitschaft zum Risiko impliziere eine besondere Lebenseinstellung, einen Daseinshorizont, eine bestimmte Haltung zur Welt, die ebenso in die Vergangenheit wie in die Zukunft reiche und in jedem Moment unser ganzes Sein aufs Spiel setzte, betont die Autorin. Anders gesagt: Das Risiko ist nicht in Einzelsituationen zwischen Mut und Feigheit teilbar. »Sein Leben riskieren« heißt das erste Kapitel des Buchs. Wer sich vor einem riskanten, aber ihm notwendig erscheinenden Einsatz drückt, der widerruft all seine früheren Momente von Courage, lautet das Fazit jenes Kapitels. Dabei stellt sich natürlich die Frage, welche Anliegen uns denn heute wertvoll genug erscheinen, dass man dafür das Leben riskiert.

Der Nervenkitzel leichtfertig auf sich genommener Risiken erscheint der Autorin ebenso albern wie das Verlangen unserer Vorsehungsgesellschaft nach dem Null-Risiko. Dieses Verlangen spalte unser Ich entzwei in ein abenteuersüchtiges Triebwesen, das den Schauer des Entweder-Oder in der Gefahr suchte, und ein Vernunftwesen, das nie vorsichtig genug sein könne, schreibt sie. In keiner Epoche habe man »sicherer« gelebt als in der unseren, zumindest in der westlichen Welt. Und doch habe es nie so viel Stress, Zukunftsangst und Neigung zur Panik gegeben. Kriege würden aus der Ferne geführt und müssten ohne Tote in den eigenen Reihen auskommen – selbst Hegel habe die Barbarei des »sauberen« Kriegs mit den »Kollateralschäden« unter der Zivilbevölkerung nicht voraussehen können, wundert sich die Autorin. Diese Obsession des Null-Risikos hat aber im Terroristen, der von der Wahrscheinlichkeit seines eigenen Todes ausgeht, einen gnadenlosen Herausforderer gefunden. Wenn die Angst vor ihm um sich greift, hat er gewonnen. Und die Versicherungsgesellschaften halten uns ihre Offerten zum Unterschreiben hin.

Es sind lose angeführte Beispiele aus allen möglichen Lebensbereichen, mit denen Anne Dufourmantelle uns in ihrem Buch zu einer offenen Haltung gegenüber dem Risiko ermutigt. Das Gefühl, abhängig zu sein von einer Person oder einer Sache, gehört ebenso dazu wie das Zögern oder das Zweifeln an sich selbst. Ebenso kann das Hinnehmen der Einsamkeit eine Form von Risiko sein. Oder die Hartnäckigkeit, mit der man gegen alle Widerlichkeiten an einem Ziel festhält. Oder die Traurigkeit, die nicht tragisch ist, sondern »das Drama in einen Horizont der Seelenlandschaft verräumlicht«. Und Risikobereitschaft kann auch hinter den Leidenschaften stehen, vor denen uns die Philosophen seit der Antike so inständig gewarnt haben.

All das läuft auf eine sanfte Absage an die klassischen philosophischen Weisheitslehren hinaus. Sich stoisch über die Alltagssorgen erheben, die kleineren oder größeren Ängste überwinden und gelassen über die allgemeinen Lebenszwänge hinwegsehen – das ist für Anne Dufourmantelle kein Lebensrezept. Nicht durch Ignorieren oder Sublimieren, sondern durch Akzeptieren kommt man ihrer Ansicht nach weiter. In der Leidenschaft sieht sie nicht primär einen Verlust der Selbstkontrolle, sondern eine vorübergehende Selbstaufgabe, die alle Bindungen des Vertrauten kappt und ein Tor zum Außerordentlichen aufstößt. Das hat seinen Preis. Es kann ins Verderben führen, zu Mord oder Selbstmord, denn die Leidenschaft, dieser »Rest von Passivität in uns, der bei jeder Reizwirkung wahnsinnig werden kann«, ist so etwas wie die Grundsubstanz des Risikos. In der Sucht wiederum entfaltet sich dieses zu einem intensiveren In-der-Welt-Sein und in der Liebe, dieser »Kunst der Abhängigkeit«, durchsetzt es das Glück der Nestwärme mit Momenten von eisiger Kälte.

Eine neue Moral von erfolgreicher Selbstverwirklichung und individuellem Lebensglück verleitet uns gern zur Illusion einer Freiheit, die Authentizität mit Caprice verwechselt. Je zwangloser jedoch die Regeln, desto starrer sind oft die verinnerlichten Leitbilder. Man möchte im Rahmen der Konvention Konventionen brechen, pocht in Beruf, Freizeit und Familie auf lockere Individualität und tauscht, wenn es damit schwierig wird, gern die alten mit neuen Lebenssituationen aus, die nach demselben vorgeprägten Muster gestrickt sind. Die Bereitschaft zum Risiko, wie Anne Dufourmantelle sie versteht, verlangt hingegen etwas mehr als Tapeten-, Partner- oder Berufswechsel. Die aus dem Risiko entsprungene Freiheit stößt tief verankerte Lebensmodelle um, denn sie ist »eine Bewegung der ständigen Ablösung, sie ist kein stabiler Zustand«.

Nie sei die freiwillige Unterwerfung größer gewesen als heute, wundert sich die Autorin. Wir ertappen uns täglich selbst bei unserem selbstverständlich vorauseilenden Gehorsam. Denn dieser tritt meistens unter Decknamen auf. Sicherheit ist einer davon. Es gehöre zum guten Ton, liest man in *Lob des Risikos*, Eigensinn, Unabhängigkeit, Ungehorsam zu predigen, in seinen Akten dann aber doch klug und vorsichtig zu sein – sicher ist sicher. Ungehorsam kommt jedoch ohne Händeringen und laute Widerrede aus. Die Philosophin plädiert für einen leichtfüßigen Ungehorsam, mehr ein Wegtreten als ein kämpferisches Entgegentreten. In Anspielung auf eines ihrer früheren Bücher appelliert sie an die »Sanftheit in der Auflehnung« und die »Unverschämtheit des Humors«, ein ruhig vor sich hin pfeifendes Ausscheren aus den inneren wie äußeren Zwängen, stets bereit, dabei alles zu verlieren, aber entspannt und etwas einsilbig wie Bartleby aus Herman Melvilles Erzählung zu antworten: »Ich würde lieber nicht ...«.

Das verleiht diesem Buch ohne scharfe Thesen, ohne Programm und markante Formulierungen einen anarchischen Unterton. All unsere Selbstverständlichkeiten geraten in Bewegung. »Du warst eine Gesetzesbrecherin ganz eigener Art«, schrieb Anne Dufourmantelles Tochter Clara nach deren Tod in einer bewegenden Würdigung für die Zeitung *Libération*. Sie habe auf die artigste Weise immer ein bisschen neben dem normalen Verhalten gestanden, wenn sie sich mit dem liebenswürdigsten Lächeln vorn in die Warteschlange stellte, Flugtickets stets für den falschen Tag oder Monat kaufte, beim Autofahren den Rhythmus zum Chanson mit dem Fuß auf dem Bremspedal schlug. Nicht Leichtsinn steht hinter dieser Bereitschaft zum Risiko, sondern ein entspanntes Wissen um die Fragilität unserer Gewissheiten.

Joseph Hanimann, Paris im Juni 2018

»Das Risiko ist schön.«
Platon

»Der Moment der Entscheidung ist eine Verrücktheit.«
Søren Kierkegaard

Sein Leben riskieren

Mit dem Leben gehen wir, die Lebenden, ein leichtfertiges Risiko ein. Unsere Zeit steht im Zeichen des Risikos: Wahrscheinlichkeitsrechnungen, Umfragen, Crash-Szenarien, Evaluierung psychischer Belastbarkeit, Prävention gegen Naturkatastrophen, Krisenzellen – keine Facette des politischen oder ethischen Diskurses entgeht diesem Prozess. Das Vorsorgeprinzip ist zur Norm geworden. In Bezug auf Menschenleben, Unfälle, Terrorismus oder soziale Forderungen ähnelt es einem Cursor, der je nach den Bedürfnissen der kollektiven Mobilisierung und Geschäftemacherei verschoben wird. Es bleibt unhinterfragt.

Der Ausdruck »sein Leben riskieren« gehört zu den schönsten unserer Sprache. Bedeutet er zwingend, dass man sich dem Tod stellt – und überlebt? Oder wohnt dem Leben selbst eine geheime Vorrichtung inne, eine Musik, die für sich genommen allein imstande ist, das Dasein auf jener Kampflinie zu verschieben, die Begehren heißt? Denn das Risiko stößt in einen unbekannten Raum vor. Wie können wir es als Lebende vom Leben und nicht vom Tod her denken? Es stellt im Augenblick der Entscheidung unser innerstes Verhältnis zur Zeit auf die Probe. Das Risiko ist ein Kampf, bei dem wir den Gegner nicht kennen, ein Begehren, das uns selbst nicht bewusst ist, eine Liebe, deren Gesicht uns verborgen bleibt, ein reines Ereignis.

Man muss sich geradezu fragen, was aus einer Zivilisation wird, die das Risiko nur noch denken kann, indem sie es zu einem heldenhaften Akt, zu purem Irrsinn erklärt? Und wenn das Risiko bereits eine bestimmte Grundeinstellung zur Welt voraussetzte, einen Horizont vorgäbe?

Sein Leben zu riskieren bedeutet womöglich in erster Linie, sich dem Sterben zu verweigern: einem Sterben zu Lebzeiten, durch verschiedene Formen des Verzichts, schleichende Depressionen und Aufopferung. In den entscheidenden Augenblicken unseres Daseins sein Leben zu riskieren, ist ein Akt, der uns unwillkürlich zuvorkommt, wie eine innere Prophezeiung oder Bekehrung. Ist es die Geste der Gefangenen in Platons Höhlengleichnis, die sich dem Tageslicht zuwenden, oder aber Kants moralisches Gesetz, jene allgemeingültige innere Richtlinie, mit deren Hilfe wir denken und frei sein können?

Der Akt des Risikos ist dem Zufall ausgesetzt. Wir wollen ihn als etwas Freiwilliges sehen, doch er wurzelt im Dunkeln, Unüberprüfbaren und Ungewissen. Ich beleuchte das Risiko hier unter dem Aspekt der Sterbensverweigerung, der weder seine Evaluierung noch seine Eliminierung erlaubt. Sollte unsere Gewissheit über den eigenen

Tod denn umgekehrt keinerlei Auswirkungen auf unser Dasein haben? Am äußersten Rand dieser Gewissheit wissen wir, dass eines Tages alles, was wir geliebt, gehofft und verwirklicht haben, ausgelöscht sein wird. Und wenn die Sterbensverweigerung das oberste aller Risiken wäre, das sich in der Nähe zu Geburt und Tod spiegelte?

Das Risiko ist der alles entscheidende Augenblick (*kairos*). Es bestimmt nicht nur die Zukunft, sondern auch die Vergangenheit, wo es einen ungeahnten Vorrat an Freiheit offenbart. Wie ließe sich das bezeichnen, was die Zukunft bestimmt, zugleich aber die Vergangenheit belebt? Das Risiko gehört zu einer akustischen Familie, zu jener Art von Rückkoppelung, die den Klang wieder dem Schallsender zuträgt. Der Klang, der *rückwirkend* hörbar wird, bewirkt ein heimliches Einvernehmen, vielleicht die einzige Möglichkeit, die Wiederholung zu entschärfen. Das Risiko ist alles andere als ein bloß zukunftsbezogenes »Vorwärts«, vielmehr begehrt es sanft und beharrlich auf, bis Zeit und Gedächtnis zu einer Verkehrung der Prioritäten bereit sind. Wie das Trauma leitet auch der entscheidende Augenblick, in dem das Risiko eingegangen wird, eine *andere* Zeit ein: als positives Trauma. Auf wundersame Weise wäre das Risiko damit das Gegenteil der Neurose, deren Markenzeichen es ist, die Zukunft so zu vereinnahmen, dass sie unsere Gegenwart nach dem Muster der bisherigen Erfahrungen formt und keinen Platz für den Einbruch von Unbekanntem lässt, für die geringste Verschiebung einer veränderten Horizontlinie. Ja, die Rückwirkung des Risikos wäre das genaue Gegenteil, gewissermaßen eine *rewind*-Einstellung aus der Zukunft, die das in jeder Vergangenheit enthaltene Reservoir an Schicksalshaftigkeit aufbricht und die Möglichkeit einer wahren Präsenz aufzeigt: die Risikolinie.

Eurydike gerettet

Eurydike, zeitlose und hochmoderne Figur zugleich, ist diejenige, die aus Liebe bis in den Tod hinein gesucht wurde. Das Risiko der Sterbensverweigerung einzugehen, stellt die Frage nach dem, was uns zu Lebenden macht, vor allem aber zu Menschen, die wie Eurydike in der Lage sind, zu rufen. Der Mythos[1] erwähnt Eurydikes Rufen nicht, und doch besteht für mich in ihrem Ruf und Orpheus' Antwort, seinem verhängnisvollen Umschauen, das Wesen der menschlichen Bindung. Die Anrufung bezeichnet unsere erste Bindung an den anderen, von unserem fötalen Ursprung bis ans Lebensende, sie durchdringt und formt uns anders – nicht nur als vernunftbegabte Körper, sondern als Menschen, die zu jenem ungeheuerlichen Ereignis fähig sind: der Liebe.

Sie dachte, mit dreißig werde sie sterben. Das hatte sie immer schon geglaubt. Bloße Routine, nicht wichtiger als Zahnarzt, TÜV oder Zigaretten. Dieser Morgen, das wusste sie, wäre nur ein bisschen endgültiger als die anderen. Oh nein, es käme ihr nicht im Entferntesten in den Sinn, ihrem Leben ein Ende zu setzen oder das bewusst dem Zufall zu überlassen. Sie stellte einfach fest, dass sie den anderen um eine Nasenlänge voraus war, weil sie wusste, wann der Tod sie holen würde. Eine Hellseherin hatte versucht zu vermitteln: Es handelt sich doch nur um einen symbolischen Tod, wissen Sie, einen großen emotionalen Schock, ach ja, hatte sie gelächelt, und danach kommt das richtige Leben, stimmt's? Für Hellseher hatte sie schon immer ein mütterliches Gefühl gehegt, als ob ihre Besuche dort nur bestätigten, was sie ohnehin schon wusste. Was sie gar nicht, überhaupt nicht eingeplant hatte, war die Angst. Eine kaum spürbare Angst, die an einem regnerischen Nachmittag plötzlich da war, wie ein streunender Hund auf der Straße, wie eine Erkältung. Sie hatte sich diese Angst eingefangen – vielleicht auch zugelegt. Die Angst zu sterben. Das war vor ein paar Wochen gewesen ... Daraufhin hatte sie ihn aufgesucht. Einen Psychoanalytiker, den sie sich auf gut Glück ausgesucht hatte, wegen seiner Stimme, die spätabends im Radio zu hören gewesen war. Sie hatte schon immer nur mit dem Radio einschlafen können. Das war ihre Art, sich der Kindheit zu verweigern, was ihr im Hinblick auf die Unterredung mit diesem Herrn nun ein bisschen unangenehm war. Er würde sie sicher bitten, über ihre Kindheit zu sprechen. Dabei gab es nichts, was sie für erinnerbar hielt. Doch die Angst setzte ihr zu, es kam jedenfalls nicht in Frage, mit dieser am Leib klebenden Angst zu sterben. Wenn es schon sein musste, dann lieber in Anmut und Heiterkeit. Und egal, dass sie so wenig Lust hatte, ihre Erinnerungen zusammenzuflicken, mit dem, der bereit war, ihr zuzu-

hören, würde sie sich schon arrangieren. Es blieb ihr nur noch wenig Zeit, sie war reichlich spät dran, aber schließlich ging es ja nur darum, dass ihr jemand diese Angst, die sie plötzlich gepackt hatte, begreiflich machen konnte. Ihr Leben würde kurz sein, na und? Nachdem sie den Namen des Analytikers beim Radiosender erfragt hatte, war sie zu ihm gegangen wie zu einem verbotenen Rendezvous.

Der Psychoanalytiker hatte ein bisschen Verspätung, aber mit dem Warten konnte sie ihr Unbehagen etwas bezähmen. Er hörte ihr zu. Das hatte sie eigentlich auch erwartet. Dann sagte er: »Vielleicht möchten Sie doch noch ein bisschen weiterleben?« Beinahe hätte sie gelacht über diese schlichte, fast dümmliche Bemerkung, über seine sanfte Art.

»Ja, daran hatte ich auch schon gedacht, wissen Sie ...«

»Ah!«

»Wenn man Angst hat, heißt das doch, es ist etwas bedroht, was einem wichtig ist, oder?«

Jetzt war sie diejenige, die Fragen stellte.

»Ja, wahrscheinlich«, gab er zu.

Dann entstand ein eher beruhigendes Schweigen, wie eine schwache kleine Brise in den Segeln, hart am Wind. Nach der Sitzung begleitete er sie an die Tür, ob sie wohl wiederkäme? Nächste Woche? Zur selben Zeit? Nichts Genaueres. Er strahlte eine ansteckende Güte aus, die einen hinterlistig einhüllt, ohne dass man weiß, wie man sich ihr entziehen soll. Fast klebrig – nein, eher höflich, allerdings auch einen Hauch gleichgültig. Sie hatte den Eindruck gehabt, dass er das nahe Datum ihres Todes nicht berücksichtigte. Sie würden nur drei oder vier gemeinsame Sitzungen haben. Nun, sie vertraute ihm und würde überdenken, was er ihr gesagt hatte. Um ehrlich zu sein, hatte sie die Sache noch nie aus dieser Perspektive betrachtet, weil der Tod jedes Begehren nach diesem Terminus post quem *verbot.*

Indem er sie seit dreißig Jahren im Visier hatte, glich ihr Leben vergilbten Fotos, die man wie ein Zeitdokument betrachtet. Ihr Leben war immer in der Vergangenheit gedacht worden, von dem vermeintlichen Nichtigkeitspunkt des eigenen Todes aus. Im Gegensatz zu allen anderen hatte er nicht versucht, sie von der – unerschütterlichen – Schicksalshaftigkeit ihrer Verabredung abzubringen: Aber nein, Eurydike, du weißt doch, das ist Unsinn, wir werden bald gemeinsam auf deinen dreißigsten Geburtstag anstoßen, sogar am nächsten Tag noch … Sie ließ sie reden und lächelte innerlich, ja, ja. Die Wahrheit ist ein unvergleichlich starker Widerstandspunkt gegen das Wirkliche. Eine Prüfung mit Testcharakter. Sie zwingt die Wirklichkeit dazu, ihr Innerstes nach außen zu kehren. Das mit der Wahrheit konfrontierte Subjekt ist sich darüber im Klaren. Auch Eurydike war sich darüber im Klaren und hatte niemanden gebeten, sie davor zu beschützen.

In der folgenden Woche antwortete niemand in der Sprechanlage. Sie insistierte, und die Hausmeisterin fragte: Suchen Sie M. X.?

»Ja, wir hatten einen Termin«, sagte sie und setzte hinzu, »ich glaube …«

»Ah, ich verstehe, Sie wissen also noch nicht Bescheid! Wir sollten einen Zettel aufhängen, sie haben nicht alle Leute benachrichtigen können, das verstehe ich ja, aber trotzdem, meine Aufgabe ist das eigentlich nicht!« Sie wirkte verärgert.

»Er ist schon vor drei Tagen gestorben.«

Eurydike erstarrte. Wie damals, als sie mit acht Jahren in Kanada ein Nordlicht gesehen und angesichts dieses großen grünen Vorhangs, der den ganzen Himmel in Bewegung setzte, geglaubt hatte, es sei das Ende der Welt.

»Gestorben?«

»Ja, es stand in der Zeitung, die Beerdigung ist morgen Nachmittag. Sie können seine Schwester anrufen, ich glaube, sie antwortet seinen ... Patienten«, wagte die Hausmeisterin nach einem neuerlichen Blick zu sagen.

»Das ist nicht nötig«, entgegnete sie, »aber danke für Ihr freundliches Angebot.«

Sie kehrte der verstummten Sprechanlage den Rücken zu und verließ das Haus.

Auf der Straße wusste sie, dass der Tod an ihr vorübergegangen war, dass er sich jemand anderes genommen hatte. An ihrer Stelle? Nicht unbedingt. Er würde ihre Verabredung einfach nicht mehr einhalten. Die Angst blieb jedoch, wie ein kleines Tier, wie ein Kätzchen, das sie beschützen sollte. Es galt nun, diese Angst zu verwandeln, damit sie wieder Geschmack am Leben finden konnte. Damit sie verstehen konnte, was es bedeutete, am Leben zu sein – noch vor wenigen Augenblicken ein unvorstellbares Ereignis. Sie dachte an einen Unfall, ein Abkommen von der Fahrbahn, dem sie auf wundersame Weise entkommen wäre. Sie würde Acht geben müssen auf dieses Leben, das ihr nicht etwa zurückgegeben, sondern unvermittelt gegeben worden war. Dieses Leben, das mit der Angst gekommen war, mit den Worten des Therapeuten und mit seinem Tod.

Gelegentlich bleibt das Risiko der Sterbensverweigerung (nahezu) unbemerkt. Dann bietet es uns sich nicht als letzte Zuflucht (weiterleben), sondern als das, was indirekt wie ein Verzicht erscheint, wenn man nur noch dazu in der Lage ist, an nichts mehr zu glauben. Wie lässt sich dann der Maßstab verschieben? Der Maßstab des Architekten oder der Stab des Zauberers, je nachdem ... Es gilt, das Maß zu verlieren, den großen Winkel weit zu öffnen.

Eine Kehrtwende zu machen und die Vergangenheit neu zu entdecken. Man merkt, dass das Licht oft von hinten einfällt, aus dem sogenannten toten Winkel. Oder dass es von einer flüsternden Stimme herrührt: Dreh dich um. Es ist die Stimme des Umschauens, der Revolte, die einen aus der Höhle, aus dem Betäubungsschlaf der Depression und des Verrats, aus dem Irrglauben reißt und hinführt zu dem, was lediglich ein Traum scheint, weil man glaubt, ja schwören wollte, das dort auf die Wand projizierte Bild sei die Wirklichkeit. Sich umzuschauen, ist ein echtes Risiko. Scheinbar bedeutet es einen Verzicht, einen Rückschritt. Einer gegen alle, eine philosophische Anamnese, ein Weg der Psychoanalyse; der Wahnsinn, allen Dogmen zum Trotz zu glauben, dass sich »hinter« uns ein beispielloser Vorrat an Freiheit auftut. Und nun flüstert Eurydike: Auf diesem Weg seht ihr dem Tod ins Auge. Würde Eurydike uns begreiflich machen können, wie man vom Tod ins Leben zurückkehrt, wenn wir um ihre Figur Mikrophilosophien, winzige Gedankenfragmente, konstruieren würden?

Bekanntlich ist es der Tod, der als Risiko in uns lauert. Die Tatsache, ihn gedanklich im Visier zu haben, macht uns weder lebendiger noch liebesfähiger. Wenn das Risiko mit dem Ereignis der »Sterbensverweigerung« gleichbedeutend ist, handelt es sich jenseits der Entscheidung um ein körperliches Bekenntnis zum Unbekannten, Dunklen, Nicht-Gewussten, ein Wagnis angesichts dessen, was sich eben gerade nicht entscheiden lässt. Und so eröffnet es die Möglichkeit des Unverhofften.

Würde es nicht schon reichen, weniger dramatisch mit Spinoza das zu denken, was uns im Sein verharren lässt? Die Geduld zu denken, dieses Zeitmaß, das im Angesicht der Dringlichkeit Wunden verätzt ... Die Geduld zu sein, eine subtile, vergessene, nicht von sich selbst eingenommene Kunst, in der Denken und Fühlen einander überlagern: ein schöpferisches Labor. Eine Geduld jedoch, die nicht im Dienst des Wartens steht, geschweige denn von Depressionen, Kompromissen und verhängnisvollem Verzicht. Dieses Risiko des Seins lässt sich nicht planen oder evaluieren. Es ist die große Wirtschaftsmaschine, die der Risikoevaluierung zugrunde liegt.

Manchmal bleiben nur wenige Augenblicke bis zum Ablauf der Frist. In der Intensität des Gelebten aber liegt ein unendlicher Zugewinn an Zeit. Eine Gnade, *a mercy*.

Winzig-wunderbare
Abhängigkeiten

Das Wort »Sucht« ist in Mode. Es hat einen aktiven Charakter, der dem Begriff Abhängigkeit fehlt. Tatsächlich hat die Abhängigkeit eine denkbar schlechte Presse. Man schreibt ihr ein Gefahrenpotenzial zu, das in einem proportionalen Verhältnis zu ihrer Anziehungskraft steht. In vielfacher Hinsicht toxisch, dienen ihr als Ersatz zahlreiche mehr oder weniger harte Substanzen, gemeinhin Drogen genannt (zu denen man die verschriebenen Beruhigungsmittel rechnen kann), aber auch all unsere biotechnologischen, hochgradig faszinierenden Erzeugnisse. Heimlich pflegen wir alle unsere Abhängigkeiten, während wir sie öffentlich verteufeln.

Abhängig zu sein, ist angeblich etwas Schlechtes. Ob man von einem Körper, einer Flüssigkeit, einem fetischisierten Objekt abhängig ist, ob von einem Ritual, Spiel oder Bildschirm – alles suspekt. Und doch haben wir alle so angefangen, in der nacktesten, schutzlosesten Abhängigkeit. Unsere Befürchtungen und Ängste werfen uns manchmal zu diesem Neugeborenenkörper zurück, der Hunger, Durst, Kälte, Warten, Schmerz und Unbekanntem ausgeliefert ist. Die Empfindungen unserer ersten Lebenswochen sind noch immer intakt, es bedarf nur einer stärkeren melancholischen Anwandlung, damit wir unseren Erwachsenenkörper wieder in den Neugeborenenkörper schlüpfen sehen. Das Neugeborene ist dem anderen ausgeliefert: nicht nur seiner Bereitschaft, es zu liebkosen und ihm eine möglichst innige Pflege angedeihen zu lassen, sondern auch den Seelenzuständen seiner Eltern, Geschwister oder Tagesmütter, ja allem, was es innerlich bewegt, denn das Neugeborene hat sich, anders als sein Körper, in der Zeit nach der Geburt in emotioneller und spiritueller Hinsicht vermutlich noch nicht vollständig von seiner Mutter und der uterinen Welt gelöst. Was genau nimmt das Neugeborene wahr, wenn es uns mit diesem angeblich noch nicht »sehenden« Blick anschaut?

Wenn ein Erwachsener in seinem Gefühlsleben Schiffbruch erlitten hat und sich treiben lässt, bis er zu einem Wrack wird, spricht genau dieser Körper, der Säuglingskörper, aus ihm und fordert eine Aufmerksamkeit, die kein Erwachsener ihm je hat spenden können.

Diese angeborene Abhängigkeit suchen und meiden wir mit derselben konstanten Energie. Wir spielen eine Art Erwachsenen-Verstecken, haben unsere Kindheit irgendwo im Gras verloren, die Kissenschlachten, die Geheimnisse und kleinen Ausflüge, man weiß nicht genau, wonach man dort zwischen den Gesichtern und den nackten

Körpern in der durchsichtigen Verflechtung der Landschaften eigentlich sucht.

Das Risiko der Abhängigkeit einzugehen, ist ein freundschaftlicher Wink an jenen Nachgeburtskörper, aber nicht nur: Nach Art eines Impfstoffes, der dem Körper Viren injiziert, um ihn abzuhärten, sodass er sich einen eigenen Schutz aufbauen kann, sollten wir unsere Abhängigkeiten zu unserer eigenen Freude besser wild wachsen lassen wie in einem Englischen Garten, wo Unkraut neben Thymian und Dahlien wuchert. Wir sollten sie nicht meiden, sondern uns mit ihnen beschäftigen, sie mit Verstand betrachten. Die Liebe ist eine Kunst der Abhängigkeit. Sie setzt also ein Wagnis voraus. Sie setzt voraus, dass man seine Niederlage, das unsinnige Warten, seine Verzweiflung angesichts der abrupten Ablehnung des anderen eingesteht, dass man sich von einem scheinbar nicht enden wollenden Schmerz zerrütten lässt. Dieses Gutheißen der Abhängigkeit ist keine Resignation, sonst würde ein verhängnisvolles Gift in die Seele sickern und bald einer Depression den Weg ebnen, so wie sich ein zu lang aufgestauter Fluss im Sumpfgebiet verliert. Die Liebe ist ein Ereignis, das uns befähigt, uns in den anderen zu versetzen, uns selbst aufzugeben, um sich einen Gegner auszusuchen. Die Liebe existiert, Gewalt, Dummheit, Neid und Traum zum Trotz. Sie kommt, wenn man sie nicht erwartet. Sie wohnt in der Verzückung und im Ekel, sie ist Selbstentäußerung und Entmündigung. Man weiß nicht, was es ist, das sich uns in den ersten Stunden des Lebens so rätselhaft einprägt, um später in einem Faible für eine bestimmte Hautfarbe, einen bestimmten Geruch, für eine Geste oder eine leichtfertige Art, für einen bestimmten Tonfall, eine kaum merkliche Hüftbewegung oder einen gewissen Abstand zwischen den Wörtern wieder an die Oberfläche zu kommen.

Wenn Abhängigkeit Versuchung bedeutet, kann man ihr zugutehalten, die Gestalt des Teufels wieder zum Leben erweckt zu haben. Der Versucher, der Hiob auf die Probe stellt, offenbart unsere menschliche Bedingung. Einer Provokation kann man unterliegen. Denn selbst wenn man dem Versucher widersteht, wenn man ihn im Visier hat wie einen speziellen Feind, ist auch die Weigerung noch eine Form der Abhängigkeit. Auch sie hält uns in Schach, indem sie uns zwingt, jeden Tag ein bisschen, ja fast ständig an die Versuchung zu denken. Jeder von uns paktiert auf seine Art mit dem Teufel und führt ein heimliches Zwiegespräch mit ihm.

Man kennt seine eigenen Abhängigkeiten nicht. Man kann mehr oder weniger guten Gewissens von Tubenmilch abhängig sein, vom frühjährlichen Schrei der Schwalben über den Dächern von Rom, vom Adrenalin an einer Felswand, wenn man mitten unter einem Sommerhimmel um drei Uhr morgens angeseilt ist, von hohen Absätzen, die unsere Knöchel wie leichte Bügel tragen, von einem bestimmten Parfum, von Pornovideos, von Lavendelhonig, von der Farbe Rot, von schlechtem Wein oder durchwachten Nächten, von einer bestimmten Haut, die ich ahne, noch ohne sie berührt zu haben, von B-Movies, vom Fliegenfischen oder vom Träumen. Soviel zur vertrauten Landschaft unserer Abhängigkeiten. Der Rest liegt im Dunkeln, in unserer Menschheitsnacht, die keine Analyse je durchdringen, höchstens streifen, vielleicht benennen wird, so wie man die Wörter einer Fremdsprache lernt. Dieser Rest geht auf jenen uterinen Körper zurück, an den wir keine Erinnerung mehr haben, obwohl er uns ausmacht und trägt.

Den Teufel zu unterschätzen, ist gefährlich; zu glauben, dass die Versuchung allein durch Willenskraft zu bändigen sei, vergeblich – das wissen wir. Zu glauben, man könne sich von ihr befreien, indem man auf sie eingeht, ist naiv. Der Einfluss, den die Versuchung ausübt, verstärkt sich sowohl durch die Weigerung als auch durch die Hingabe. Von beiden Seiten ist nicht der geringste Schutz zu erwarten. Bulimiker wissen das ebenso gut wie Magersüchtige, denn die Versuchung, den verzehrenden Hunger zu stillen, mündet in einen zermürbenden Selbstekel, von dem man nicht einfach durch einen beliebigen Pakt mit dem Hunger erlöst werden kann. Möglicherweise geht es aber schlichtweg gar nicht darum, erlöst werden zu wollen.

Von einem anderen abzuhängen, bedeutet nicht zwingend, sich ihm mit Leib und Seele hinzugeben: Vielleicht lässt sich eine »schwache« Ethik auftun, ein minimalistisches Denken, das sich Einzelheiten, Konjunkturen, den gängigen kleinen Zeichen der Zustimmung aus unserer Konversation mit der Wirklichkeit widmet. Vielleicht lassen sich so Phasen der Mikro-Abhängigkeit erfinden, winzige Landschaften heftigster Verbundenheiten mit ein paar Luftblasen, leicht wie Libellenflügel.

Freiwillige Knechtschaft
und Ungehorsam

Noch nie ist unsere Knechtschaft so freiwillig gewesen. Wie konnte es soweit kommen? Wir wollten diese Knechtschaft mit aller Kraft, wollten unsere Bindungen pflegen, haben Hierarchien, Gehorsamspflichten und Diktate nicht ernst genug genommen, sodass sie sich wohlmeinend um uns geschlungen haben wie farbige Bänder, welche die eigentlichen gusseisernen Schlösser vergessen machen sollen.

Natürlich hat sich diese Knechtschaft andere Namen zugelegt: So wie man nicht mehr von »Dienstmädchen« oder »Putzfrauen« spricht, sondern von »Haushaltshilfen«, ist nun die Rede von Sicherheitsnormen, von einer allgemein geforderten öffentlichen Überwachung für ein friedlicheres Leben, von gesteigertem Rechtsschutz und elementaren Vorsichtsregeln. Es geht vor allem um ein besseres Leben, um Ergonomie und Nicht-Ansteckung, kurz, um maximale Sicherheit. Ach, selbstverständlich sind wir frei … frei, dabei nicht mitzumachen. Es ist wie mit der (so treffend benannten) Kautionsabgeltung, die Ihnen zunächst Kopfschmerzen bereitet, bevor Sie sie auf Geheiß Ihrer inneren Stimme dann doch unterzeichnen. Es gehört zum guten Ton, Ungehorsam zu predigen, aber brav und geduldig zu handeln, lässige Bürger, die jedoch immer der Demokratie verpflichtet bleiben, denn schließlich tut sie, was sie kann. »Mit einem Jahrhundert Vorsprung hat Jarry vorausgesagt, was unsere Welt beseitigen will: meine Einzigartigkeit, die Liebe und das Irrationelle. Aber«, schreibt die Schriftstellerin Annie le Brun weiter, »er hat auch vorausgesehen, wie unmenschlich dieses *Herstellen von Seele* sein würde.«[2]

Das Risiko des Ungehorsams einzugehen, setzt die Fähigkeit zum Gehorsam voraus, eines anderen Gehorsams jenseits des bewussten Ichs. Andernfalls ist der Ungehorsam nur eine Laune, eine Mischung aus triebgesteuerten, unüberlegten Kämpfen und Handlungen. Gehorchen heißt zunächst einmal, sprechen zu können; die Grammatik einer Sprache durchdrungen, ihre Regeln verinnerlicht zu haben, um sie besser untergraben zu können. Die Sprache ist der erste Ort unseres Gehorsams, sie ist die nicht bezifferte Arithmetik eines Gedächtnisses, einer Kultur, einer Lebensart und Übermittlung – die erste Voraussetzung unserer Möglichkeit zum Ungehorsam.

Wie jede wirkliche Ethik eröffnet der Ungehorsam zahlreiche andere Wege, zunächst aber ein bestimmtes Alteritätsverhältnis zu sich selbst. Es gilt zu begreifen, dass gehorchen reflexiv ist, *self obedience* sagen die Engländer mit einem Ausdruck, der unserer Sprache fehlt. Sich selbst gehorchen würde voraussetzen, dass wir uns nicht nur als subjektiv begreifen, dass das Ich lediglich ein Stück unserer selbst ist, obwohl es uns regiert und unsere Identität begründet. Doch manche Erfahrungen brauchen keine Zustimmung des Subjekts, sie »widerfahren« uns einfach, und in jenem Moment sind wir selbst nur Augenblick, ein Ereignis dieser Welt. »Sich selbst« gehorchen, bedeutet anzuerkennen, dass es einen unveräußerlichen Ort jenseits des Subjektiven gibt. Im Mittelalter bezeichnete der innere Richtstuhl (*for intérieur*) diesen »anderen« Raum in uns, der sich selbst unter der Folter nicht preisgab: Sogar bei einem Geständnis blieb dem Henker jener uneinnehmbare, universelle Ort der Freiheit verschlossen.

Und wenn der Ungehorsam im Kierkegaard'schen Sinne nur ein weiterer Gehorsam wäre? Weit entfernt von blinden Treuepflichten, die uns zu Verzicht und Zugeständnissen drängen. Möglicherweise müsste man dort beginnen … mit einer Geste des Selbstgehorsams, der uns zum Neinsagen befähigt. Wir sind menschlich, weil wir Geschöpfe der Sprache und des Versprechens sind, aber wir sind auch in die immanente Erfahrung der Welt eingebunden. Der Ungehorsam ist ein Durchqueren von Trugbildern. Eine Art und Weise, auf den Zwang zu pfeifen, weil man alles, sogar das Leben, zu verlieren bereit ist. Ja, es gibt eine süße Unverschämtheit, die stärker ist als jede Tyrannei, es gibt die Leichtfertigkeit des Humors; angesichts des Unausweichlichen auch den Geist. Eine andere Antwort ist möglich, man kann, egal wo man ist, einen Schritt zur Seite treten. Der Ungehorsam zählt zu den größten Risiken, weil das durch ihn angerichtete Chaos in keinem Verhältnis zu seinem Anlass steht. Da, wo Resignation verlangt wird, kann man zwar nicht mehr abwägen oder argumentieren, aber zur »Verweigerung« stehen.

In der Schwebe

»Das Streben ist die aufgeschobene Erkenntnis, die aber bereits sichtbar wird in der Ungeduld des Schwebezustands, in dem sie sich befindet.«

Michel Foucault

In der Schwebe zu sein bedeutet, den Atem anzuhalten. Und so aufmerksam wie möglich anzuschauen, was sich uns in der Gegenwart der Dinge offenbart.

Die Prüfung besteht in diesem der Leere abgetrotzten Gleichgewicht, das jederzeit zerstört werden kann. Der Seiltänzer riskiert den Sturz, vor allem wenn er innehält und fast reglos das Stehenbleiben probt. Er unterdrückt bewusst den Elan, der ihm die nötige Stabilität verleihen würde. Als Seiltänzer will er das Wunder der aufs Seil gestützten Schwebe auskosten. Fast so, als würde er warten – aber das ist es nicht. Die Schwebe ist kein Stillstand der Zeit vor einem Ereignis, sie ist das Ereignis selbst. Sie ist der Beginn jener inneren Zeit, da die Entscheidung in Wirklichkeit schon gefallen ist, es nur noch niemand weiß.

Das Risiko der Schwebe einzugehen, verlangt folglich

eine gewisse Akrobatik. Bei einer Trapeznummer bewundern wir die Kraft und Biegsamkeit derer, die ihre Arme über der Leere aufspannen, ihre Art zu springen als kleine Anschauung vom Fliegen. Die Philosophie setzt ähnliche Eigenschaften voraus, allerdings ohne Zirkuszelt, Trapez oder jemanden, der einen auffängt. Man tastet sich mit einer bestimmten Vorstellung von Wahrheit voran, um die Manege abzustecken. Das Aussetzen des Urteils ist der Augenblick der *krisis*, ja, des Philosophierens überhaupt. Es gleicht dem Schweben in einer konzeptuellen Schaukel, ohne den Boden zu berühren, und dabei etwas *zu verweigern* ... weder zu urteilen, noch zu entscheiden, noch zu handeln. Zumindest noch nicht, nicht sofort. Es gilt, möglichst lange in dieser unbequemen Position zu verharren, die Ihnen innerlich gebietet, sich bereitzuhalten. Und keinem vorgefertigten, vorverdauten Konzept zu trauen. Sich möglichst fernzuhalten von einem in großen Gesten, Antworten und Gewissheiten erstarrten Denken – aber trotzdem zu denken.

Die Schwebe ist eine Negierung des Handelns, die selbst ein Handeln ist, wie es die fernöstlichen Zivilisationen so treffend beschrieben haben. Das Aussetzen ist kein Warten, kein ängstliches oder unentschlossenes Aufschieben. Es muss nicht in die Tat umgesetzt werden, es kann sich ausblenden und an seinem eigenen Rückzugsort auflösen. Schon in seinem »Nicht-Handeln« ist es ein Ereignis. Von der Kamera aus betrachtet: ein Standbild mit Pausenfunktion.

Was riskieren wir, wenn wir eine Entscheidung aussetzen – eine Hochzeit, einen heimtückischen Plan, die Versuchung zu naschen, die Entscheidung zu sterben? Vertrauen wir darauf, dass etwas anderes eintreten wird, dass eine innere Entschlossenheit wie eine langsame Schwenk-bewegung unser Sein in eine klar vorgegebene Flugbahn lenkt? Die Würfel sind gefallen, und wir würden gern vom Schicksal befreit, heitere oder traurige Marionetten in einer unehrlichen Welt. Die Schwebe lässt uns an unserer Identität zweifeln, schreibt Descartes in seinen *Meditationen*. Der Zweifel ist der Gehilfe der Schwebe, ihr Totengräber und ihr Bote. Das zweifelnde Subjekt nimmt sich das Recht, nicht zu glauben, was es sieht, zu prüfen, woran es zweifelt und das feindliche Gebiet einzukreisen. Bietet das Aussetzen der Urteilskraft die gleiche Zuflucht, oder ist es nur ein unbewusstes Manöver, um eine feste Frist hinauszuzögern? Wenn der Zweifel der Kern des Denkens ist und nicht nur eine Art Rangierbahnhof, in dem alles Bedenkens- und Denkenswerte genau sortiert wird, müssen wir uns mit einer schwebenden Seinsweise auseinandersetzen, die noch leichter, metaphysischer und verstörender ist als jeder Glaube.

Bekanntlich besteht darin, Kant zufolge, eine der Funktionen der ästhetischen Idee: In ihr setze sich die Einbildungskraft gegenüber den Erkenntniskräften durch und veranlasse sie, »viel zu denken«, ohne dass diesem Überschuss des Denkens ein bestimmter Begriff adäquat sein könne, wie er in seiner *Kritik der Urteilskraft* (§ 49) schreibt. Die in einer greifbaren Form verkörperte ästhetische Idee ist ihrerseits nicht verfügbar, weil man ihr keinen bestimmten Erkenntnisinhalt zuordnen kann. Ist also die ästhetische Idee, die an ein vermeintlich trügerisches Gefühl appelliert, eine Aussetzung des Wahren? Kann das Risiko, das eine Gestalt gewordene Idee darstellt, in uns ein anderes Verhältnis zu dem bewirken, was wir gemeinhin als Wirklichkeit bezeichnen?

In unseren Breitengraden erregt die Einbildungskraft im Allgemeinen großes Misstrauen. Man reduziert sie auf eine untergeordnete Funktion, eine zweitklassige Fluchtmöglichkeit für erschöpfte Geister. Man flüchte sich in die Phantasie, heißt es. Selbst auf den herrlichen Seiten, die Pascal über die Zerstreuung geschrieben hat, erscheint die Einbildungskraft als Vektor von Selbstvermeidung, Weltflucht und trügerischen Bindungen. Dabei entfaltet sich die Schöpfung in der »Schwebe« der Einbildungskraft als schöpferische Funktion und nicht nur, wie gern angenommen, in ihrer Fähigkeit zu Illusionen, Trugbildern und Wirklichkeitsverleugnung. In unserem Verhältnis zur Einbildungskraft und zu einem möglichen Aussetzen des Urteils wird der Wille am Handeln gehindert und dazu angehalten, in dem oben erwähnten Schritt des Seiltänzers eine für ihn wesentliche Passivität zu empfinden.

Es ist gefährlich, mit dem Glauben aufzuräumen, dass das Subjekt »sich« in einer unmittelbaren Entscheidung findet und konstruiert. Hier rührt man an das Gerüst unserer Mythen, an die ureigene Wurzel des Politischen. Das Wieder-Sammeln des Subjekts im Handeln ist noch viel fiktiver als alles Übrige – aber verlockend. Wie gern würden wir uns in unseren Handlungen, Urteilen und Behauptungen wiedererkennen! Dabei beschreiben uns Metaphern, unscharfe Bilder und Ungewissheiten am besten. In der Schwebe sein bedeutet, ins Halbdunkel zurückzukehren, zu einer gewissen Blindheit, und mehr oder weniger dabei zu bleiben. Nur dann tut sich etwas anderes auf, eine andere Grenze, ein anderes Ufer.

Wenn das Subjekt nicht den Trugbildern der Intentionalität folgt, wenn es sein Handeln, seine Projektionen und seine Identifikationsbestrebungen davon zu lösen versucht, kann es ihm gelingen, der wahren Subjektivität etwas abzuringen. Eine gewisse Universalität, die auf der Schwelle erfahrbar wird. Wenn der Seiltänzer dicht über der Leere schwebt, ist sein Schritt wohl nicht mehr einem Laufenden zuzuordnen, sondern einem Körper, der als Ganzes Gleichgewicht geworden ist. Das Urteil auszusetzen, ist ein schwieriges und in höchstem Maße künstliches Unterfangen, eine anstrengende Übung, denn das, was dem Subjekt daraufhin zu begegnen droht, ist seinem Wesen nicht gemäß. Es geht nicht in seiner Identität auf, da es von der unvertrauten, ungezähmten Seite der Wirklichkeit stammt. Es ist das, vor dem es der gewöhnlichen Neurose graut, die vor allem Unbekanntes auf Bekanntes zurückführen will. Die Philosophie, die grundsätzlich den ersten Raum des Fragens bildet, ist eine Kunst der Schwebe.

»Sagen Sie mir, was ich machen soll, ich bin völlig ratlos, ich verstehe überhaupt nichts mehr, kreise nur noch um mich selbst und tue kein Auge mehr zu, was soll ich nur machen? Sagen Sie schon ...

Das Schweigen des Analytikers eröffnet einen Schwebezustand. Kein Antwortausfall, keine Abweisung der Klage, eher die Verpflichtung zu einer Vertragsauflösung, die Einladung, sich weiter vorzuwagen, unerträgliche Widersprüche in sich auszutragen und lebendig zu machen.

»Sie antworten nicht ... warum rede ich überhaupt mit Ihnen? Warum komme ich jede Woche hierher, um mich an Ihrem Schweigen zu stoßen? Dabei wäre ich gar nicht auf den Beinen, wenn Sie nicht wären. Können Sie mir nicht einen klaren Weg, einen Horizont aufzeigen?«

Auch der Analytiker erprobt das Aussetzen. Nicht urteilen, sondern die Worte des Patienten, seine erstickten Träume, seine zerstörten Erwartungen und Entsagungen in sich nachklingen lassen, immer wieder die Tyrannei hinter der Klage hören, die Tränenflut hinter der oberflächlichen Heiterkeit, den Schrecken vor dem Unbekannten. In dieser zweisamen Schwebe lassen sich in einem größeren Raum, in dem man nicht entscheiden, sondern nur geschehen lassen soll, die gewöhnlichen Grenzen des Ichs umgehen. Aussetzen, aber zu zweit. Ein geschützter Augenblick in einem geteilten Raum, in dem es weder zu entscheiden noch zu lernen oder zu warten und schon gar nicht zu verzichten gilt. Den Faden einer Wahrheit freilegen, die sich nicht einfordern lässt, geschweige denn Gegenstand eines Handels oder einer Schuld werden kann. Eines Tages kommt Ihnen eine erhöhte Wahrheit zugeflogen, wie ein Brief. Das »In-der-Schwebe-Sein« erinnert an den Raum des Liebesbriefs, an jenen inneren Rückzugsort, der zwangsläufig ein geistiger ist, was immer man auch mit diesem Wort verbindet. Wie kann man das Risiko eingehen, diesen Raum gelassen und gewaltfrei zu beschützen? Indem man dort verweilt, wo sich das Denken und damit das Gefühl regt. Nichts zerstören, nur beobachten und befrieden. Dem Gefühl zu seiner Entfaltung verhelfen, sich seiner Schlacken entledigen. Dann entlastet sich die Welt.

Das Risiko der Leidenschaft

»Die Leidenschaft lässt sich nur durch sich selbst heilen.«
Charles Fourier

Die Leidenschaft ist nicht zu empfehlen. Und doch ersehnen wir sie und wollen insgeheim von diesem tödlichen Übel befallen werden. Ruin der Familie, Zerstörung eines geruhsamen, wahrhaftigen Lebens der Liebe, kleine Fabrik verliebter Trugbilder, giftige Quelle der Bindung, illusorische Prägung, Maschinerie des Begehrens, das ewig sein will und doch vergänglich ist – die vor allem narzisstische Leidenschaft ist von jeher für sämtliche Übel verantwortlich gemacht und zugleich heimlich herbeigewünscht worden.

Dieses Risiko geht anfangs jeder ein, weil unser Wille durch das Zusammenwirken von Herz und Körper, das unsere Affekte unweigerlich erschüttert, wie gelähmt ist. Die Leidenschaft zieht uns in ihr merkwürdiges Ballett des Verkennens: Sage mir, wer ich bin, und ich werde dich lieben! Diese Wahrheit, die man vom anderen erwartet, ist eine leicht gegen sich selbst zu verkehrende Waffe.

Inwiefern ist die Leidenschaft, wenn sie doch unumgänglich ist, also ein Risiko? Sie ist eine Wette mit unbekannter Frist, dem Zufall, dem Glück oder einer anderen Form des Unvorhersehbaren überlassen. Diese Wette nimmt Sie im Gegenzug in die Pflicht, sie ist ein Seinszustand, ein Niederschlag der Zeit und des Handelns, in dem Sie vollständig und mit einer unvergleichlichen Intensität enthalten sind. Die Intensität ist der rohe Name der Leidenschaft. Wir können ihr widerstehen, das Kapitel des von Alice aufgeschlagenen Buchs zuklappen, dem weißen Hasen nicht hinterherlaufen und einfach wieder zur Tagesordnung übergehen. Nichts leichter als das und Vorhang zu! Sobald man sich jedoch dieser Bewegung überlassen hat, wo alles Gelebte eine andere Gestalt annimmt, kann man unmöglich wieder zu der vorher benutzten Sprache zurückkehren, die Wörter schmecken anders, bedeuten etwas anderes, wir haben nicht mehr denselben Körper und denselben Hunger.

Die Leidenschaft ist die Substanz des Risikos. Es ist jener Rest an Passivität in uns, der sich gegen die Abnutzung sträubt. Mit der möglichen Verwandlung von Nacht in Licht, von Eis in Sturzbäche, vom Schweigen in Geschrei bringt uns unsere Fähigkeit zum Ausmalen, Erstaunen, Beeindruckt- oder innerlichem Aufgelöstsein dazu, eine bestimmte Haut, einen Blick, einen Tonfall zu lieben, jede Einzelheit des betreffenden Menschen, ein Aufflackern des nackten Lebens.

Etymologisch geht das Wort Leidenschaft (*passion*) auf *passio* zurück, das Erdulden. Diese Passivität am Angelpunkt unseres Seins zu spüren, bedeutet auch, das Unbekannte zu akzeptieren, seine gewohnten Anhaltspunkte, ja manchmal sogar seine Identität zu verlieren. Man kann sich für einen Weg entscheiden, nicht aber den Wind dirigieren. Man versucht, sein Herz in den Griff zu bekommen oder zumindest das von ihm initiierte Handeln. Meist genügt es uns schon, daran zu glauben.

Elie During fasst es treffend zusammen: »Wenn die Liebe nie das gewesen ist, was aus zwei Wesen ›eines‹ macht, sondern im Gegenteil, was sie voneinander und jeweils von sich selbst trennt, ist ihr Wesensmerkmal die unmögliche Koinzidenz mit sich selbst, in der sich Tod und Begehren mischen.«³ Es ist alles eine Sache der Zustimmung oder Ablehnung. Wir sind verantwortlich dafür, Ja oder Nein zu sagen. Wie kann man lieben und nie vergessen, dass man geliebt hat? Sich trotz Verrats, trotz Fehler und Verweigerungen sogar im Schmerz Großmut bewahren? Jenes Licht, das pure Verzauberung ist, kann man, wie die Freude, annehmen oder ungerührt von sich weisen. Die Leidenschaft will nicht besitzen. Sie fügt sich einer Bewegung, die uns von uns fortträgt und zugleich wieder annähert. Anders als gemeinhin angenommen, birgt die Leidenschaft eine furchtbare Wahrheit: *a sharp edge*. Es gilt, das Unangemessene, Abseitige und Ungleiche zu akzeptieren, das jeder Verschmelzung innewohnt und sich von ihr befreit: eine Geburt für den, der sich wahrhaftig hingibt.

Wer von uns ist zu einer so umfassenden, einmaligen und uneingeschränkten Hingabe fähig? Die Hingabe setzt jemanden voraus, dem man sich hingeben kann, der dies nicht erwartet, ebenfalls Angst hat und sich schützt. Die Hingabe konfrontiert uns mit einer tief verankerten Angst vor dem Verlassenwerden, die uns nicht loslässt.

Eine Illusion – wovon? Von ewigen Liebes- und Treueschwü-ren? Ja. Von einem geruhsamen Leben, vom Vergessen, von der Gewalt gegenüber der Familie? Ja. Die Leiden-schaft ist quälend, das Warten wird zur Hölle, die Verspä-tung gibt zu den absurdesten Vermutungen Anlass, jede Unterlassung des anderen ist ein potenzielles Grauen, in dem schon der Verrat lauert. Doch das Ungeheure, was sie zu leben ermöglicht, ist diesen Preis wert.

Die Leidenschaft wirft uns auf den alten Gegensatz zwischen Natur und Kultur zurück, auf die von Kierkeg-aard beschriebene Primitivität, auf den unangemessenen sprachlosen Schrecken und auf die Barbarei, als gingen Mord und Leidenschaft von jeher Hand in Hand. Und wenn uns die Leidenschaft im Gegenteil frei machte (*break us free*)? Wenn sie uns umgekehrt aufrichtete und damit höchst beunruhigend wäre? Wenn sie uns zur Verfeine-rung erzöge, zur Liebenswürdigkeit, zum Augenblick und zu einer Weisheit des Körpers? Wenn sie dankbar für das Gegebene statt für das Geschuldete wäre, eher Intensität als Furchtsamkeit, mehr Halbdunkel als Tageslicht? Wenn sie uns dazu verleitete, unsere Versprechen, Bindungen und moralischen Prinzipien zu brechen, wenn sie uns ab-verlangte, dass wir die uns Nahestehenden verletzen, das Schmerzhafteste überhaupt? Dementsprechend ziehen wir es oft vor, zu verzichten und uns abzuwenden.

Sie hatte pausenlos geredet und geweint. Ihre Worte versanken in den Tränen, und alles trat undeutlich und verschwommen wieder zutage, mit dem Gefühl einer unerhörten Verschwen-dung; ein süßlicher, überzuckerter Brei. Sie legte sich auf die Couch und redete, praktisch ohne Luft zu holen, über ihn, wie abgrundtief sie ihn vermisste, unterbrach sich manchmal kurz,

54

um plötzlich, dem Analytiker halb zugewandt, auf einen Ellbogen gestützt, zu sagen: »Sie können das nicht verstehen, das bringt alles nichts«, bevor sie erneut in sich zusammensackte, der dunkle Fleck des Körpers auf dem abgewetzten Samt, die Stimme überdreht. Sie sprach über diesen Mann, der sie aus scheinbar unerfindlichen Gründen verlassen hatte. Dennoch war sie sicher, dass er nicht zurückkommen werde, dass eben gerade die Lächerlichkeit dieser Gründe das Wiedersehen unmöglich machen werde, ja, dass alles endgültig zerstört sei. Es war nichts anderes mehr denkbar. Sie war in dieser Trennung der pure Widerschein des schmerzlichen Vermissens. Auf diese Weise vergingen die Sitzungen, bis der Psychoanalytiker eines Tages eine auffallend schöne Ringeltaube an seinem Fenster entdeckte. Er versenkte sich in die Betrachtung des Vogels, während sie ihrem Schmerz und der unmöglichen Vernarbung ihrer verwüsteten Liebe freien Lauf ließ. So verpasste er ihre letzten Worte, nach denen sie schwieg. Dieses plötzliche Schweigen alarmierte ihn. Rasch versuchte er zu rekonstruieren, was sie gerade gesagt hatte, doch ohne Erfolg. Er wandte sich erneut der Ringeltaube zu, die inzwischen fortgeflogen war. Die Patientin weinte nicht und sagte kein Wort.

Völlig versteinert, wagte er nicht einmal mehr, sie anzusehen. Dieses Schweigen war übernatürlich. Was hatte sie nur gesagt, um diesem verzweifelten Sturm Einhalt zu gebieten?

Auch er schwieg nun.

Sechs Minuten verstrichen, die jeweils dreimal so lang schienen. Die Taube kam nicht mehr wieder, der Analytiker lauerte ihr geradezu auf, als könnte ihre erneute Präsenz ihm die verpassten Worte wieder ins Gedächtnis rufen, die seiner von einem weiß geringelten und zum Fliegen über die Dächer ermächtigten Tier untergrabenen Aufmerksamkeit entgangen waren.

»Er hat mich nicht mehr geliebt, glaube ich.«

Ihre Stimme klang verändert. Wie aus einer unermesslichen Traurigkeit aufgestiegen und von einem tonlosen Schluchzen begleitet, aber deutlich, gut artikuliert und präzise.

»Ich habe einem Phantom nachgetrauert, einer Liebe, die es schon nicht mehr gab. Ich wollte sterben, habe mir Steine in die Taschen gestopft, um zu ertrinken. Schauen Sie, einen habe ich behalten. Sie zog einen mittelgroßen, leicht unregelmäßigen Kieselstein aus der Tasche, hellgrau und weiß, wie man sie in der Bretagne findet. Ich habe ganz viele davon, oh! Das hätte vielleicht nicht gereicht, aber bei Nacht und Kälte? Wem hätte ich diese ganze Liebe schenken sollen, können Sie mir das sagen?«

Der Analytiker ist sprachlos und wagt kaum zu atmen, er traut seinen Ohren nicht, das sind ja ganz neue Töne, wie verbotene Radiofrequenzen mit unbekannten akustischen Signalen. Er erkennt diese Frau, die seit neun Jahren seine Patientin ist, nicht wieder. Auf einen Schlag ist alles ausgelöscht, ihre Geschichte, ihre Tränen, die verrückte und verzehrende Leidenschaft, die sie am Leben hinderte. Er denkt, dass der Vogel nicht mehr wiederkommen wird, ebenso wenig wie sie; dass er nichts begriffen, nichts gehört hat. Dass sich in diesem kurzen Zeitraum – den Minuten oder gar Sekunden, die er in die Betrachtung des Vogels versunken gewesen ist – etwas Unerhörtes ereignet hat; dass das Sprechen manchmal einen unvermittelten Satz machen kann und mit ihm die Freiheit.

Wir erhoffen uns die Leidenschaft, erhoffen und fliehen sie, wehren uns permanent gegen diesen imaginären Feind, für den wir uns zwecks einer gewaltsamen, unauslöschlichen Unterwerfung von allem lossagen. Stundenlanges Warten, Weinen, Aufgelöstsein. Ein Schwindel, von dem man sich nicht erholt. Eine Präsenz, die Virginia

Woolf in *Zum Leuchtturm* tastend beschreibt, als ein leichtes Überpudern der Leere, einander Überlappendes am Horizont, dünne Schichten von Schlaflosigkeit, Haut an Haut, Vergessen, Traum, Gedächtnis, hochdosiertes Leben.

Man will die Intensität ohne Risiko – unmöglich. Die Intensität setzt den Sprung ins Leere voraus, das Neue, das, was noch nicht geschrieben worden ist und genau darauf in uns wartet. Die Leidenschaft ist eine Bereitschaft, die seit der Kindheit in uns verankert ist und die man anfachen oder eindämmen, nie aber völlig verändern kann. Wie der Ritter des Kierkegaard'schen Glaubens verlangt sie nach dem Grenzenlosen, der Hyperbel. Weder der Weg noch die Mittel sind vorgegeben, weder die Nutzung noch die Vernunft, die uns leiten könnte. Die Liebe umfasst solche Risiken. Dabei steckt sie voller Wiederholungen. Denn bald nach dem ersten Schwindel übernimmt die Angst, danach gleicht alles nur noch einer Aufholjagd, die mehr oder weniger schnell die Niederlage der Gefühle zur Kenntnis nimmt. Soll man also an die Entsagungen, an die Vorwände, Schwüre und Trugbilder nicht glauben und dennoch lieben? Wenn man weiß, dass das Begehren seinen Willen äußert, organisiert sich alles andere wie von selbst. Und das Begehren ist an den Körper gebunden, an einen außerkörperlichen Körper jedoch, der unmöglich in Worte, Visionen oder Handlungen zu fassen ist und genauso Seele ist. Außer dem Sex, der sich weder in der Lust noch in der Wiederholung erschöpft, kann kein anderer Pakt seine Grenze und Dauer bestimmen. Wer wollte schon eine solche Erlösung?

Wir kennen noch eine andere Passion oder zumindest ein Ereignis, das man mit diesem Namen bezeichnet: die Passion Christi. Eine Passion der Inkarnation, eines Mensch gewordenen Gottes. Bezeichnet diese Passion den Märtyrer, den gepeinigten Körper dessen, der sich von einem Freund hat verurteilen und verraten lassen? Oder meinen wir damit ein anderes Ereignis, das in der Demut und im Verrat auf die Möglichkeit des Heiligsten verweist, auf die Zustimmung zu einem absoluten Anderswo? Ob wir gläubig sind oder nicht, gehört diese Passion unserer Erinnerung, unserem Verhältnis zur Welt und Sprache an. In diesem Sinne zahlt jede Leidenschaft der anderen, christlichen Passion, die uns die Verwandlung von Barbarei in Gnade verheißt, ihren Tribut.

Das Verlassen der Familie

Mit den vereinten Anstrengungen des Code Napoléonien und der Hegel'schen Philosophie konnte sich die bürgerliche Familie die Rechtfertigung einer ökonomisch fundierten Ethik und die Gewissheit ihres Fortbestandes sichern. Vom einfachen Gesellschaftsvertrag, der den Zusammenhalt der Menschheit und des Namens garantiert, bis zur Überlieferung von Erbe und Kultur wurde die Familie nach und nach mit einem immer ambitionierteren Ideal beschwert, welches die »Liebe« an konkreten Tatsachen und belastenden Verpflichtungen bemisst. Offenbar haben sich die Zeiten geändert. Aber sieht man nicht das Ideal erstarren, während sich gleichzeitig die Bindungen lockern? Wie eine bestimmte Vorstellung von Liebe unter den Vorzeichen der Familie tradiert wird? Mit der Gründung einer Familie geht man noch immer die größte

Verpflichtung überhaupt ein. Wir knien vor dem Altar einer unbeweglichen Ewigkeit, wo der Märchenprinz Schneewittchen umarmt – unter einem bleiernen Himmel und der Verheißung der weinenden Zwerge, dass ihnen viele Kinder beschieden seien. Wir klatschen Beifall. *Gala* und *Bunte* haben die Brüder Grimm verdrängt, aber (so gut wie) nichts hat sich verändert. Man verlässt seine Liebe und seine Kinder, nicht aber seine Familie, man pflanzt sich untereinander fort und fabriziert beflissen ewige Jugendliche, kleine Klone, die beflissen ihren Vorfahren nacheifern.

Seine Familie, seine Herkunft und Heimatstadt, das Bekannte und die Sicherheit einer ungebrochenen Vertrautheit zu verlassen – muss nicht jedes einzigartige Leben diesen Preis zahlen? Und dem gegenüber untreu sein, was uns nicht aus Liebe weitervermittelt, sondern unter Androhung einer Abberufung in psychischer und genealogischer Hinsicht befohlen wurde. Der Initiationsritus einer zweiten Geburt ist mehr denn je eine Notwendigkeit. Wir müssen gehen, uns von unseren Verhaltensnormen, Zugehörigkeiten und unserer Abstammung lösen. Jedes Werk verlangt diesen Preis. Und, wie ich meine, auch jede Liebe. Die Depression ist das Gegenteil von Verlassenkönnen: Sie bedeutet, dass man sich nicht lösen und rechtzeitig entlasten, sich nicht einem Anderswo überlassen kann, um sein Leben zu riskieren.

Wenn wir unsere Familie verlassen, müssen wir mit einem Herkunftsort abschließen, dem wir in rechtlicher und faktischer Hinsicht angehören und der über die Schlüssel zu unserer inneren Zugehörigkeit und Anerkennung verfügt. Dieser Maßstab, den man unglücklicherweise an alles Übrige anlegt, gibt das Verlorene (ob Kindheit oder erste Liebe) nie zurück, kultiviert also eine mit keinem Maß zu fassende Schuld. Nichts wird diese Erwartung erfüllen können, das Verdikt muss negativ ausfallen: Kafka wird wieder in sein Zimmer zurückgeführt und von Felice getrennt.

Wenn wir unsere Familie verlassen, öffnen wir uns dem Risiko der Liebe; einer Kälte im Herzen. Die Liebe ist nämlich weder ein behagliches Nest noch jene Verästelung aus Neid und Hass, in die man sich zu schmiegen versucht. Nein, die Liebe ist manchmal eisig. Zu ihrem Gefolge zählen Irreparables, Verletzungen, Bisswunden, Eifersucht und Vergebung, Warten und Einsamkeit: Denn auch das exakte Gegenteil von dem, was man Liebe nennt, kommt mit der Liebe. Dieser Zugewinn von Freiheit auf Kosten der Blutsbande kann unsere Zuneigung zu Mitgliedern unserer Familien bewirken, jedoch von einer *anderen* Stelle aus, nicht gleichgültiger, aber frei von jener Schuld, die Gehorsam fordert und jede Gewalt billigt. Das Risiko, die Familie zu verlassen, ist ein unerfülltes Lob der Flucht, der Distanz und des Zurücktretens; unserer Fähigkeit zur Orientierungslosigkeit.

Warum ist die Familie so oft eine Hölle, der man sämtliche Rückfälle verzeiht und nach deren Prägung und besonderen Anziehungskraft man sein Leben lang unwillkürlich sucht? Was soll man also glauben? Wir sind Dampfplauderer, Schmalspur-Zauberer, wir haben Angst vor dem Verlassenwerden und schaffen uns Zufluchtsorte, um sie umso besser zerstören, aufgeben und verenden lassen zu können. Das Verlassen der Familie ist ein nicht enden wollender Prozess, es sei denn, man überführt die Blutsbande in Freundschaft und Intelligenz. Ein entschlossener, ein wenig verrückter Aufbruch ohne Reue, um anderswo zu finden, was uns zu Menschen macht, die zu Liebe und Freude fähig sind; zu Menschen, die von den Szenarien einer unvordenklichen Vergangenheit befreit sind.

Vergessen, Amnesie, Erlösung

»So kämpfen wir weiter, wie Boote gegen den Strom, und
unablässig treibt es uns zurück in die Vergangenheit.«

F. S. Fitzgerald

Erinnern bedeutet vergessen. Wir leben in einer Epoche
des Gedächtnisschwunds, die einen noch nie dagewesenen
Erinnerungskult betreibt. Digitalisiert, formatiert und
vielgepriesen – allerdings mit einer Nutzungslizenz –, will
man sie um jeden Preis schützen, ihr Altäre errichten und
sich ihrer bedienen. Alles ist ein Vorwand, um gegen das
Vergessen anzukämpfen: Museen, Stiftungen, Archive,
Aufnahmen, posthume Veröffentlichungen. Zum Ausgra-
ben, Vordatieren, Wiederfinden, Bestimmen und Klassifi-
zieren ist jedes Mittel recht. Mehr denn je versucht unsere
Kultur, ihre vergangenen Treuebrüche und Unterlassungen
wie auch ihre Ruhmeskapitel mit technologischen Metho-
den abzuspeichern. Jede Auslöschung oder Zerstreuung
ist verdächtig, noch schlimmer das definitive Verschwinden eines Indizes, ja einer Erinnerung. Selbst in der Psy-

choanalyse besteht kein Zweifel daran: Nie vergisst man endgültig, irgendwo in der Dunkelkammer unseres Gedächtnisses bleibt alles eingraviert. Es wird Ihnen wieder einfallen, geben Sie die Hoffnung nicht auf, irgendwann wird das Vergessen besiegt sein. In dieser Auslöschung zeigt sich ein unfruchtbarer Mangel, eine schwere Inkonsequenz. Die Möglichkeit des Vergessens – seiner selbst oder der Welt – wird uns immer unerträglicher. Das Vergessen konfrontiert uns mit unserer Unfähigkeit, aus der großen Weltgeschichte oder unserer persönlichen Geschichte zu lernen. Als bahnte es immer wieder den allen Verbrechen zugrundeliegenden Irrtümern, Versäumnissen und Verblendungen den Weg. Das Vergessen legitimiert gewissermaßen unsere schuldhafte Amnesie. Und die erlaubte Wiederholung ergibt eine merkwürdige Litanei.

Für unsere früheste Kindheit lassen wir das Vergessen zu. Erschöpft wie eine überforderte Mutter, überantworten wir ihm diesen Teil der Vergangenheit, weil uns aus jener Frühzeit nur Bruchstücke von Erinnerungen bleiben, die außerdem verändert, zerlegt und nach Belieben neu zusammengesetzt worden sind. Aus diesem Rest schmieden wir uns eine passende Vergangenheit. Nietzsche schreibt diesbezüglich: »Man brennt etwas ein, damit es im Gedächtnis bleibt: Nur was nicht aufhört wehzutun, bleibt im Gedächtnis.«[4]

Heute zählt vor allem das Speichern. Von allem möglichen, Hauptsache, nichts geht verloren. Wir müssen nicht nur die bedrohten Arten auf unserem Planeten retten, sondern wie eine Terrakottaarmee gegen jedes Vergessen ankämpfen. Es gilt zu verstehen: Das Vergessen ist eine Beeinträchtigung der Erinnerungsarbeit, ja, der Erinnerungspflicht der Menschheit sich selbst gegenüber. Zauberkräftige Fiktion. Utopie gegen Katastrophe. Die lebendige Vergangenheit, die unsere Menschheit am liebsten endlos archivieren würde, sammelt Zeugnisse über Völkermorde, Attentate und ungeheuerliche Gewalttaten, sie fördert das Schicksal der Geopferten aus dem Schweigen zutage. Dieses Bedürfnis nach Archiven ist wichtig und in der Tat eine Erinnerungspflicht. Doch selbst die Tatsache »dem Archiv verschrieben zu sein« (Derrida) enthebt uns nicht der kollektiven und individuellen Verantwortung für das Geschehene. Der Kampf gegen das Vergessen hat sich in beunruhigender Weise auf alle Speicherfunktionen erstreckt und uns womöglich ein anderes, unverfälschtes Verhältnis zur Vergangenheit erspart. Die globale und wohlfeile Schuldzuweisung lange zurückliegender Ereignisse, die von den Medien an Gedenktagen gern banalisiert werden, bildet einen Schutzschild gegen die Zerstreuung, die sich, wie Pascal schon wusste, einer von ihrer Vergangenheit heimgesuchten Kultur bemächtigt.

Angeblich sind wir – so lautet die Anklage – des Nicht-Erinnerns, einer selbstbezogenen Besitzgier schuldig: durch Namen, Identität, genealogische Rückverfolgbarkeit, Adresse oder Milieu. Das Vergessen sorgt für Unordnung, um ein Haar könnte man sich selbst vergessen. Im Visier des gesellschaftlichen, moralischen und persönlichen Bewusstseins gilt das Vergessen als suspekte Freizone, wie Länder, die riskante Kapitalanleger gewähren lassen. Geduldet werden ausschließlich politisch als unerlässlich geltende Amnesien.

Das Vergessen rinnt uns durch die Finger wie Sand, es lässt sich nicht umzäunen oder sichern. Es weist merkwürdige Parallelen zur Ekstase auf. Das Vergessen erschüttert die Grundfesten des Subjekts, seine Objekte, Rituale, Gewissheiten oder Einfälle. Es pflegt eine kapriziöse Verbundenheit zum Tod, etwa in der Auslöschung all dessen, was ein Leben ausgemacht hat. Es verweist auf das Grundlose, aus dem wir kommen, ruft uns in Erinnerung, dass nach vier Generationen von einem Menschenleben höchstens noch eine Anekdote, ein schriftliches Zeugnis, ein schlechtes Foto übrig sind. Müssen wir uns damit abfinden, dass auf die Auslöschung eine andere Auslöschung antwortet? Vergessen ist ein Verb. Und zwar ein äußerst paradoxes, da es der Vernunft einen Teil ihrer Vergangenheit entzieht und sie ins Dunkel führt. Das Vergessen macht uns offen für Neues, für etwas, das noch nicht gespeichert worden ist, uns aber dennoch überbracht werden wird.

Er hatte seinen Namen vergessen, sein ganzes Leben. Sein Gedächtnis war im Blechschaden eines Autounfalls zermalmt worden, bei dem – wie ihm gesagt wurde – die Frau, die er liebte, umgekommen war. In ihrer Wohnung gab es ein paar Fotos von ihr, die ihm nichts sagten, mit Ausnahme der Bewunderung, die er für diese natürliche, inzwischen restlos zerstörte Schönheit empfand. Außer seinem Gedächtnis war er unversehrt, wie es so schön heißt. Er hätte lieber ein Stück seines Körpers geopfert, eine Narbe im Gesicht gehabt, etwas, das von dem Schock zeugt, der ihn ohne Vergangenheit zurückließ, schlimmer als eine anonyme Geburt. Als adoptiertes Kind kann man wenigstens von einer Familie träumen oder sich eine Geschichte zurechtlegen, hoffen, dass sich irgendwann etwas ereignet, auflöst oder offenbart. Ihm aber blieben nur versprengte Archive, die sich zu einem schlechten Drehbuch verarbeiten ließen. Die Fotos in zwei unfertigen Alben ergaben die Collage einer Paarbeziehung, von der er nichts begriff: eine erste Ehe ohne Kinder, dann diese (offenbar) geliebte und an seiner Seite gestorbene Frau mit ihrer etwas altmodischen Schönheit, eine ausgesprochen blasse Blondine mit verrenktem Körper, nichts, was ihm ein Gefühl, eine Regung, einen Anflug von Dankbarkeit hätte entlocken können. Er hatte einen Beruf gehabt, das ging aus seinen Papieren hervor: Architekt (gar nicht übel) für Gärten (komisch), war sogar (seinen letzten Rechnungen zufolge) auf die Gestaltung von Golfplätzen spezialisiert gewesen, was ihm mittlerweile völlig absurd erschien – wüsste er doch nicht einmal, wo er den Golfschläger anfassen sollte.

Man verwies ihn an eine Psychologin. Was würde sie schon tun können? Ihm die Gefühle zurückbringen, die er unwiderruflich verloren wusste? Anhand einzelner Indizien aus seiner Vergangenheit geduldig nach den verschwundenen Bildern fahnden oder neue erfinden? Ihm helfen, sich an irgendeine Winzigkeit zu klammern, die ihm durch die entfesselten Gewässer des Vergessens helfen soll? Er glaubte nicht daran. Fürs Erste kam er, um sich einen Überlebensanzug zu schneidern.

»Wovon wollten Sie eigentlich so abrupt befreit werden?«, frage ich ihn.

Er wirkt müde. Hat vielleicht zu viel getrunken, Rosazea und weißes Haar, ansonsten eher ein schöner römischer Kopf. Dem Namen nach italienischer Herkunft. Aber eben diese Herkunft entgleitet ihm, ist ihm nicht als die eigene vorstellbar.

»Befreit? Von gar nichts! Außerdem würde ich es sowieso nicht mehr wissen, oder? Bei diesem Spiel wäre ich immer der Verlierer, weil ich vergessen habe, wer ich bin. Ich kann Ihnen nur Bruchstücke von Träumen erzählen, bei denen mir ganz übel wird. Es war ein Unfall, wirklich ein Unfall. Das andere

67

Auto hat ein Stoppschild überfahren. Der Fahrer ist noch einmal davongekommen, wir nicht. So ist es eben. Der Zufall ist Schuld.«

»Und jetzt?«

»Sie wollen wissen, was ich von Ihnen erwarte, ja? Dass Sie mir Mut machen, irgendeine neue Identität zu finden. Hauptsache, ich kann wieder etwas empfinden ...«

»Wenn Sie nichts empfinden, geht es nicht nur ums Vergessen. Das Vergessen verwaltet lediglich unsere Erinnerungen, nicht die sensorischen Fähigkeiten, geschweige denn die Gefühle. Daher meine erste Frage, für die nicht allein der Zufall einstehen kann.«

»Dann können Sie also auch nicht mehr für mich tun als der Zufall. Natürlich, Sie sind als eine Verwalterin der Erinnerungen für alle möglichen Auslagerungen zuständig.«

Ich muss lächeln.

»Sie wissen doch, dass Sie hier aus dem Stand keine neue Identität finden werden, höchstens einen neuen Zugang zu dem, was Sie ausmacht und am Leben hält. Eine verbrannte, transplantierte Haut ist trotz allem immer noch Ihre Haut, sie bleibt organisch mit Ihrem Körper verwachsen, sonst stirbt und fault sie. Sie brauchen eine gute Autotransplantation.«

»Ich könnte bei dieser Frau anfangen, verstehen, wer sie war und wie ich sie geliebt habe, was wir zusammen unternommen haben. Vor Kurzem war sie noch lebendig.«

»Suchen Sie besser dort, wo Sie selbst tot waren.«

»Ist das ein Hinweis? Ein Rat? Eine Fährte?«

»Das ist mein Gefühl.«

Meiner Meinung nach ist er von allen Gefühlen ausgeschlossen. Es ist ihm unmöglich, zu dem zurückzukehren, was hinter seiner Verbitterung liegt; aber in jener furchteinflößenden

Zone, in der alles weiß und gleichförmig ist, würde es einen
Abdruck, einen Gedanken geben, der ihm zwar nicht sagen
könnte, wer er war, aber zu wem er möglicherweise werden
könnte. Es genügt nicht mehr, im Halbdunkeln nach einem klei-
nen, noch zu rettenden Rest zu suchen, er muss zurück zu den
Bruchstücken, die er in jenem Korridor gelassen hatte: Dort,
wo er heute, mehr lebendig denn tot, wieder steht.

Was kann man, ja, was will man vor dem Vergessen retten? Oder besser: Was will man im Vergessenen nicht wiederfinden, sondern wie durch ein Wunder an die Erdober-
fläche aufsteigen lassen? Wie eine plötzliche Gnade, die
das Entzogene und Ausgelöschte unvermittelt wieder gegenwärtig macht. Die unmögliche Rückkehr zu sich selbst,
deren Preis nur die Amnestiker kennen.

Die Analyse dauerte mehrere Jahre. Die Erinnerungen kehrten
nicht zurück. Aber aus dem Vergessen kehrt etwas zurück. Zu
jenem Zeitpunkt übrigens, den man gemeinhin als neues Leben
bezeichnet: eine neue Liebe, eine neue Wohnung, andere Vorlie-
ben und der Beruf als Tauchlehrer, der sich im Zusammenhang
mit seiner Leidenschaft für das Tauchen fast zufällig ergeben
hat. Was für eine treffende Metapher für das, was er in sich
nicht mehr suchen wollte, für all die Spuren, Überreste und un-
erforschten, unauffindbaren Lagerstätten, für das, was seine
Identität ausmacht. Zurück kehrte das Gefühl, einen Körper
zu haben. Und zwar seinen eigenen, einen Körper, der ebenfalls
aus der Vergangenheit kommt, der aus Bildern und Ängsten,
Bedenken, Abneigungen und aus langgehegten Wünschen be-
steht; und dieser Körper schuf sich nach und nach seinen Platz
in ihm wie ein transplantiertes Herz, das nicht völlig fremd,
aber auch noch nicht ganz eigen ist. Das Vergessen wurde ge-

wissermaßen zu seinem Freund – ein Risiko, das man wie ein
riskantes Blatt beim Poker trotzdem ausspielt.

Ist das Vergessen nur ein gewisser Zeit- oder Liebesvorrat für das, was bleibt? Eine Zivilisation, die nichts vergessen will, verurteilt uns zu einem Leben als Amnestiker, indem sie das Speichern künftig außerhalb von uns und jenseits unserer Kontrolle stattfinden lässt: Man kümmere sich schon darum, wie um vieles andere auch. »Doch muss man sich fragen«, schreibt Levinas, »ob der eigentliche Sinn des Bewusstseins nicht darin besteht, eine Wachsamkeit zu sein, die an eine Möglichkeit des Schlafs angelehnt ist.«[5] Wie der Schlaf ist auch das Vergessen Erlösung, nicht nur Verdrängen, Vermeiden und Unkenntnis. Was es auslöst, ist etwas anderes als das, von dem es *uns* erlöst.

Unheilbare (Un)treue

»Nur die Treulosen kennen die Tragödien der Liebe.«
Oscar Wilde

Untreue ist für uns eine oft unheilbare Verletzung. Doch Untreue wem oder was gegenüber? Das Wort setzt implizit eine versprochene, angenommene oder erhoffte Treue als Horizont für unsere Bindungen voraus. Und wenn die Untreue das Risiko der größten Liebe wäre?

Momentaufnahmen. Ein Garten, ein Fluss – der Fluss. Literatur, und wieder der Fluss. Milde Abende wie Orgien, doch nichts geschieht. Augustnächte, Planeten in gemächlichen Revolutionen. Langsame Rockmusik, Freundschaft. Freundschaft, die Liebe ist. Zwei kleine Mädchen mit weißen Kleidern in der viel zu großen Hängematte. Ihre glitzernden Augen, ihr Appetit, ihre Sorglosigkeit. Die wie ein Band ununterbrochen entrollte Musik. Der Tod einer hochbetagten geliebten Dame, bestattet mit einem Psalm und dem Gedächtnis von Generationen, das nun in und

71

mit ihr ist. Andere Morgen, wieder der Fluss, das Geräusch der Ruder auf dem Sommerwasser. Und wenn all das nicht mehr wäre? Glauben, es würde ewig währen, mit unmerklichen, liebevollen Verschiebungen der Dinge, dem Pflanzen von Linden, einer von Haus zu Haus getragenen Wanne, Lavendel und alten Rosensorten, säuerlicher Zitronentarte, Wein und eingemachter Ente für den leichten Rausch jener Abende, an denen man einander verspricht, zusammen alt zu werden wie verlorene Kinder.

Ich höre zu. Die Beschreibung dieses Sommers erinnert mich an mein eigenes Leben, an vergessene Ferien, an das Lachen noch kleiner Kinder, an die konturlose Augusthitze und die Trägheit der Körper, an ausgedehnte Siestas, auch an die Langeweile. Die Patientin fährt mit ihrer Beschreibung fort, in ihrer Stimme liegt eine Traurigkeit, die ich gern vor einer gnadenlosen Verletzung, einem Bruch bewahren würde. All das sei nur passiert, weil plötzlich eine Tür zugeschlagen sei. Einfach so, ein Luftzug dort in dem alten Haus am Fluss. Sie war in den ersten Stock gegangen, um das Fenster zu schließen, und hatte ihn auf einmal sprechen gehört. Er telefonierte mit jemandem, zunächst erkannte sie seine Stimme nicht. Unwillkürlich hielt sie inne. Die Wand war sehr hellhörig, sie hörte ihn sogar flüstern. Da begann ihr Herz, heftig zu rasen, wie als Kind, wenn die Aufregung so groß ist, dass man meint, in Ohnmacht zu fallen. Dabei war es nichts Schlimmes, nur der Klang dieser unvermittelt in das Haus einbrechenden verliebten Stimme. Sie klang so zärtlich, sie hörte, was er einer anderen sagte: »Ich wünschte, du wärst hier, bei mir.« Und dann wieder das Flüstern, das Verlangen miteinander zu schlafen, erregt und liebevoll. Sie betrat das Zimmer, das Gespräch brach ab; wegen ihrer Anwesenheit, ihrer offenkundigen Verzweiflung. Er verstand sofort und versuchte nicht, zu leugnen oder sich zu verteidigen. Er schwieg einfach.

»Wie soll man auf die andere Liebe eines geliebten Menschen reagieren?«, fragt sie mich. »Ich habe geliebt und geweint, ich habe gewartet, ich wollte keine Trennung, ich wollte alles und dann wieder gar nichts wissen, ich war dafür und doch absolut dagegen. Ich habe verstanden, dass er hundert Leben leben wollte, dass er Aufregung statt Langeweile suchte, nicht die Langeweile der Kindheit, sondern die Langeweile des Lebens an sich. Diese Frau war mit ihrer lebendigen Sensibilität und ihrer königlichen Haltung in seinen Kummer und seine Verletzlichkeit getreten. Ich hatte sie zusammen gesehen, aber nichts gemerkt. Ich weiß, dass das Leben für ihn nicht anders möglich ist. Er will mir nicht wehtun. Und doch bin ich völlig niedergeschmettert.«

Unsere Sitzung ist fast zu Ende, aber ich finde keine Worte, um sie abzuschließen, nicht jetzt und nicht so. Wenn ich nicht weiß, was ich sagen soll, und merke, dass es dennoch eines rettenden Wortes bedarf, besinne ich mich auf die alten Griechen. Nicht nur, weil sie über den Genius ihrer Sprache verfügen, sondern auch, weil ich diesen Umweg mit dem Eingeständnis meines eigenen Unvermögens, auf den Skandal ihres Schmerzes einzugehen, zu verknüpfen versuche: Andere haben Gleiches gedacht und durchlitten, sodass man sogar in jener absoluten Einsamkeit, die das Gefühl des Verrats mit sich bringt, nie völlig isoliert ist. Ich sage ihr, dass die Griechen zwischen zwei Arten des Begehrens unterscheiden: zwischen dem Begehren, eine Entscheidung zu treffen, und dem Begehren als Begierde. Aber wissen wir überhaupt, wer will und wer begehrt? »Wir sind Frauen«, heißt es bei Euripides, »bald lassen wir uns durch scheue Zurückhaltung bestimmen, bald könnte uns niemand an Dreistigkeit übertreffen (...). Die Natur wollte es, die sich um Gesetze nicht kümmert; die Frau ist dazu geboren.«[6]

73

Sie dreht sich zu mir um, und dieses »Umdrehen« gefällt mir. »Verstehen Sie«, sagt sie, »ich wollte unbedingt, dass er mit mir spricht, nicht um ihm irgendein Geständnis zu entreißen oder irgendwelche Informationen über sie, auch nicht meinetwegen, sondern um das Risiko der Wahrheit der Liebe einzugehen. Es geht mir nicht um körperliche Besitzansprüche, nicht um Versprechen und die zwangsläufig damit verbundenen Lügen. Er hat tatsächlich mit mir gesprochen. Am nächsten Tag habe ich der anderen Frau eine kurze Nachricht geschickt, auf die sie mir sehr respektvoll geantwortet hat. Ein paar Worte nur, in denen sie ihre Liebe zum Ausdruck brachte, ich hätte ihr eigentlich gern noch einmal geschrieben ... Verstehen Sie? Ich fühle mich wie heimgesucht. Ich bin seitdem nicht mehr am Fluss oder in der sternenklaren Nacht gewesen, ich war in diesem Schmerz gefangen, der einen so merkwürdigen, ungreifbaren Kummer aufsteigen lässt, dass man ihn gar nicht benennen kann: Absurdität, Diskrepanz, Unsinn. Es ist ein merkwürdiger Schiffbruch. Ich kann mir diese Traurigkeit nicht erklären. Eigentlich wollte ich zu ihnen, mit ihnen sein, aber ich konnte nicht. Als Kind ging es mir genauso.«

Möglicherweise wollte auch sie mehrere Leben leben, weshalb hätte sie sich sonst ausgerechnet diesen Mann ausgesucht? Kann man wirklich glauben, dass uns das Leben mit Menschen zusammenführt, die uns gänzlich fremd sind? Das, was wir Untreue nennen, ist ein Exil außerhalb unserer selbst. Wir werden wie Schiffbrüchige auf kindheitsartigen Inseln ausgesetzt, von denen wir entkräftet, wehmütig und schreckerfüllt zurückkehren. Man wäre gern allein, aber gleichzeitig in ein Fest eingebunden, gemeinsam, aber alleine in der Weite, man wünscht sich hautnahe Träume, andere Körper, anderes Begehren, andere Leben, doch man hat Angst, und manchmal stirbt man so auf kleiner Flamme, erstickt unter der Last sei-

ner Treuepflichten, die man sich lieber nicht genauer ansieht. Und wenn man entdeckt, dass der oder die Andere untreu ist, verliert die Welt plötzlich allen Sinn und alles menschliche Maß. Plötzlich wird uns die Möglichkeit der Bindung entzogen und mit ihr die Sprache, ihre Verlässlichkeit und Stütze. Alles wird zu einem potenziellen Vektor des Verrats. Doch die Liebe fordert diesen Preis. Früher oder später werden wir alle untreu. Die Grenze besteht nicht in der Haut oder im Sex, sondern im Kopf und unserer Herzensbindung. Und plötzlich sehen wir uns mit der unabweisbaren Gegenwart eines anderen konfrontiert.

»Beginnt die Untreue nicht bei uns selbst?«, frage ich so sanft wie möglich. »Mit der grenzenlosen Unkenntnis unserer selbst, mit den Lügen, Alibis, Vorwänden und Entschuldigungen, mit der Sprache als Waffe des Begehrens?«

Nur wenn man geliebt, verraten und gelitten hat, an einer Liebe verzweifelt, von ihr zerstört und wieder gerettet worden ist, kann man anerkennen, dass man nur der größten Liebe wirklich untreu werden kann, dass sich die Liebe aber gleichzeitig nur um den Preis der Wahrheit riskieren lässt: um den Preis eines unmöglichen Versprechens, sich und dem Anderen vollständig anzugehören, fern von jedem Besitzanspruch. Wir müssten für den Anderen einstehen, schreibt Levinas, aber niemand gehört dem Anderen, ebenso wenig wie sich selbst, woran uns die Psychotiker mit ihrem bestürzenden und heftigen Ganzheitsanspruch hinreichend erinnern.

Unsere unheilbaren Erfahrungen von Untreue werfen uns auf jenen ersten Schmerz zurück, wenn uns nach der Geburt die Urtrennung von der Mutter und später deren Abwesenheit zugemutet wird. Wann begreift ein Säugling, dass er nicht mehr unauflöslich »eins/zwei« oder »zusammen mit« sein kann, dass er aus der fötalen Fusion zu einer Tag und Nacht empfundenen Einsamkeit übergehen wird? Was macht er aus diesem Wissen, wie verwandelt er seine Machtlosigkeit, den Anderen ständig bei sich halten zu können, in das Bedürfnis nach Einsamkeit? Denn genau diese unheilbare Verletzung enthält im Keim das Potenzial unserer zukünftigen Liebesfähigkeit. Wo beginnt die Untreue? In Gedanken, mit einem Kuss, mit der Nacktheit, mit einem Doppelleben? Beginnt sie nicht schon in unserer Vorstellung, sobald sich der Gedanke an den Anderen in unsere Seele und unseren begehrenden Körper einnistet? Was auch immer Sie mit diesem Gedanken machen, er wird Sie weiterhin beschäftigen und sein Eigenleben führen, ohne zwingend mit Ihrem Handeln oder Ihrem Willen übereinzustimmen (viele Lieben sterben vor der Trennung oder überleben sie lange – führen gewissermaßen ihr eigenes animalisches Leben). Unsere Treuebindungen aber verfolgen uns wie lauter Pflichtaufrufe, denen wir uns um jeden Preis beugen, obgleich wir ihren Zweck verkennen. Angesichts dieses kategorischen Imperativs müssen wir uns wirkliche Formen der Untreue schaffen, offene, brennende und fruchtbare Fluchtlinien wie die, von denen Kerouac in *Unterwegs* spricht, diesem metaphorischen Text, der weit über die bloße Freiheit des Reisens hinausweist. Und vielleicht können wir, indem wir unsere notwendige Untreue zähmen, aus ihr einen Weg lesen, der nicht nur Verrat ist, sondern ein Sich-Verlieren tief auf dem Grund unserer selbst.

Wirklich unheilbar ist nur die Treue.

Null-Risiko?

In einer Gesellschaft, in der sich allenthalben Versicherungen durchsetzen, weil sie niemand mehr ausschlagen, geschweige denn auf sie verzichten kann, ist es fortan sinnlos, das Null-Risiko zu predigen: Es versteht sich von selbst. Es steckt den obligatorischen Horizont unserer kollektiven und individuellen Entscheidungen ab. Die Versicherung scheint außer ein bisschen Geld kaum etwas zu verlangen, um uns gegen Unfälle jeder Art zu schützen. In Wirklichkeit aber wird unsere gesamte Realitätswahrnehmung neu formatiert, wie es heutzutage heißt. In ihrem großartigen Buch *The Test Drive* (2009) erinnert Avital Ronell an den universellen Charakter der Probe. Von jeher hat der Mensch seine Freiheit, seine Vernunft, seinen Mut und seine Grenzen erprobt und die Probe sogar als Effektivitätsbeweis für den Mut ersonnen.

Die Notwendigkeit, sich zu versichern, wuchs jedoch proportional zur Logik der Selbstevaluierung und der »Testbarkeit« von Menschen und Dingen.

Das von uns angesteuerte Null-Risiko ist verhängnisvoll. Es enthebt das Subjekt seiner Verantwortung und spaltet es: in ein triebgesteuertes Wesen, das jedes Risiko eingeht und daher wohl oder übel vor sich selbst geschützt werden muss, und in ein vernunftgesteuertes Wesen, das nie vernünftig genug sein kann. Dadurch wird es potenziell zu einem Abweichler und hochgradig pathogenen Individuum. Merkwürdig, in der Tat, dass womöglich keine Epoche je »sicherer« war als unsere und wir dennoch alle unter einer wachsenden, unermesslichen Angst vor jedem potenziellen Ereignis leiden. Wahrscheinlich werden in Zukunft die Völkermorde kriegerischer Auseinandersetzungen auf uns lasten, deren entmenschlichendes Ausmaß noch gar nicht vorstellbar ist. In bewaffneten und diplomatischen Konflikten, ja selbst in Interessenskonflikten zwischen Industriemächten setzt sich das Null-Risiko als ethisches Gebot zunehmend durch. Man will selbstverständlich keine Menschenleben mehr »riskieren«, der Krieg wird paradoxerweise künftig ohne den Tod auskommen müssen.

Indem der Tod nicht mehr als Möglichkeit oder Strategie, sondern lediglich in Bezug auf seine notwendige Vermeidung gedacht wird, muss die erste der beiden Kriegsparteien, die sich über das »Null-Risiko« hinwegsetzt, zwangsläufig den Sieg davontragen. Man setzt sein Leben aufs Spiel wie bei einem Kamikaze-Einsatz. Bereits Hegel hatte diese Logik erkannt, wohl aber nicht die Barbarei unserer zeitgenössischen »sauberen« Kriege ahnen können, die mit ihren sogenannten »Kollateralschäden« mehr Opfer unter der Zivilbevölkerung als in den Reihen der Armee fordern.

Uns bleibt kaum Spiel- und Leerraum, wenig Zeit für nichts. Unterschreiben Sie einfach den Vertrag an der angegebenen Stelle! Ja, vergessen Sie nicht, dass Ihre Entscheidungen nicht nur Sie selbst angehen, sondern auch die anderen. Das Risiko ist eine altmodische Romantik für Erwachsene, die nicht erwachsen werden und keine Verantwortung übernehmen wollen, sondern andere damit betrauen, welche aus dem Risiko Kapital schlagen und sie vor Ihrer eigenen Unbedachtheit in Schutz nehmen. Alle Verbrecher dieser Erde werden es Ihnen bestätigen; sie, die trotz Not, mangelnder Erziehung, trotz der Misswirtschaft der sozialen Dienste, des Totalausfalls der Schule und des Bankrotts der sogenannten Ordnung nach Herzenslust kriminalisiert werden. Diese Straftäter sind in der Tat beauftragt (Foucault hat es so treffend beschrieben), uns vor Augen zu führen, was uns tagtäglich ereilen könnte. Straftäter werden nur noch auf allerhöchster Staatsebene akzeptiert, wo sie sich selbst über Recht und Gesetze erheben. Das Recht ist derartig in alle möglichen Erlasse, Änderungen und Dekrete ausgeufert, dass kein noch so qualifizierter Jurist behaupten kann, es in all seinen Bedeutungen zu kennen. Er kann es nur *auslegen*. Und dafür braucht es Zynismus und Denunzierung, temperiert von einer Serenade löblicher Absichten. In diesem Klima von Sparpolitik und politischer Trägheit gilt es als Erstes, sich gegen die Risiken zu versichern, die in konzentrischen, häuslichen oder weltumspannenden Kreisen eine unbestimmte Angst heraufbeschwören, für die man nur sich selbst – den oder die unzureichend Versicherte(n) –

verantwortlich machen kann. Das Versprechen des Null-Risikos ist absurd, denn sobald es wirksam würde, wäre sein Gegenstand auch schon wieder zunichtegemacht.

Man muss der Gefahr ins Auge sehen. Zumindest diesen Mut sollten wir uns bewahren. Wir können uns von Schmerz, Katastrophen und Trauer erholen, und doch wird immer ein Platz für das Böse bleiben. Wir werden nicht im Voraus erlöst.

Wie man sich (nicht) selbst verwirklicht

Es gibt unzählige Bücher, die uns sagen, wie wir uns am besten »selbst verwirklichen« können. Die in Amerika und inzwischen auch hier ungeheuer erfolgreiche Ratgeberliteratur versorgt den internationalen Markt der Rück-Versicherung. Um den Käufer zu ködern, ändern sich die Formulierungen, der Inhalt aber bleibt fast immer der gleiche. Es geht um das beglückende Streben nach Selbstverwirklichung, eine Erfüllung, die niemandem von uns gelingt, die wir aber vom Leben zu erwarten scheinen wie einen wundersamen Segen.

Was bedeutet jedoch »sich selbst zu verwirklichen«? Stehen wir uns selbst nicht schon genug im Weg, um darüber hinaus nach einem heimlichen Rendezvous mit unserem fiktiven Wesen zu streben, oder handelt es sich nur um eine Variante unseres Liebesbedürfnisses? Wenn man in den Augen der anderen nicht existiert, muss man sich wenigstens selbst Anerkennung zollen. Man empfiehlt uns, die wir zum Zweifeln und zur Verletzlichkeit neigen – heutzutage als negativ geltende Eigenschaften –, Seminare und Kurse zur Umerziehung. Auch die Analyse eignet sich dafür. In besseren, weniger ängstlichen Zeiten weigerten sich die Analytiker, künstlich einen Narzissmus aufzubauen, weil die Patienten diesbezüglich keine Mangelerscheinungen zeigten – vor allem diejenigen nicht, die über fehlende Selbstsicherheit klagten.

Die Immanenz ist ein Konzept ohne Gegenstand, weil es das Gegebene von vornherein miteinschließt. Sie ist eine stumme Horizontlinie zwischen Himmel und Erde, die unseren Blick darüber hinauslenkt. Das Bedürfnis nach Transzendenz ist wohl das sicherste Anzeichen für die Immanenz unserer Welt, ihre Materialität und üppige Verschwendung. Wir werden mit Ereignissen konfrontiert, die uns weit übersteigen, und zwar nicht, weil sie aus einer entlegenen Welt kämen, sondern weil sie sich ohne unser Zutun zusammenfügen und wieder lösen, wie große spielende Tiere, wie Zeichen, die das sichtbare überborden, mit Informationen versorgen, ihm Form, Bild und Zeit geben. Wie das Kino, wo Lebensbilder, die unsere sein könnten, umgekehrt, aber in Echtzeit abgebildet werden. Jedes Ereignis hat seine eigene Dichte. Wenn es eintritt, dann als etwas Zusätzliches, ohne einen bereits gültigen Platz in der Wirklichkeit. Es schafft allein kraft seines Eintretens ein neues Leben. Manchmal greift dieses Ereignis der Bewegung eines ganzen Volkes vor, manchmal schafft es Gemeinsames: eine Art Kommunismus des Denkens mit dem Vorsatz, zu leben, statt zu sterben oder sterben zu lassen. Ist das Risiko der Immanenz nicht der erste

Schritt auf dem Weg zum Verzicht auf Selbstverwirklichung? Denn das, was als »Selbst« definiert wird und uns um jeden Preis liebenswert gemacht werden soll, ist nach wie vor nur eine von unseren Bindungen, Ängsten und Erwartungen geprägte Projektion. Die eindrücklichsten Erfahrungen, die wir leben dürfen, lösen dieses »Selbst« auf. Sie vertiefen unsere Wahrnehmung des Augenblicks und der Welt, sorgen für unwillkürliche Freude, innere Umkehr und die Befreiung von unseren Ängsten – eine eigenartige Versöhnung, bei der das Wirkliche keinen Widerstand mehr zu leisten scheint.

Denn wir wollen die Sorglosigkeit um den Preis der Knechtschaft, wollen uns mit dieser Knechtschaft nicht auseinandersetzen müssen. Die Psychoanalyse – zumindest ihre Pioniere wie Rivers, Freud, Ferenczi, Tausk, Lacan, Winnicott und einige andere – hat sie ihrerseits zu ergründen versucht. Sie hat uns in Erinnerung gerufen, dass wir die Erben einer in uns enthaltenen Geschichte sind, deren Ursprung wir verkennen, dass wir von Sehnsüchten durchdrungen sind, denen wir lieber nicht auf den Grund gehen wollen, von hinfälligen und fesselnden Idealen; dass wir bis zum Augenblick unseres Todes noch in unserer Babyhaut stecken und dass wir all das *gewollt* haben. Ja, dass wir uns genüsslich und phantasievoll, manchmal geradezu fanatisch daran laben. Währenddessen gerät unsere Sterblichkeit in Vergessenheit, bevor sie uns ungewollt wieder einfällt. Zugegebenermaßen können wir nur Opfer der Umstände sein, nicht etwa, weil es keinen Zufall gäbe (das fiele in den Bereich von Zauberei oder Religion) oder die Wirklichkeit nicht in unser Leben einbräche, sondern weil die Art und Weise, in der wir sie unabhängig von ihrer Intensität oder Heftigkeit an uns heranlassen, davon abhängt, wie wir uns in einer offenen, flukturierenden und gewissermaßen nicht darstellbaren Welt bewegen.

Vielleicht wäre es keine schlechte Idee, sich »nicht zu ernst« zu nehmen, die gewohnten Anhaltspunkte fallen zu lassen und sich selbst abhanden zu kommen. Den Bruch aushalten, durch die Veränderung unserer inneren, subjektiven Chemie. Eine rasante Talfahrt jenem Ort entgegen, an dem ich nicht mehr »Ich« bin, sondern aufgelöst, mit der Wahrnehmung verschmolzen, Nacht und Fels gewordener seelischer Raum, fernes Echo eines Tieres, Kratzspur auf dem Boden. Unkenntliche, schraffierte Spuren des Ichs, die unübersetzbar bleiben. Dafür gilt es, sich von sich selbst loszusagen (statt sich zu finden): *sich zu verlieren.* »Ich kann nur bestätigen«, schreibt Adam Philips, »dass die beste Verteidigung gegen das Verlorenheitsgefühl darin besteht, sich zu verlieren, nicht zuletzt, weil wir den Eindruck haben, das Problem damit in der Hand zu haben (...) wir verlieren uns, wenn es uns unerträglich ist, verloren zu gehen. Wir sind verloren, wenn wir kein Objekt der Begierde haben, und wir bemühen uns, uns zu verlieren, wenn wir eines haben.«[7] Die grundlegenden Erfahrungen unseres Seins – einschließlich, ja, vor allem der Freude – bewegen sich nicht innerhalb der vage als »Selbst« bestimmbaren Grenzen; sie lassen Zustände der Welt und subjektive Wahrnehmungen nebeneinander bestehen, aber auch Teile von Körpern, Bildern, Darstellungen und Affekten. Das Risiko der Immanenz einzugehen, bedeutet, jede Hinterwelt abzulehnen, wie Nietzsche sagte, und lediglich auf die unsere Wahrnehmung gleichwohl weit übersteigende hiesige Welt zu setzen. *Nicht sich selbst zu werden* bedeutet bisweilen, nicht zu sterben, nicht schon in einem tauben Gestein

84

eingeschlossen zu sein – Existenz, Identität, Lebensregel, die uns als Anhaltspunkt dient, als fragile Enklave, in der das Ich überdauert. »Man möchte sagen, die reine Immanenz sei Ein Leben und nichts anderes«, heißt es bei Deleuze. »Ein Leben ist die Immanenz der Immanenz, die absolute Immanenz: Es ist vollkommenes Vermögen, vollkommene Glückseligkeit.«[8]

Ein Geheimnis wahren

Inwiefern verkörpert das Geheimnis ein Risiko? Das Geheimnis ist weit mehr als ein Guthaben. Es ist ein grundlegender Aspekt unseres Wesens, weil es dem Herzen erlaubt, sich zu stärken und unserem unverletzbaren *inneren Richtstuhl* Raum zu geben. Man kann Ihren Körper foltern, mit einem Lügendetektor Ihre Augen ergründen und Sie hypnotisieren, nie aber gewaltsam in das Geheimnis Ihrer Seele eindringen. Alle Folterknechte wissen das. Sogar vor dem Inquisitionsgericht konnte sich der Verurteilte auf sein Gewissen berufen, um die Aussage zu verweigern. Die Tür zum Herzen steht nicht offen. Die schönsten Seiten über *das Geheimnis des Herzens* verdanken wir den Mystikern. Im Französischen bedeutet *mettre au secret*, jemanden in den Kerker zu werfen (*assigner au cachot*), den radikalsten Rückzugsort der Lebenden vor dem Tod. Wenn wir imstande sind, ein Geheimnis zu wahren, können wir uns der Macht widersetzen. Eine politische und geistige Dimension, die es sich heute, wo allenthalben nach Transparenz gerufen wird, zu verteidigen lohnt.

Die Wahrheit ist eine Bloßlegung. Aber kann man alles offenbaren? Soll man dem anderen wirklich alles sagen? Welche Beziehung besteht zwischen Wahrheit und Geheimnis? Ein Geheimnis kann nur dann existieren, wenn es prinzipiell geteilt werden, wenn es mit Worten verteidigt oder verraten werden kann, durch ein Geständnis zerstört zu werden droht. Das Geheimnis rührt an alle Dimensionen der menschlichen Erfahrung und hat – als Diskurs – im Laufe der Geschichte zumindest in den Bereichen von Sexualität und Gebet eine dominante Funktion ausgeübt. In der Sexualität spielt das intime Sprechen eine zentrale Rolle. Das Verschwiegene betont umso deutlicher die Diskrepanz zwischen dem tatsächlich Gesagten und dem potenziell Sagbaren. Die Erotik ist eine Funktion des Geheimnisses bis in die Sprache hinein. Die andere Dimension der intimen stillen Sprache ist das Gebet. Anrufung, Meditation, Hoffnung: Die Formen des inneren religiösen Sprechens waren stets das Unterpfand eines allein mit Gott geteilten Geheimnisses. Dieses Unterpfand hat heute keine Gültigkeit mehr. Sex und Gebet, um nur diese beiden Beispiele des verinnerlichten Diskurses anzuführen, wurden im Laufe des vergangenen Jahrhunderts schonungslos ans Licht gezogen. Vielleicht ist es an der Zeit, sich auf ihre grundlegende Vertrautheit zu besinnen.

Das Gebet entspricht dem Warten auf ein Sprechen, von dem man weiß, dass es sich nicht einstellen wird, das aber von jeher in uns angelegt ist. Das Sprechen verknüpft sich mit dem Fehlen des Anderen, jenem abwesenden Anderen, der nicht antworten wird, der nicht weiß und doch Ihre Stimme empfängt wie keine andere, in der absoluten Öffnung auf das Unverhoffte. Welchen anderen, ähnlichen Raum gibt es? Man muss nur glauben, dass ein anderer uns hören kann, die lebendigste Hoffnung vor einem tiefdunklen Hintergrund – was für ein Paradox.

Welchen Raum haben wir heute, um das Geheimnis zu riskieren, nicht »das elende Häufchen Geheimnisse« versteckter Laster oder eifersüchtiger Besitzansprüche, auch nicht das politische Geheimnis, ich meine das Geheimnis, das man zwischen Selbst und Selbst zulassen sollte – eine undurchdringliche Schicht der Dunkelheit?

Das Geheimnis ist die Kehrseite der Scham.

Sich mit seinen Ängsten anfreunden

Man lebt in der Angst, ohne es zu wissen, wird von ihr umzingelt wie von einer gespenstischen Erscheinung. Die Angst beunruhigt und lähmt uns, und doch, warum sollte man nicht Freundschaft mit ihr schließen, so wie man sich nachts manchen großen Tieren nähert? Dafür müssen wir durch das Dunkel auf sie zugehen. Wir meinen, von unseren Ängsten gehemmt zu werden, nicht die Kraft zu haben, ihnen ins Auge zu sehen, denn dadurch würden wir sie nicht nur kennen-, sondern auch mögen lernen, ja, uns an sie binden. Unsere Ängste sind das Gesicht unseres künftigen Staunens, der Beginn von allem Schöpferischen. Sie sind die kristallisierten Rückstände unserer zartesten Empfindungen, wir lassen sie direkt vor unseren Augen vorbeiziehen und bedauern anschließend, sie nicht festgehalten zu haben. Wir bilden eine Front gegen unsere Ängste und werden insgeheim von der Erinnerung an uralte Hoffnungen innerlich zurückgehalten. Wir leben unter örtlicher Betäubung, unter einer Zellophanhülle und suchen verzweifelt nach einer Substanz, einer Liebe, die uns ungestraft wachrütteln könnte.

Wir führen den falschen Krieg, verlorene Soldaten einer vergessenen Sache; der verzweifelten, noch immer lebendigen (Ur)Sache der Kindheit. Die reine Vollkommenheit der Kindheit, die uns selbst in ihren Verletzungen noch wehmütig stimmt. Damals entstanden unsere ersten Schrecken, unsere ersten Zeichnungen von Riesen und Himmeln, schlaflose Nächte voller Versprechen, die nicht gehalten würden und die wir noch lange einfordern, ohne dass jemand etwas dagegen tun kann. Noch nicht einmal der engagierte Psychoanalytiker, der Ihnen jahrelang zuhören wird, ohne Sie zu unterbrechen, und dem jener Weg aus weißen Kieseln, die vom Wind, den Vögeln, von der Einsamkeit und vom Vergessen verzehrt werden, ebenfalls entgeht. Das Geheimnis ist, dass uns das von unseren Ängsten abgesteckte Gebiet nicht loslässt. Das Risiko eingehen, in der Angst zu leben – endlich in sie eindringen, sich in ihr auflösen, mit angehaltenem Atem in den Fluss eintauchen, die hellen Kiesel berühren und an die Oberfläche befördern, wo sie an Glanz und Geheimnis verlieren, sie aus der Nähe betrachten und über sie streichen. Woher kommst du? Wie heißt du? Was willst du von mir? Wir haben Angst, verraten und verlassen, nicht mehr geliebt zu werden, wir haben Angst, frieren, hungern und leiden zu müssen, Angst vor dem Alleinsein, Angst, das Leben könnte sang- und klanglos verstreichen. Die Angst schlingt sich um jedes Ereignis, als wollte sie dessen Kokon schützen, und entrollt unterdessen all die Wörter, die ausgesprochen wurden, um jemanden zurückzuhalten oder zum Nachgeben zu bewegen; die Wörter für den Sex, für ein flüchtiges Begehren, für einen verloren geglaubten Schatz, die Wörter für Verrat oder Schmerz, Liebe oder Schöpferisches. Wie können wir – zur Un-Zeit, ja fast zum Un-Leben –, an den Schrecken angelehnt und mit offenen Augen, nicht ausgerechnet von den schönsten Dingen ausgeschlossen bleiben?

»Mein Herz«, sagt sie, »ist in lauter Einzelteile zersprengt. Ich bin ein zutiefst verstörtes, gebrochenes Kind. Ich steige weder in den Zug noch ins Flugzeug, ich schlafe nicht, ich schwimme nicht in der Tiefsee und gehe nicht unter Leute. Ich lebe auf Bewährung. In einer schlafwandlerischen Angst, die meine Bewegungen hemmt, mein Begehren verhindert, mein ganzes Leben erstickt. Auch vor Ihnen habe ich Angst, Angst, dass ich hier meine Zeit verliere und unsinnig darauf warte, dass endlich etwas passiert.«

»Sie haben wirklich Angst ... hier und jetzt?«

Ich sehe sie aufmerksam an, mit einem Blick, der so eng mit dem Körper verwachsen ist, wie wenn ein Angler mit den Augen der an der Schnur ausgeworfenen Fliege folgt, die sich langsam auf das Wasser setzt.

»Ja, ich würde am liebsten weglaufen, ich hätte gar nicht kommen sollen.«

Das Schweigen dehnt sich lange, ein helles, besänftigendes Licht, und allmählich spüre ich, dass sie anders atmet.

»Vielleicht mögen Sie Ihre Angst ja ...«, wage ich einzuwerfen.

»Diese grauenvolle Angst schnürt mir die Luft ab, aber das verstehen Sie nicht, das sehe ich. Ich kann nichts dazu sagen, einfach nur weglaufen, möglichst wenig daran denken. Mich

zusammenkauern, wenn sie kommt, und warten. Das habe ich schon gemacht, als ich klein war, in meinem Kinderzimmer.«

Ich wiederhole, dass sie womöglich an ihrer Angst hängt.

Sie wendet den Kopf zum Fenster. Durch die Vorhänge fällt ein sanftes Licht. Das Schweigen spiegelt ein Erstaunen, zumindest etwas, das sich zwischen den Rhythmus unseres Dialogs schiebt, exakt in jenem Sekundenbruchteil, da sich die Antwort dort befindet, wo der andere sie erwartet.

»Dass ich meine Angst womöglich mag?«, fragt sie.

Wörter, die man erneut ausspricht, bekommen manchmal eine magische Wirkung, als bekämen sie durch die Wiederholung eine unvergleichliche Macht, eine Verinnerlichung ihres Benennungsvermögens. Allein durch diese Wiederholung, schlicht wie ein Kinderreim, nimmt die Angst Gestalt an, transportiert ein Begehren, entfernt und verkörpert sich zugleich. Sie wird denkbar, als eine unendlich sanfte Projektionsfläche, die sich auf das Wörtchen »mögen« stützt.

»Warum soll ich sie mögen? Sie steht mir doch ständig im Weg, selbst dann, wenn ich meinem elenden kleinen Leben ein Ende setzen wollte.«

Auf einmal sah sie die grenzenlose Macht dieser Angst, mit der sie sich geschmückt hatte, um hierzubleiben, zusammengekauert darauf zu warten, dass sie jemand abholen würde. Ihre Mutter oder wer sie sonst noch lieben könnte. Armes verstecktes Ding, ohne Stimme, Körper oder Begehren, nichts als ein Alibi.

»Warum?«, wiederholt sie. »Nun sagen Sie schon ...«

»Es gibt kein Warum.«

In meiner Antwort liegt eine gewisse Ermattung. Kein Warum, nein. Es wäre zu schön: eine plötzlich als Schlüsselerlebnis auftauchende Erinnerung, ein einziges Wort, ein Ereignis wie im Märchen die Erbse, die der Prinzessin den Schlaf raubt.

Doch jedes Warum ist nur ein weiteres Abwälzen, ein im toten Winkel platzierter Rückspiegel. Es gibt nur das Wie, heißt es bei Kierkegaard, die Art und Weise, in der wir einen Weg erfunden haben zu Ereignissen wie Liebe, Angst, Tod oder dem Einbruch der Schönheit in uns und so vielen anderen flüchtigen Verblüfftheiten, von denen wir uns nur langsam erholen. Ich beschließe, mit ihr zu sprechen und nach Möglichkeit mit ihrer Angst Kompromisse einzugehen.

»Diese Angst ist vielleicht Ihre einzige Zuflucht, womöglich haben Sie das so lange geglaubt, dass sie sich jetzt nur schwer von dieser Vorstellung verabschieden können. Es ist schmerzhaft, auf den Verzicht zu verzichten, weil Sie damit eingestehen, dass der Schaden bereits da ist, all die vergeudete Zeit, die Verblendung, das Alibi und die kläglichen Heucheleien. Wenn das Blut wieder in die halberfrorenen Glieder schießt, verspürt man einen so grauenvollen Schmerz, dass man sich die tödliche Betäubung der Kälte zurückwünscht und lieber erst gar nicht aufgewacht wäre. Die Angst anzunehmen, bedeutet auch, die Möglichkeit der Freude anzunehmen, den Einbruch der Alterität, des Unbekannten und Lebendigen, und es bedeutet etwas Grausames: dem Verzicht zu entsagen. Die Angst beschützt Sie davor wie eine ängstliche, unglückliche Mutter, die nie zu besänftigen ist.«

»Sie schicken mich zurück ins Unglück …«

Es liegt etwas Tonloses in ihrer Stimme, das viel umspannender ist als jede Traurigkeit. Ich beuge mich zu ihr und überrasche mich dabei, wie ich sie umfassen, ihre Hände in meine nehmen will, wie bei einem trauernden Kind, das noch nichts von seinem Unglück weiß. Ich hätte mir gern vorgestellt, wie meine Worte sie erreichen und berühren.

»Ich schicke Sie zurück an den Ort Ihres Unglücks, ja, vielleicht, aber das wissen Sie besser als ich. Wie in einen tödlichen Unterschlupf, aus dem Sie sich vermeintlich nicht befreien können .«

»Vergessen Sie mein Herz, meinen Kopf, meinen Verstand, meine Angst, meine Worte, meine Furcht als Kind, aber bleiben Sie bei mir.«

»Ich werde Ihre Angst nicht ersetzen, ich werde Sie nicht in ihrem Bannkreis lassen, aber ich kann Ihnen zuhören und gemeinsam mit Ihnen darauf warten, dass diesem merkwürdigen Angstkokon farbige, zarte, beschichtete und lichtdurchlässige Flügel wachsen. Auf Griechisch heißt der Schmetterling psyche.«

Sie steht auf, die Sitzung ist vorbei, sie schwankt, als ob der Raum ins Schlingern geraten wäre: »Das wird gleich besser … mir ist nur schwindlig, das habe ich oft, ich merke es kaum noch.«

Ich stütze sie.

»Sie entschuldigen sich wohl nie«, sagt sie.

»Doch, natürlich. Manchmal entschuldige ich mich, oder ich täusche mich und bitte um Verzeihung.«

»Aber Sie sind sich immer sicher, dass Sie Recht haben!«

»Ich habe weder Recht noch Unrecht, genauso wie es vorhin kein Warum gab. Nur das, was gerade passiert, kann innerhalb von einer Sekunde alles verändern, in Ihrem Leben und in meinem, weil wir dieselbe Gegenwart teilen. Das ist ein Ereignis, das wie jede Begegnung absolut erschütternd ist, wenn man sich ihm überlässt.«

»Sie haben kein Recht, so zu sprechen, Sie sind Analytikerin.«

»Und warum sollte die Analyse keine Begegnung sein? Ist sie ein Pakt? Ein Bündnis? Ja, auch. Mit der Person in Ihnen, die nicht mehr an dieser tödlichen Angst hängen will, und auch mit der, die weg möchte und der schwindlig ist. Ich sage nur, dass

diese Angst dasselbe ist wie Ihr Begehren, absolut dasselbe. In-
sofern tun Sie gut daran, sie zu mögen.«

»Ich verstehe überhaupt nichts.«

»Doch, ich glaube schon, deshalb sind Sie ja hier.« Ich reiche
ihr ein Buch. »Das ist einer der besten Talismane gegen die
Angst, die ich kenne.«

Sie lächelt, als ihr Blick auf den Titel fällt. »Danke«, sagt sie,
»wahrscheinlich werde ich nicht mehr kommen, aber ich be-
halte es.« Dann bückt sie sich, um unter der niedrigen Tür hin-
durch ins Treppenhaus zu gehen. Ich bitte den nächsten Pati-
enten herein. Ich bin spät dran, es ist bereits dunkel.

Die Angst lässt sich nicht ablegen, sie besteht neben einer
Wahrnehmung der Welt, an der sie unauflöslich haften
bleibt. All unsere Reisen, unsere Versuche, der Langeweile, dem Alltag, der permanenten Wiederholung zu entkommen, unterhalten ein Verhältnis zur Angst und ziehen mitten im erinnernden Herzen eine Frontlinie hoch.
In unseren Ängsten spiegeln sich die verstreuten Teile
eines Puzzles. Es besteht aus dem, was uns heimgesucht
und enttäuscht hat, was uns zum Träumen und Straucheln
gebracht, indirekt eine uns mögliche Welt entworfen
hat. Das Risiko unserer Ängste einzugehen, bedeutet vielleicht schlichtweg, deren nackte Stimme zu zähmen,
sich – wie Kinder in der bedrohlichen, den Schlaf rahmen-
den Nacht – Geschichten zu erzählen und zu wissen, dass
es für jeden Schrecken einen winzigen Zauberspruch gibt,
einen flüchtigen Talisman, der so rein ist wie eine Kantate
von Bach.

Die Traurigkeit riskieren

Die Traurigkeit, weder Verzweiflung noch Gleichgültigkeit, lässt uns zwischen zwei Welten schweben. Sie gleicht einem eleganten Spaziergang am Abgrund der Katastrophe, wie ein Kind, das an einer Felsklippe entlangläuft, ohne die Gefahr zu ahnen, die Augen im gebrochenen Himmel, in der Zeichnung der Wolken, im lauen Wind. Die Traurigkeit hat keine eigene Dichte, kein Echo. Sie umgrenzt einen unbestimmten, unvernünftigen inneren Raum, in dem man merkwürdig besänftigt stets den Tränen nahe ist. Die Traurigkeit kann überfluten, aber auch besänftigen. Sie hat ein Haftungsvermögen, das den Körper in ein wattiges Gefühl von Fremdheit hüllt, wie ein Liebeskummer, dessen Grund, nicht aber die Wehmut einem plötzlich abhandengekommen ist. Die Traurigkeit gilt als unproduktiv, (auch) deshalb wird sie verurteilt.

Wozu ist sie gut? Weder kathartischer Prozess, noch cholerisch oder transgressiv, hat sie etwas Beunruhigendes, unantastbar Sanftes. Und doch ist sie erstaunlich fruchtbar, wenn auch instabil und schwer zu bändigen. Sie entbindet und besitzt eine subtile auflösende Kraft, doch genau in diesem Geflecht entwirrter Bindungen, vereinzelter Gedanken, allzu süßlicher Gefühle kann plötzlich ein wahrer Gedanke aufkeimen. Damit meine ich einen anderen, unkenntlichen Gedanken: den einer leidenschaftlichen Liebe oder einen Zukunftsgedanken, der plötzlich am Horizont aufblitzt und wieder verschwindet. Ein sorgenvoller (und damit philosophischer) Gedanke, vielleicht auch eine Vision, etwas, das im Raum vor Ihren Augen entsteht und sich auf einmal mühelos beschreiben lässt: eine Selbstverständlichkeit.

Die Traurigkeit gleicht insofern dem Verzeihen, als sie sich mit einem unbekannten Fehler, einer unerträglichen Handlung, einer Beleidigung einstellt und einen Balsam aufträgt, der den Schmerz verstärkt. Die Traurigkeit lindert das, was sie gleichzeitig schärft wie die Klinge eines Samouraischwerts. Nichts ist akuter und doch unbestimmter. Die Traurigkeit wischt die Zeit mitsamt ihrer ruhigen Ausdehnung vom Tisch, sammelt sie in Form kleiner spitzer Steinchen wieder auf und reibt sie aneinander: eine eigenartige Musik, und schon mischt sich die Vergangenheit wieder unter winzige Momente des Lebens, die man sonst vergessen hätte. Die mit der Traurigkeit verquickte Zeit ist nicht nur wehmütig, auch wenn die Traurigkeit oft an ein erwartungsfrohes Gefühl des Bedauerns gegenüber der eigenen Vergangenheit geknüpft ist. Es ist eine zusammengefaltete, verdichtete Zeit mit einer eigenen Überquerung, eigenen Hallräumen parallel zu unseren. Die Traurigkeit ist nicht tragisch, sie zerlegt das Drama in eine Landschaft, sie zersplittert den Schmerz, um ihn erträglich zu machen, streut ihn an verschiedene Punkte von Körper und Seele. Die Traurigkeit gehört uns nie ungeteilt, das macht sie so besonders. Wir empfinden sie, ohne sie zu besitzen, es gelingt ihr nie, vollständig in uns aufzugehen, und eben diese Distanz bindet uns umso stärker an sie. Man ist traurig, weil man sich nicht getraut hat, der Frau, mit der man sich ein paar Minuten unterhalten hat und deren Schönheit einen noch fünf Jahre später verwirrt, seinen Namen zu sagen. Man ist traurig, einen wichtigen Termin verpasst zu haben, vergessen worden zu sein, nicht mehr zu lieben, neben sich zu stehen, sich im Exil zu befinden. Man ist traurig wie in der Einsamkeit eines fremden Landes, wenn das Auge keinen vertrauten Anhaltspunkt mehr hat. Es gibt die Grausamkeit der Traurigkeit, ihre unbeschränkte Ausdehnung, die Unmöglichkeit, ihr eine Grenze zu setzen und ein Ende vorzuschreiben. Der Moment, in dem sie von uns ablässt, ist ungreifbar wie Sand. Die Traurigkeit ist gewichen, das ist alles. Sie schreiben, lieben und träumen, schlafen mit leichten Armen und geborgenem Herzen ein. Die Traurigkeit hat Sie wieder freigegeben, aber anders. Darin besteht ihr Risiko. Man kann ihr aus dem Weg gehen, sich hinter ihr verschanzen, sie meiden oder ignorieren. Oder das Risiko eingehen und sich einem bisher nicht vorstellbaren inneren Exil öffnen, dem uns die Traurigkeit gewaltfrei aussetzt, und dann ein wenig in jenem Gebiet ohne Karte oder Markierungen verweilen.

Die Traurigkeit gleicht der Müdigkeit, dieser Krankheit unserer Zeit. Maurice Blanchot zufolge ist die Müdigkeit lebensnotwendig. Sie ist ein Zustand am Rande unserer selbst, der sich gewissermaßen stellvertretend unseres Lebensüberdrusses annimmt. Und Sie außerdem schont, weil Sie die Ausrede »Ich bin müde« gebrauchen können … in diesem von der Müdigkeit ermöglichten Rückzug entgeht Ihnen ihr ernster, fast ungreifbar gewordener und in jedem Fall unheilbarer Gehalt. Sie erspart uns, einen tieferen Überdruss erkennen zu müssen: ein launischer Affekt, der rasch Form annehmen und nicht mehr lockerlassen kann, sodass er unserem Antrieb einen unerträglichen Widerstand entgegensetzt und uns den Zugang zur Welt der Gesunden verwehrt, die nichts von Erschöpfung zu wissen scheinen. Die Müdigkeit toleriert einen wehmütigen Vorgeschmack, den man Stress, mangelnder Erholung oder fehlender Zeit für sich selbst zuschreibt – alles Dinge, die wir bestens verkraften würden, wenn wir gerade frischverliebt wären. Die Müdigkeit wirft diese »Zeit-für-sich-selbst«, die heutzutage so schmerzlich zu fehlen scheint (Arbeit, Familie etc.), dem Riesen in den Rachen. Zu schnell erwachsen geworden und allein sitzen wir vor dem Sandkasten. Uns fehlt die Phantasie, uns vorzustellen, dass jemand auf uns wartet. Die Müdigkeit überspielt den gleichwohl stechenden Schmerz, nicht anerkannt zu werden. Es ist schwer, auf dieses Warten zu verzichten, ohne es in halbherzige Freundschaften im Rahmen unmöglicher Terminkalender und langer »Ferien« zu zersplittern. Die Traurigkeit zuzulassen bedeutet, der Wahrheit dieser Müdigkeit ein bisschen näherzukommen; ihren lebenswichtigen Wirkstoff, ihre Dringlichkeit zu extrahieren.

Traurigkeit zu riskieren, ist etwas ganz anderes, als in Melancholie zu versinken. Wir sollten verstehen, dass die Traurigkeit eine heimliche Doppelgängerin der Glückseligkeit ist; dass die Ausdehnung des Seins, zu der sie uns animiert, uns an eine andere Möglichkeit des Mit-sich-selbst- und des In-der-Welt-Seins erinnert, offen für alles Kommende.

Das Risiko der Freiheit

»Philosophieren heißt, hinter die Freiheit zurückgehen.«
Levinas

Die Freiheit ist vermutlich die banalste Bedeutung des Risikos. Wer wünschte sich nicht mehr Freiheit, würde nicht gern einen größeren Raum durchmessen, seinen Alltag dem Unerwarteten öffnen und von Zwängen befreit werden? Sich wie ein Reisender in einem von Verpflichtungen, Stress und diversen Belastungen beengten Dasein zu neuen Gefilden aufmachen? Trotzdem ist die Freiheit als Objekt der Begierde alles andere als selbstverständlich. Freiheit meint das Sich-frei-machen, keinen stabilen Zustand. Sie setzt voraus, dass wir uns unserer Fesseln bewusst sind, dass wir wissen, was uns wie die Ziege des Herrn Séguin im Gehege unserer Phantasmen gefangen hält – noch dazu mit unserer Zustimmung. Die Psychoanalyse vertritt dazu eine eindeutige Meinung. Fast immer sei die Freiheit illusorisch, sie stütze sich auf die vielfältigen Konditionierungen unseres Begehrens, unserer Erziehung, unserer Kultur und Welt. Sie wurzele in einer Ideologie, die dem Subjekt nur eine kurze Flucht gestattet – in einem äußerst beschränkten Raum. Der Raum eines zwangsverwalteten Ichs, das nach seiner eigenen Überwachung giert.

Was würde ein innerlich offenes »Ich« tun? In jedem Moment unseres Lebens orientiert sich unsere Handlungsfähigkeit an zahllosen, mal bewussten, mal weniger bewussten Parametern. Mehr Freiheit zu wagen bedeutet zwangsläufig, etwas hinter sich zu lassen, eine Gelassenheit, etwas Geteiltes, eine vertraute Welt, die gewiss viele Enttäuschungen, dafür aber auch klare Anhaltspunkte birgt. Lehrt uns die Freiheit etwas? Nicht unbedingt. Sie verlangt, dass wir unser Begehren riskieren, als sei es etwas unendlich Kostbares, Einmaliges, eine gebieterische Stimme. Dass wir uns selbst vorausgehen, dort, wo wir nicht wissen, dass wir sind; wo etwas, das wir nicht kennen, dennoch von uns spricht und uns einberuft. Die Freiheit ist eine Einberufung. Doch wie soll man darauf reagieren, da man sie weder herbeiwünschen noch ihren Ausgang überstürzen kann? Vielleicht in einer bestimmten Bereitschaft zu sein, einer »Neigung«, wie es im 17. Jahrhundert so schön hieß, einer Bereitschaft für den richtigen Moment (kairos), für jene Intensität, die den Augenblick bezeichnet, in dem wir mit Haut und Haaren lebendig sind. Das, was man Glück oder Schicksal nennt, ist wahrscheinlich nur eine mögliche Interpretation dieser intensiven Präsenz dem Anderen, dem Ereignis gegenüber. Die Freiheit nämlich appelliert an uns vom (scheinbar) entferntesten Punkt unserer selbst, sie leistet unseren Einwänden kaum Widerstand, geht auf Distanz und verschwindet schließlich. Sie ist wie ein toter Winkel im Rückspiegel, man muss sich umdrehen, um zu sehen, was sich wirklich dort verbirgt. Die Annalen unserer Vergangenheit wissen keine Antwort darauf, es gibt keine Verhaltensregeln, kein Erbe mehr, lediglich eine ungeschriebene, lebendige Zukunft. Noch vor den Handlungen gehen uns die Ängste voraus. Die Depression ist nur ein anderer Name für die Verweigerung der Freiheit oder genauer: für die radikale, aber allgemein verkannte Unmöglichkeit, eine Befreiung, ein radikales Befreitwerden von den »objektiven« Grenzen unseres Daseins für realistisch zu halten. Die Trennlinie in uns verläuft über ein endloses Schlachtfeld, denn das Risiko der Freiheit rührt an unsere ältesten Treueversprechen; unsere Rüstungen für diese Kriegsfront sind nicht von uns selbst, sondern von anderen Generationen, anderen Gedächtnissen gefertigt worden.

Verlangt die Freiheit das Risiko der Wahrheit? Sie als subjektives Wollen zu denken, bedeutet, die weit vor unsere Geburt zurückreichenden Gründe, die vergessenen Schwüre, entrissenen Versprechen, die Toten ohne Gräber, die armen und gewaltsamen Geheimnisse außer Acht zu lassen. Das Risiko der Freiheit einzugehen heißt, die Pascal'sche Wette anzunehmen, der zufolge wir diese Freiheit in der Entdeckung des Unbekannten finden. Das Boot, das Vergil und seinen Freund in die Unterwelt bringt, erinnert seine Insassen an ihr Exil als Menschen: Nur um diesen Preis, schreibt Dante, würden sie Zeuge dessen sein, was sie selbst riskiert hätten, nämlich die Wahrheit. »Die Unterscheidung zwischen frei und unfrei wäre so weder die letztgültige Unterscheidung zwischen Menschlichkeit und Unmenschlichkeit noch die letztgültige Markierung von Sinn und Sinnlosigkeit«, schreibt Levinas. »Hat nicht das Gute das Subjekt in einer Erwählung erwählt, die erkennbar ist in der Verantwortung als Geisel, zu der das Subjekt bestimmt ist, der es sich nicht entziehen kann, ohne sich zu verleugnen, und durch die es einzig ist?«[9] Hier erkennt man Levinas' Ethik, in der das Gute vor dem Sein rangiert und in der grenzenlosen Verantwortung des Subjekts dem Anderen gegenüber besteht, die allein die (endliche) Möglichkeit seiner Freiheit begründet.

Die Freiheit, zu handeln, ist verschwindend gering, verglichen mit der Freiheit, zu sein, die unsere Menschlichkeit ausmacht. Selbst unter Schreckensherrschaft und Folter ist der Mensch noch immer frei, umfassend seine Wahrheit zu riskieren, etwas, das ihm auch gewaltsam nicht genommen werden kann. Weil er ein geistiges Wesen ist, kann er dieser, ihn umgekehrt konstituierenden Freiheit nur selbst entsagen. Wenn sich Menschliches und Unmenschliches nach dem Entwurf einer Menschheit unterscheiden, in dem sich das Verhältnis zum Anderen (das nie gewagt genug sein kann) in purem Leid äußert, was machen wir dann mit diesem Überschuss an Freiheit? Werden wir zunehmend unserem Hunger nach Macht und technologischer Kontrolle nachgeben, oder werden wir es wagen, die Verantwortung einer schwierigen Freiheit auf uns zu nehmen, die sich hervorwagt, wenn sie bedroht ist?

Über das Zeitverlieren

Die Zeit lässt sich ebenso schwer denken wie empfinden. Als Gebilde unserer Phantasie und Gerüst der unvorstellbarsten Wirklichkeit verlangt sie uns eine unmögliche Darstellung ab. Diese Zeit, die wir uns permanent zu eigen machen und einholen wollen, scheint sich unaufhörlich unserer Erwartung zu entziehen. Die wahre Zeit ist immer verloren. Umgeleitet, aufgelöst, abgetrennt, fragmentiert oder aber in unbestimmter Weise aufgeschoben: für die verlorene Zeit gibt es keine Verwendung. Sie verliert sich in uns wie in den Handlungen, denen sie keinen Halt verleiht. Entscheidung, Wahl, Funktion: alles kommt in Einzelteilen, übrig bleibt eine unbestimmte Dauer, an deren Schwelle wir verharren. Im pendelnden Rhythmus mehr oder minder fiktiver Terminkalender schleichen wir um unsere Leben, überfordert von der Wirklichkeit, aber auch von der uns angeborenen Unmöglichkeit, der Zeit anzugehören. Die Zeit hat uns neun Monate lang ohne unser Zutun geprägt, ohne dass wir selbst etwas hätten machen, entscheiden oder überwinden müssen. Neun Monate einer um unsere Fasern geschlungenen Zeit, unseres künftigen Seins, unserer keimenden, noch nicht einmal subjektiven Freiheit. Was können wir mit dieser Zeit vor unserer Geschichte als Subjekt anfangen?

Wir sagen gern: Ich habe Zeit gewonnen, als könnte dieser Gewinn uns befriedigen, uns eine Ersparnis ohne Geld oder Gegentausch erlauben, den Gewinn eines nicht quantifizierbaren Lebensüberschusses, der uns einen Zugewinn an Sein ermöglichte. Dieser vermeintliche Gewinn will uns vorgaukeln, dass wir auch über ein überschüssiges Begehren verfügen. Permanent beschäftigt, um die Anhäufung von Gütern besorgt und dem atemlosen Hin und Her unserer urbanen Leben unterworfen, lösen wir uns unmerklich von uns selbst. Ganz anders hingegen jene innere Bewegung, die uns zum Zuhören veranlasst, einem schwebenden Zuhören, das man nicht nur in der Praxis des Analytikers, sondern im Leben an sich erfahren kann und das uns, der Meditation vergleichbar, erlaubt, sanft die Wirklichkeit an uns heranzulassen. In der Tat geht in diesem Elan unvermeidlich Zeit verloren: Flanieren, Langeweile, Schlaflosigkeit, all diese Zwischenzeiten, die zu nichts nütze sind und sich dennoch als Seinszustand, als Unruhe, manchmal auch als Irrweg äußern. Vertraute Fremdheit, *das Unheimliche* (dt. im Original), zeitliche Übertragung der Mitanwesenheit einer zugleich unvorstellbar nahen und fernen Mutter. Das Nahe und das Ferne dienen hier als ursprüngliches Maß (oder Unmaß), um die unentschlossene Zeitlichkeit auszudrücken, die

106

unser Verhältnis zur Welt, zur inneren Zeit und zur Endlichkeit formt. Ist das vermeintliche Zeitverlieren womöglich nur das Eingeständnis, dass man diese Zeit nie besses-
sen hat, sondern nur in ihr war wie in einer Zeit vor der
Zeit, in einer vorgeschichtlichen Genese, auf die uns zum
Beispiel das Trauma, aber auch die Lust zurückverweisen?
Dies zu riskieren, zwingt uns, eine Möglichkeit des Seins
»ohne Außen« zu denken, das, was Rilke vielleicht »das
Offene« nannte.

Man wird sich nie davon erholen, von einer Anderen geboren worden und doch allein sein und sterben zu müssen.
Zwischen Geburt und Tod entspinnt sich ein unmöglicher
Dialog, der eine Zeit hervorbringt, die nach Maurice Blanchot ebenfalls unmöglich ist. Ihm zufolge »kündigt die
prophetische Rede eine unmögliche Zukunft an, oder sie
macht aus der Zukunft, die sie ankündigt und weil sie sie
ankündigt, etwas Unmögliches, das nicht in unser Erleben
eingeht und das alle verlässlichen Daseinsvoraussetzun-
gen umstürzt.«[10] Diese unmögliche Zukunft ist jedoch die,
auf sie sich das Sprechen bezieht und die uns festlegt. Zeit
zu verlieren bedeutet demnach vielleicht, sich an das fö-
tale »Außer-der-Zeit-sein« rückzubinden, als wir noch
zwei waren, eins in zwei, zwei in einem, Erinnerung, Affekte, Empfindungen, unauflöslich an den Anderen gebunden, der uns trägt und ernährt (die Mutter, aber auch
die Sprache). Dieses Außer-der-Zeit-sein wird stets in uns
nachklingen, eine Art Matrix für Sein, Geist und Körper.
»Die Zeit hat mehr als eine Dimension«, schreibt Elie During, (...) sie ist keine Form der Innerlichkeit, sondern vielmehr das einhüllende Element. Die Zeit wohnt uns nicht
inne, wir wohnen in der Zeit, wir bewegen uns in ihr wie
in einem virtuellen Umfeld, wo in einem undeutlichen

Dunkel sämtliche Stufen der Dauer vorhanden sind.«[11]
Sich treiben lassen, sich in einer Stadt verirren, obwohl
man sie kennt, Zeit für ein Gespräch finden, das sich endlos hinziehen kann, einen Termin vergessen, eine Nacht
bis zum Morgen durchwachen, sich für eine Weile mit unseren Gespenstern versöhnen – alles Augenblicke, die der
Wirtschaftlichkeit unserer Bindungen, die wir gern ebenso effizient wie unsere Terminkalender verwalten würden, abgetrotzt werden. Diese quälende Unfähigkeit unserer Stunden wird uns unmerklich in die frühe Kindheit
zurückversetzen, in die Zeit des Spielens und Erwachens,
der Baumhütten und Lachanfälle, aber auch zu der Beunruhigung, als die Zeit sich in einer ungreifbaren Projektion von Dauer bis an die Grenzen des Tages dehnte. Was
heißt schon morgen, wenn man wenige Monate alt ist?
Morgen wie gestern sind Kontinente, auf denen das Versprechen »Ich komme wieder« dem Kind als einziger Anhaltspunkt dient, ihm die Kraft verleiht, zu warten und
aus dieser Wartezeit einen Zufluchtsort zu machen, ein
Zimmer des Träumens und Schreibens, von dem aus es,
wie Victor Segalen, die Welt erkunden kann.

Lebendige Tote

>»Tod und Leben zerreißen einander
>wie Stille und Blitz.«
>
>Georges Bataille

Wir wollen nicht mehr sterben. Von einer allgegenwärtigen Evidenz ist der Tod zu einem Skandal geworden. Er schlägt unseren Bemühungen um Gesundheit, ewige Jugend und Unmittelbarkeit der virtuellen Wunschwelten ein Schnippchen. Der Tod ist etwas, das uns eigentlich nicht mehr behelligen sollte, das entsprechend versteckt und vermieden wird.

Die heutigen Toten gehen in industriellem Rauch auf, ohne Zeremonie oder Ritual, es sei denn, mit einem in seiner Dürftigkeit frappierend überflüssigen. Friedhöfe wird es bald nicht mehr geben, reine Platzverschwendung. Die Ökonomie des Todes besteht in den sogenannten Lebensversicherungen und der Organisation des Sterbens: Überlassen Sie das ruhig den Profis, man wird Ihnen eine korrekte Trauerzeit zugestehen, drei, vier Monate für einen direkten Angehörigen: mehr wäre ungehörig, weniger schockierend.

Inwiefern ist die Sterbensverweigerung also ein Risiko und nicht die beliebteste Wunschvorstellung unserer westlichen Gesellschaft? Weil wir viel zu oft bereits tot sind. Weil wir einem kleinen, sehr bequemen, naheliegenden, ja reizvollen Tod erliegen, einem Tod mit Garten und Landschaft, Zerstreuungen und diversen Vergnügungen, nichts einfacher als das, Sie dürfen alles, solange Sie nur zustimmen! Man verlangt nur Ihre Seele – doch nein, es ist kein faustischer Pakt. Der Teufel hat das Feld geräumt, es interessiert ihn nicht mehr. Was Sie tatsächlich quält, ist das Leben, öffnen Sie endlich die Augen und gönnen Sie sich ein wenig Ruhe, unterschreiben Sie, es gibt keine Hölle mehr, wir kümmern uns um den Rest. Kinder, stressgeplagtes Leben, Sex und Liebe – geben Sie alles ruhig aus der Hand, verschaffen Sie sich Entlastung, verlassen Sie Ihren Posten, lassen Sie sich gehen, der Tod zu Lebzeiten ist gar kein schlechtes Geschäft, Sie werden schon sehen!

Das Risiko der Sterbensverweigerung einzugehen, könnte in winzig kleinen, fast unmerklichen Mini-Verweigerungen bestehen. Es muss eine Pille her, um die Klage, die Gier und die Angst bis zum Erlöschen von Illusion und Erwartung zu ersetzen – und zwar auf einen Schlag: Dank dieser raffinierten Biologie (Antidepressiva, Morphium, Anxiolytika, Haschisch oder andere Gelegenheitsmedikationen) ist endlich Schluss mit der Langeweile, mit Frustration, Sehnsucht oder Einsamkeit. Es wird Ihnen zugestanden, was Ihnen das unterdrückte Begehren trotz allem suggeriert hat. Nämlich, dass kein Objekt Ihren Hunger oder Ihre Tränen je wird stillen können. Kein Ob-

jekt wird Ihnen wieder zu einem begehrenden Körper
verhelfen. Ganz gleich, welche Substanz Sie sich einverleiben, es gibt ja immer noch andere (Objekte, Medikamente,
Artefakte). Allmählich werden Sie vergessen, worauf Sie
eigentlich gewartet haben, Ihr Begehren wird sich in einer
Welt verlieren, die wirksamen und leistungsstarken *ready-
mades* ausgeliefert ist. Warum also hartnäckig bleiben? Es
reicht, die Waffen zu strecken, Gesten und Vorwände,
Missverständnisse und Entschuldigungen zu bemühen,
seinen Weg ohne Raserei oder Freiheit, ohne Unebenheiten, ohne Licht oder Schatten unbeirrt fortzusetzen. Man
wird kaum etwas von Ihnen verlangen. Sogar der Sex wird
kein Problem mehr sein. Und wenn der Lebensüberdruss
bleibt – denn endlich werden Sie in klinischer Hinsicht
lebendig sein –, können andere Schlafmittel Ihre Bedenken besiegen, Ihre unnachgiebigen Ängste: endlich die Erlösung, keine Bindungen mehr, nur noch zarte Bande.

Sie werden lebendig begraben und schlafen in sanften
Gräbern. Dort werden Sie ruhen und warten, bis die Welt
Ihnen die scheußlichsten, groteskesten und gewöhnlichs-
ten Objekte anbietet, die Ihrem Appetit entsprechenden
Ideale. Welche Bedeutung hat das? Entwurzelt und resig-
niert, irren Sie orientierungs- und heimatlos umher, an
eine künstliche Stabilität – Beruf, Familie, Religion – ge-
kettet, dazu Ihre heimlichen Geschichten, dieselben Wege
zu denselben Zeiten. Wie lassen sich tote Körper und ein-
gefrorene Denkweisen wieder ent-balsamieren, wie Begehren und Freude neu erfinden? Das Risiko ist erheb-
lich – Sturz, Schwindel, Vereinsamung, Ablehnung, ja
offene Feindseligkeit: Niemand wird gern daran erinnert,
dass die Freiheit hier und jetzt greifbar ist. Nicht morgen,
nicht anderswo, sondern sofort. Wir sind unsere eigenen

Totengräber. Wir sollten wieder Kierkegaard lesen. Unsere Kopfschmerzen verhindern den Gedanken, dass wir schon zu Lebzeiten in ein Leichentuch gehüllt sind. Für uns beginnt die Ära der langsamen Vereisung, der kontinuierlichen, leichten Anästhesie mit durchgeplantem Freizeitprogramm, vorgeschriebenen Gedanken und zerbröselten Leben, dazu alle möglichen Objekte, um uns zu verwirren, das Erstaunen zu verhindern, den Schritt zur Seite, die im Augenblick wirksame Distanzierung.

All das ruft uns der obsessive Neurotiker tagtäglich in Erinnerung. Oh, er ist der perfekte Patient, der wie ein Lakai zurechtgemacht ist. Er wird Sie durch das Schloss von Blaubart und seine Kammern des Schreckens führen, die er Ihnen in aller Seelenruhe, mit gedämpfter Stimme und energischem Schritt vorführt. Er wird zu Ihnen kommen, ein bisschen unterwürfig, aber mit dem Anspruch auf Heilung. Höchstens ein leiser Anflug von Ironie, um zu sehen, mit wem er es zu tun hat. So wird wohl – stets pünktlich – auch die Analyse ablaufen. Indem er versucht, sich auf rationale Weise des Rahmens zu bemächtigen und den Transfer zu meistern, wird er Ihnen von Weitem sein inneres Chaos signalisieren und Sie zwingen, Ihre Machtlosigkeit und seine eigene einzugestehen. Eine scheinbar intakte Uhr mit defektem Uhrwerk, fordert er Sie auf, die Zeit verstreichen zu lassen und auf den Tod zu warten. Die Oberfläche ist glatt und bruchsicher, das Innere verwüstet. Der obsessive Neurotiker hat sich ein paar Zufluchtsorte, Zwangsstörungen und Rituale zugelegt, über die er Ihnen gern Auskunft gibt, solange Sie nicht daran rühren. Er sagt Ihnen, dass er bereits tot sei, und will, dass Sie ihn aus der Gruft holen, ohne etwas an seinem Leben zu verändern. Bisweilen ist er sogar ein bisschen exzentrisch, aber er allein weiß, in welcher Gruft sein Sinn für Freundschaften und Feste verborgen liegt. Ihn dem Tod zu entreißen, wird für den Analytiker nicht einfach sein, denn es gilt einen Weg zu finden, der nirgends vorgezeichnet ist.

Geschichte und Zeit sind erstarrt. Es gibt keinen Aufschub, alles findet hier und jetzt statt, nicht erst morgen. Je mehr die Menschen das spüren, desto wehmütiger werden sie vor unseren Augen. Als ginge es im Leben darum, gleich um welchen Preis, einen Verzicht ohne Opfer, ohne Heldentum oder erhabene Mission zu akzeptieren. Die obsessive Neurose legt einen Schraubstock permanenter Überwachung um die Lebenskraft, welche das zur Vermeidung einer namenlosen Angst geduldig aufgebaute Gleichgewicht bedroht. Das Risiko besteht in der ungewollten Bloßlegung alter Wunden, ohne geschützte Archive für das Gedächtnis. Trotzdem sind diese Erinnerungen, die nur noch sehr entfernt dem am »Nicht-Leben« Krankenden zu gehören scheinen, erstickend. Angesichts dieser lebendig Einbalsamierten ist der Analytiker versucht, die Dringlichkeit, das *no time left* zu betonen. Es gilt, ihrer Panik und ihren Unkenrufen nicht nachzugeben, zumal die Angst, mit der sie sich wappnen, sie nicht freier machen wird. Dann muss man vermutlich wieder den umgekehrten Weg einschlagen, zurück zu unseren verzweifelten Nachmittagen als Zehnjährige – unseren ersten Hinterhalten und Schicksalsschlägen. Zurück zu den kleinen Zetteln voller Geheimnisse. Zurück ins ungreifbare Dunkel der Kindheit, das uns lautlos zum Weinen bringt. Nach und nach die Bilder winziger Lebensfragmente zusammensetzen, Schwingungen im Zeitlupentempo: Schaukel, Verrat, Sturz, leichter Schwindel, von der Wirklichkeit losgelöste Gewissheiten. Letztendlich halten wir fast nichts mehr in der Hand, ein paar Erinnerungen nur, einzelne Orte, zwei, drei Vornamen – irgendwo leise geflüstert unser Name. Dieser Name gehört uns nicht, wir kennen ihn nicht. Er begründet und durchquert uns. Manche bezeichnen das als das Unbewusste. Wieder andere glauben nicht daran. Wir meinen es greifen zu können, dabei ist es das Unbewusste, das uns im Griff hat. Um es zu erfassen, muss man Schritt für Schritt ins Reich der Toten zurückkehren. Überqueren, wo kein Gebiet verzeichnet ist, wo keine Karte, kein Freibrief, keine Entschuldigung erlaubt ist. Um vom Tod ins Leben zurückzukehren, die immer wiederkehrende Obsession und die den Angstgeplagten nie verlassende Überwachung des inneren Auges aufzugeben und hinabzusteigen bis zu jenen Seelen, um die niemand trauert.

Wir müssen zurückkehren, um in der von Toten bevölkerten Finsternis zu entdecken, welchen Dingen wir die Treue halten können. Für welche Dinge sich Mut aufzubringen lohnt. Das Begehren stammt aus einem reinen Staunen, das sich nicht am Schrecken gestoßen hat. Plötzlich aber öffnet sich etwas in uns: Zahlen, eine Musik, ein Gleichklang, ein Licht, eine Haut, der fruchtige Geschmack des Dunkels, unser Empfinden begegnet der Welt, die uns unvermittelt antwortet. Das vergessen wir. Wir verlieren sogar den Faden, der uns wieder dorthin zurückführen könnte – bis hin zur Erinnerung, dass genau das einmal in uns war. Wir errichten Türme, um uns vor imaginären Feinden zu schützen, ohne zu sehen, dass die Festung in uns selbst enthalten ist. Dass die Gegnerschaft ein inneres Prinzip ist, das uns wirksamer als jedes andere verfolgt.

Von einer viel ausgedehnteren Wahrnehmung

Bedeutet wahrnehmen, gleichzeitig zu fühlen und zu sehen? Die Wahrnehmung offenbart uns als vielschichtiges Wesen und hindert uns daran, genau mit dem Bild übereinzustimmen, das wir uns von uns selbst machen. Das Wahrnehmen destabilisiert uns, es unterminiert das Denken, das uns weniger schützt als gedacht, denn jede Empfindung ist genauso legitim wie das Urteil, das sie enthält. Meiner Meinung nach ist es unmöglich, sich dem Risiko der Wahrnehmung auszusetzen, ohne etwas von seiner Daseinsberechtigung, seiner Souveränität zu verlieren. In *Wellen* konfrontiert Virginia Woolf uns mit einer Sprache, die das Staunen und unsere Urangst zum Ausdruck bringt, jedoch ausgehend von einer reinen Empfindung der Welt. Novalis hat es folgendermaßen ausgedrückt: »Jede Affektion schreibt der Mensch einer anderen Affektion zu, sobald er zu denken anfängt.«[12] Und Merleau-Ponty antwortet gegen Kriegsende darauf: »In der Gegenwart, in der Wahrnehmung, sind mein Sein und mein Bewusstsein gänzlich eins, nicht etwa weil mein Sein sich auf meine Erkenntnis seiner reduzierte und in Klarheit vor mir sich ausbreitete – ganz im Gegenteil ist die Wahrnehmung undurchsichtig und bringt, als allem, was ich erkenne, noch zugrunde liegend, meine Sinnesfelder und primitive Verfangenheit in der Welt ins Spiel; vielmehr indessen weil ›ein Bewusstsein haben‹ hier nichts anderes mehr ist als ein ›Sein zu‹ … und mein Bewusstsein zu existieren zusammenfällt mit der faktischen Geste der ›Ek-sistenz‹. Unzweifelhaft kommunizieren wir mit uns selbst nur in der Kommunikation mit der Welt. Wir halten die Zeit im Ganzen im Griff und sind selber uns selbst gegenwärtig, weil wir bei der Welt gegenwärtig sind.«[13]

Unsere Wahrnehmung übersteigt weit die Grenzen dessen, was wir »Ich« nennen – Körper, Stimme, Gedanken und Visionen, »das«, was in mir sieht, atmet, hört und nachdrücklicher empfindet als ich selbst. Die Wahrnehmung ist einerseits etwas Körperliches, das sich uns zeigt, andererseits entspricht sie auch ein Stück weit unserem immanenten Verhältnis zur Welt. Je mehr wir ein wahrnehmender Körper sind, desto weniger sind wir uns unserer Einzigartigkeit bewusst. Was uns jene Wahrnehmung offenbart, die das Bewusstsein allenthalben übersteigt, bleibt eingegraben und bis in die kleinsten Einzelheiten hinein gespeichert. Unser »Es«, von Freud das Unbewusste genannt, erinnert und entsinnt sich an unserer statt. Und wir, wir drehen uns wie eine reglose Tänzerin um unsere eigene Achse, die schreckgeweiteten Augen ins Leere gerichtet, und versuchen, uns wie gute kleine, vor Gewissheiten strotzende Soldaten aufrecht zu halten. Manchmal kommt es vor, dass Bruchstücke der reinen Wahrnehmung in die Ritzen des Bewusstseins dringen und uns unmittelbar bedrohen; das Ich hat diesem Strom der vom Bewusstsein nicht verarbeiteten Wahrnehmungen, die wie aus dem Nichts, einer *terra incognita,* in uns eindringen, nichts entgegenzusetzen. Das Risiko besteht darin, sich dieser befreienden Weite zu öffnen. Und die Kontrolle zu verlieren. Dort zu leiden, wo wir uns eigentlich für friedliche Bewohner unseres seelischen Raums gehalten haben, weil wir dem Unbekannten oft den bekannten Schmerz vorziehen.

In uns lebt das Kind, das nicht vergisst, mit welcher Verachtung es behandelt und welcher Kälte es ausgesetzt wurde, mit welcher Angst es die Nächte voller Gespenster (seine eigenen und die der anderen) allein bewältigen musste – eingehüllt in das Geheimnis wie in ein Leichentuch. Was haben wir von dieser ungezähmten Freiheit, der wir unterworfen waren, bewahren können? Wem sollen wir vertrauen? Was sollen wir mit all diesen ungeordneten Wörtern anfangen: Befehle, Verwünschungen, Versprechen, Verbote, die bunt durcheinander in uns deponiert wurden? Welches schöpferische Fieber wird sie von unserem Körper erlösen und um welchen Preis? Da ist jenes leise Grauen angesichts der Welt, das in uns abgelegt wurde wie eine Folie, die sich auf die Welt legt, um sie bewohnbar zu machen. Diese Wörter übertragen das Entsetzen, auf dass die Welt sich nicht zwischen unseren Händen ausruhe. Das größte Risiko ist bekanntlich die Liebe: sein Gehege zu verlassen, den Bauch der Einsamkeiten, den Schutz des Vertrauten.

Man könnte meinen, dass man gern träumt und sich

zerstreuen lässt, dass man sich an der Liebe und Einsamkeit erfreut, doch weit gefehlt! Wir zweifeln an unserer Wahrnehmung wie an unserem Begehren. Erdrückt von der Angst, uns nicht selbst zu verwirklichen, unser Leben zu verpassen, als wartete in unmittelbarer Nähe das »echte« Leben, ein sinnerfülltes Dasein, nach dem man nur zu greifen bräuchte, um es ausgiebig zu genießen. Der Zweifel ist unser Doppelgänger, der uns mit einer merkwürdigen, nachdrücklichen Sanftheit verfolgt. Sich von der Wahrnehmung überwältigen zu lassen, von den Bildern, die von unserer, das Ich weit übersteigenden Wahrnehmungsfähigkeit herrühren, bedeutet, allem, was in uns speichert, versteht, registriert, begreift, entwirrt, vermengt, was Informationen über mehrere Generationen enthält und die Intelligenz verschiedener Personen, Gattungen – einschließlich der Tiere und Pflanzen – das Denken und Träumen zu erlauben. Worin besteht also das Risiko? Darin, in den Bereich des Halbdunkels einzudringen, der scheinbaren Ununterschiedenheit, einer Verwirrung der Sinne und Gattungen, des Zustandes, den wir manchmal mit Trunkenheit, Drogen und Schlaflosigkeit, im Stadium der Verliebtheit oder Panik erreichen; eine übersteigerte Hellsichtigkeit, die uns die Last Hunderttausender von Leben nimmt.

Als Sokrates die Pythia befragt, erhält er von ihr zur Antwort: »*gnotis eotov*«. Diese »Sorge um sich selbst«, auf die sie ihn verweist, ist keine Ichbezogenheit, sondern die Fähigkeit, sich selbst zu sein, der eine vom Verständlichen nicht zu trennende Wahrnehmung zugrunde liegt. »Die Emotion sagt nicht ›ich‹«, schreibt Deleuze. »Sie selbst sagen es, man ist außer sich. Die Emotion gehört nicht zur Ordnung des Ich, sondern zu der des Ereignisses. Es ist sehr schwierig, ein Ereignis zu erfassen, aber ich glaube nicht, daß dieses Erfassen eine erste Person impliziert.«[14] Um zu verstehen, wozu unsere Wahrnehmung außerhalb der Grenzen unserer Subjektivität fähig ist, müssen wir immer wieder dekonstruieren, was wir unter dem Selbst verstehen. Nicht sich selbst »werden«, sondern auf sich selbst zugehen, wie man einer Liebe entgegengeht. Mit dem Licht etwas Weißes entwerfen, die Kindheitsschulden, die gefälschten Regeln unserer Rollen aufgeben sowie eine ganze Ökonomie, die das Verlangen durch das Bedürfnis ersetzen will. Rimbaud schrieb in einem Brief an Georges Izambard von der »Entfesselung aller Sinne«. Wer überquert schon gern die Grenzen der Wahrnehmung mit dem Risiko, die Grenzen seiner eigenen Identität zu verlieren? Wer geht schon gern mit Zerstörung, mit Abgründen um? Mehr denn je stellt sich hier die Frage der Abhängigkeit. Sie hat uns mit unserem ersten Atemzug im Griff, mit der Trennung vom Mutterkuchen, und verankert sich in uns wie ein Prinzip, das sich, ob wir wollen oder nicht, in unserem Bedürfnis nach chemischen Substanzen, Objekten, nach Sex oder nach fälschlich mit dem Leben gleichgesetzten Idealen fortsetzt. »Eine erweiterte Wahrnehmung: das ist der Endzweck der Kunst (oder der Philosophie nach Bergson). Doch ein solches Ziel kann nur erreicht werden, wenn die Wahrnehmung mit der Identität bricht, auf die das Gedächtnis sie festnagelt. Stets hat die Musik dieses Ziel: Individuationen ohne Identität, die die ›musikalischen Wesen‹ bilden.«[15]

Der Schriftsteller Pierre Guyotat berichtet über seine Wiederbelebung als Durchquerung des Jenseits, ein grauenerregender Hallraum, in dem das Selbst aufgelöst ist, »so als hätten all Ihre Hintergedanken ein unmittelbares Echo ... es ist furchtbar, Sie sind anschließend völlig zerrissen, verdammt; noch haben Sie in etwa ein menschliches Aussehen, aber es ist kaum etwas übrig ...« Alles wird furchtbar körperlich und obszön. »Sie wollen weg, Sie können nicht mehr ›Ich‹ sagen, und doch müssen Sie zurückkommen und alles zurückerobern. (...) wieder in den Affekt abtauchen, während Sie sich schon in einer Welt befinden, die angenehm losgelöst zu sein verspricht (...), es gibt wieder Unreinheit und Müdigkeit, dabei haben Sie schon einen Großteil der Strecke bis hin zum Tod zurückgelegt, auf die furchtbaren Träume folgt die Beruhigung, und ›man‹ wünschte sich, einfach bleiben zu können (...). So war es. Ich liebe das Leben, das steht fest, und doch ist es gleichzeitig so unerheblich (...). Alles wird von dem Wunsch nach dem Absoluten in dieser Welt regiert.« Die hier beschriebene Rückkehr aus den Regionen zwischen Leben und Tod, aus denen man auch nicht unbeschadet hätte hervorgehen können – zerschlagener Körper, ausbrechender Geist, schwere Depressionen, schizoide Zustände, Lähmungen etc. –, bedeutet, einen Rand der Welt zu erfahren, an dem man nicht mehr »ich« ist, den Rand unserer selbst, der nur noch eine frische Wunde ist. Die reine Wahrnehmung ist kein einfacher Zustand der Präsenz: Es gibt niemanden mehr, der eine heitere Übereinstimmung mit dem Ich, dem Selbst gewährleisten könnte. Diejenigen, die diese Grenze zwischen unerträglichem Schmerz und Auflösung all dessen, was Sie ans Leben bindet, kennen, sprechen nur selten darüber. Und wenn, dann mit einer solchen Zurückhaltung, dass man sich lieber an ihrer statt ausmalt, was sie erlebt haben.

Wir fürchten uns vor unserer Wahrnehmungsfähigkeit, vor einer »Hellsichtigkeit«, die gemeinhin Intuition genannt wird, eine Art Wissensvorsprung sich selbst gegenüber. Am liebsten würde man ihn abschütteln, bevor er sich uns zu erkennen gibt. Unsere Gesten, unsere Träume, Versprecher und Fehlleistungen offenbaren uns im Nachhinein gleichsam prophetisch die das Ich übersteigende verständliche Wahrnehmungsfähigkeit. In der Schöpfung geht es ständig um diese uns vorauseilende Fähigkeit, die uns gewissermaßen unfreiwillig in Kenntnis setzt und sich auf der Leinwand, auf der Partitur oder auf der Seite ablagert, noch bevor sich unser Bewusstsein damit beschäftigt. Erst beim neuerlichen Lesen nimmt es Notiz davon.

Angst und Sehnsucht –
geistige Formen des Hungers?

Die Angst gehört zum Wesen des Menschen, sie ist eine Geheimwaffe, ohne die sich die Menschheit auflöst. Ja ist jemand, der keine Angst kennt, überhaupt menschlich? Kierkegaard schreibt Folgendes: »Er [der Geist] verhält sich als Angst. Der Geist kann sich nicht selbst abschütteln und kann sich auch nicht selbst ergreifen, solange er sich selbst außerhalb von sich selber hat; der Mensch kann auch nicht ins Vegetative sinken, denn er ist als Geist bestimmt; die Angst fliehen kann er nicht, denn er liebt sie; eigentlich lieben kann er sie nicht, denn er flieht sie (...). Hier gibt es kein Wissen von Gut und Böse usw., sondern die ganze Wirklichkeit des Wissens projektiert sich in der Angst als ungeheures Nichts der Unwissenheit.«[16] Und weiter: »Träumend gebiert der Geist seine eigene Wirklichkeit, diese Wirklichkeit aber ist Nichts, und dieses

Nichts sieht die Unschuld ständig vor sich.«[17] Die Angst, erinnert uns der dänische Philosoph, ist in erster Linie eine geistige Betrübnis. Er selbst hat mit dem Genius seiner Sprache und seines Denkens ihre Abgründe in seinem Werk permanent durchlebt. Er hat sie in seiner persönlichen Geschichte riskiert, seit jener Nacht, da sein Vater, wie er berichtet, Gott verflucht habe. Er hat nicht versucht, sie zu verstehen, sondern sie eher als Prüfung beschrieben, ohne sie zu reduzieren oder zu verfälschen, geschweige denn psychologisch aufzuladen, was schon zu seiner Zeit sehr beliebt war. Das »Nichts«, das er als Unschuld oder Unkenntnis beschreibt, steigert den Raum unseres geistigen Hungers, denn die Angst spricht von einem unmöglich zu stillenden Verlangen, aber auch von unserer Freiheit. Die Angst gibt sich nicht immer als solche zu erkennen, selbst als Verzweiflung nicht. Sie bedrängt, legt unsere Hände um eine imaginäre Stütze, löst Kopfschmerzen und Schwindel aus, weckt die Vorahnung einer unmittelbar bevorstehenden und immer wieder hinausgezögerten Katastrophe. Sie ist das entsetzliche morgendliche Unbehagen und die unbegründete Erwartung eines irreparablen Ereignisses. Sie nistet sich in unserem Leben ein, in unseren schlaflosen Nächten, ohne den ihr zugrundeliegenden Konflikt zu entlarven. Diesen Konflikt nenne ich einen geistigen. Er äußert sich im Körper, kann aber nur eingedämmt werden, wenn man in dem von ihm bekämpften Hunger ein Streben erkennt, das sich durch keinerlei Substanz befriedigen lässt.

Die Angst ist eine Nebelwand, die sich über das Bewusstsein senkt und ihm erspart, das zu beleuchten, was es im Grunde nicht wissen will. Die Wahrheit, vor der die Angst uns schützt, ist meist die eines uns unbekannten quälenden Kampfes. Ihn auszuleuchten würde bedeuten, zwischen zwei unerschütterlichen Loyalitätsprinzipien wählen zu müssen: zwischen dem der Kindheit, das aus Geheimnissen und unvollständigen Abstammungen gemacht ist, aus Kriegserinnerungen und unerreichbarem aufopferndem Schweigen, und einem anderen, das uns zu einer, von aller Vergangenheit befreiten Freiheit einlädt. Die Angst gleicht dem Schnee über einer verwüsteten Landschaft: Auf den ersten Blick ist alles weiß, unversehrt, fast unwirklich. Erst mit dem Tauwetter werden die Unebenheiten des Geländes sichtbar. Die Angst sorgt wie der Schnee dafür, dass nichts offenbar wird, alles unter der leichten Anästhesie einer tödlichen Kälte begraben bleibt. Und doch bricht sich das Unbehagen Bahn, Bauchkrämpfe, Schwindel, Schlaflosigkeit, ein ebenso grausames wie vergebliches Wachliegen. Die Angst kann den Kampf nicht daran hindern, wieder in das Gebiet des Körpers einzudringen, sie kann lediglich versuchen, ihn zu ignorieren. Im Grunde wissen wir nicht, warum wir derartig aufgewühlt sind. Das Eingeständnis des Scheiterns allein reicht nicht, um zu erklären, dass Sie mit zugeschnürter Kehle den Tränen nahe sind, sobald jemand etwas sagen möchte. Die Angst greift den Körper an, damit der Geist nicht abdriftet und noch Kraft zum Weitermachen bleibt. Die Angst speist sich aus unserem Geist, fordert aber unseren Körper. Sie verursacht uns einen Kloß im Magen, schnürt uns den Atem ab und zerreibt uns langsam von innen, ohne uns wieder aufleben zu lassen. Die Angst ist ein beinahe immaterieller Ringkampf. Ihr Kriegsgebiet ist die Psyche, ihre Wirkung aber in erster Linie körperlich. Sie schont den Lebenden, schickt ihn jedoch langsam dem Tod entgegen.

124

Die Angst ist ein Risiko, das keiner von uns eingehen will, weil es an den Sinn des »Seins« rührt. Die gespenstische nächtliche Besucherin, die uns am Schlafen hindert. Als Zeugin eines Konfliktes, den wir zu vergessen trachten, ist sie der Erinnerung an das Ereignis einbeschrieben, an eine Kindheit, die wir überwunden haben, indem wir einem unbekannten Feind einen Teil unserer selbst in Geiselhaft überlassen haben. Und nun beansprucht sie ihr Pfandrecht. Die Angst erinnert uns daran, dass das Lebendig-Sein einen Preis hat, einen sehr hohen. Einen völlig maßlosen, den wir nie werden bezahlen können, sodass wir womöglich immer einem anderen etwas schulden. Oft tritt sie verzögert ein, gehört nicht der Zeit an, in der sie wirkt (etwa bei Panikanfällen); sie stammt aus einer früheren, manchmal sogar vor Ihrer Existenz liegenden Zeit und fordert ihr Recht von einer anderen Bühne aus. Ein Schattentheater ohne Zugang zur Lichtquelle.

Wir sind Häuser, in denen Klagen unbekannter Herkunft spuken, die wir uns zu eigen gemacht haben. Was uns bleibt, ist eine im Herzen lebendige Klage. Und eine zermürbende, tägliche Sehnsucht, die wir im Rahmen der Vernunft aufrechtzuerhalten versuchen. Eine Sehnsucht nach Liebe, nach Zärtlichkeit, nach Anerkennung, nach Geld, Kindern, Freiheit, Freude oder nach allem zugleich. Einziger Zeuge dieser Sehnsucht: das Kind, das wir einst waren. Ein Kind, das nach hundertfacher Entschädigung verlangt und das genau aus diesem Grund dem Erwachsenen Tyrann und täglicher Folterer ist. Unsere Obsession ist die seine, weil die Zeit des Kindes nicht vergeht und nie vergehen wird. Es ist die erstarrte Zeit des Traumas, die François Davoine und Jean-Max Gaudillière in ihrem wunderbaren Buch *Histoire et trauma, la folie des guer*res so treffend beschreiben. Manchmal kann sich die Analyse dieser Sehnsucht annehmen, sogar wenn sie falsch benannt ist und sich verlagert hat. In diesem geschützten Raum benennt der verzweifelte Erwachsene die Verfolger, die Analyse findet ein Wort für den Schrecken, für Enttäuschung, Wut, Neid, Machtlosigkeit, sie bahnt uns einen mühsamen Weg aus dem verwunschenen Wald. Das Phantomkind wird anerkannt, es akzeptiert eine Zeitlang, die unmögliche Erhebung der teuflischen Schuld auszusetzen.

Der Weg zur spirituellen Freiheit erfolgt Kierkegaard zufolge über die Wiederholung. Es gilt, dem Kind zu sagen, dass es keine Entschädigung erlangen wird, zumindest nicht in der entsprechenden Höhe, ja, womöglich überhaupt nicht. Das Spukhaus, unser Spukhaus, von seinem Bann zu befreien, bedeutet nicht, rückgängig zu machen, was dort geschehen ist, zu leugnen, dass es in der Nähe Massengräber gegeben hat oder dass zwischen vier Wänden einfach ein Geheimnis eingeschlossen worden ist. Kann sich das Kind in uns damit abfinden? Wie kann man sich gegen die Resignation wehren und ihm helfen, für das, was ist, dankbar zu sein?

Der Melancholiker ist jemand, der sich gegen das Vergessen sträubt, wie Derrida schreibt. Gegen jede Vernunft, die nach Beruhigung und Vergessen strebt, nach der allmählichen Heilung der Wunde durch die Zeit, lebt der Melancholiker um jeden Preis seinen Schmerz. Derrida schloss daraus, dass es der Schwermut bedürfe. Man sollte also jeder Schwermut ihren Platz zugestehen, das Unheilbare zulassen und es wie etwas annehmen, das unstillbar bleibt, ein Leid, das nicht zu lindern ist. Dann wird die

Sehnsucht zum Stoff des Begehrens, zum Ort eines neuen Lebens, nicht nur einer Hoffnung, sondern einer das Leben stützenden Bewegung. Die Akzeptanz der Sehnsucht schützt folglich den Raum des Begehrens, sogar seine Beunruhigung. Das Trauma, das den seelischen Raum verwüstet hat, lässt, indem es eine Sehnsucht akzeptiert, das Leben, die Wertschätzung der Zeit und eine erste Verwandlung zu. Der Möglichkeit eines radikalen Verlustes ins Auge zu schauen, bedeutet, die subjektive Position zu wechseln – etwas ganz anderes als ein erbittertes Ringen oder bloße Resignation. Sehnsucht und Angst sind Formen des geistigen Hungers; sie als solche zu erfahren, erspart uns weder ihren negativen noch ihren morbiden Charakter. Sie können zu einem machtvollen Vektor werden, der mit anderem Namen Freiheit heißt.

Der Abschied von der Wunderwelt - Jenseits der Enttäuschung

Die Welt der Kindheit ist eine Gondel, die an der Erwartung des Kommenden hängt. Noch ist alles möglich. Die Enttäuschung ist ein Straucheln, das potenziell in jedem Ereignis enthalten ist, und die unbändige Hoffnung, die es in uns geweckt hat. Die sogenannte Erwachsenenwelt hat die Büchse der Pandora noch nicht wieder geschlossen. Enttäuschung, Versprechen – als sei das eine ohne das andere nicht möglich. Du hast mir Liebe versprochen und mich im Stich gelassen. Kümmert sich das Leben allein um die Abfolge unserer Niederlagen? Um den Bankrott unserer Erwartungen? Ist die Enttäuschung nur ein Schattentheater, eine Welt aus falschem Schein, die Fäden des Puppenspielers, die man unter den vergoldeten Brettern entdeckt?

Eine Enttäuschung zu verspüren, setzt voraus, dass man

an eine Wunderwelt geglaubt hat, mit Zauberstab, Drachen und himmlischen Fabelwesen. Man hat die Regeln akzeptiert, das Spiel gespielt und gewissermaßen ohne Bedauern verloren. Wenn diese Welt schon nicht die Verwirklichung deiner Träume ist, so enthält sie doch deine Erwartung und mein Versprechen an dich. Sie war uns Schutz, Zuflucht und Freiheit, und nun zerbricht sie. Die Enttäuschung gehört mit Leib und Seele zur Kindheit. Das Kind ist permanent enttäuscht und hofft immer wieder aufs Neue wie ein aufrechter kleiner Soldat. Dieses *unwillkürliche* Warten prägt das Kind bis in die letzte Faser hinein, weil es fast vollständig und kontinuierlich aus Hoffnung besteht. Es lebt mehr, als man glaubt, in einer Welt der Träume. In den ersten Lebensmonaten besitzen die Umrisse der Welt für das Kind noch keine konkrete Wirklichkeit. Doch nach und nach wird sie seinen ganzen Alltag durchdringen, und seine Träumerei liefert es Tag und Nacht den aufgeschnappten, geflüsterten und sogar bewusst geheim gehaltenen Worten aus. Die Träumerei, die Erwartung und die Art, in der das Kind unsere Versprechen deutet, konstituieren seinen Körper, sein Begehren und seine Sanftheit. Das Ausmaß der kindlichen Enttäuschung ist für einen Erwachsenen unvorstellbar. Die Enttäuschung ist ein zahmes Ungeheuer, das es verschlingt, in der Finsternis wieder ausspuckt und der Schlaflosigkeit preisgibt. Ein vergessenes Versprechen, und schon bricht, von allen unbemerkt, ein ganzes Stück seines Lebens zusammen. Dabei atmet es in den Trümmern dieser Ruinen noch, beginnt, sich seine Geheimsprache, seinen Zufluchtsort zu konstruieren. Denn paradoxerweise verweist die Veranlagung zum Enttäuschtwerden auf einen intakten Vorrat an Vorstellungskraft (um ein Kind zu brechen und restlos zu enttäuschen, muss man es einer unerhörten Gewalt aussetzen), mit dessen Hilfe das Kind die Wirklichkeit zähmen und ihr seinen Erwartungshorizont einbeschreiben kann.

Die Enttäuschung ist die Verkehrung der Märchenwelt in die »wirkliche« Welt. Angeblich dieselbe, ist sie doch eine ganz andere, es sei denn, man würde bedauerlicherweise den Wahnsinn als endgültige Sprache wählen. Den Anderen – Geliebte(n), Frau, Kind oder Freund – zu enttäuschen, bedeutet, einer Erwartung zu widersprechen und anschließend zu versuchen, wieder Boden gutzumachen und auf eine stabile Verbindung zu setzen. Wer enttäuscht, hofft auf Vergebung für einen Fehler, den es gar nicht gibt, weil er auf einem Versprechen beruhte. Es sei denn, das Versprechen ist wirklicher als die Wirklichkeit. Enttäuschen heißt, sich über den Traum des Anderen hinwegzusetzen, um eine winzige Zeitbombe zu zünden und zu hoffen, nach der Explosion noch immer geliebt zu werden. Als wäre es möglich, das Gesagte zu vergessen und immer wieder neu zu beginnen.

Man hat kein Recht, von einem Versprechen zu verlangen, dass es eingehalten wird, kann es im Vertrauen auf eine ursprüngliche Ethik nur hoffen. Denn versprechen bedeutet, auf die Zeit zu setzen, auf das Überdauern des Subjekts, das nicht dem Wahnsinn oder dem Tod verfallen ist. Ein Versprechen bedeutet aber auch den Glauben an die verpflichtende Macht der Sprache, an eine dem Gesagten innewohnende Wahrheit. Vielleicht liegt die Wahrheit nicht im Gesagten, sondern eher in der Absicht von Körper und Stimme, in der enthaltenen Präsenz und dem Schweigen ringsum.

Zu enttäuschen heißt, in der unvordenklichen Kindheit

enttäuscht worden zu sein. Davon verschont geblieben zu sein, setzt die eingehende Erfahrung der eigenen Vergangenheit, aller noch nicht aufgegebenen Hoffnungen voraus. Es bedeutet, dass man das (vermutlich unbemerkt gebliebene) Scheitern der kindlichen Erwartung durchgemacht und überlebt hat. Nichts ist schwerer aufzudecken als eine Enttäuschung: ein abgesplittertes Stückchen Putz, ein winziger Kratzer, und doch ein Sturz, von dem man sich bisweilen nie mehr erholt. Es gibt Selbstmorde, die erst vierzig Jahre später auf eine Enttäuschung antworten, die so fein und subtil war, dass kaum jemand den Riss wahrgenommen hat.

Unser Leben oder das Leben

Das, was uns mit dem Risiko verbindet, ist unser Leben. Genau das sagt auch die Sprache, wenn wir *unser Leben riskieren.* Was aber bedeutet dieses heimlich auf Anspruch pochende Possessivpronomen: Ist es wirklich »unser« Leben und nicht einfach »das« Leben als solches? Welchen Status beansprucht dieses »unser«? Bis zu welchem Punkt ist unser Leben wirklich unseres, und was gehört uns tatsächlich, wenn wir »unser« Leben sagen? In ihrem wunderbaren Buch über die psychiatrische Klinik La Borde schreibt Marie Depussé, die Possessivpronomen seien winzige Befestigungsmauern, mit denen man sich vor der Wirklichkeit oder dem Begehren schützt. In jedem Fall vor etwas, was die schöne Ordnung unserer Welt erschüttert, die Alibis, die man sich zurechtgelegt hat, die Erinnerungen, die man hochhält oder verschweigt, die Ränder der Scham und die der Angst, die sich mit keiner Grenze erfassen lassen.

Wenn man sagt, dass man »sein Leben riskiert«, ist man in »seinem« eigenen Leben lebendig und betrachtet es als Ereignis, das katastrophal oder wunderbar sein kann, erwägt die Möglichkeit, dass der Tod es überwältigt, begräbt und von sich oder uns ablenkt. Es gilt, im Unpersönlichen etwas vom Eigensten zu riskieren, daher das Possessivpronomen. Was gibt es in meinem Dasein anderes als mein Leben, alles andere kann mir genommen werden: geliebte Menschen, Objekte, Körperlichkeit (zumindest einzelne, nicht lebensnotwendige Teile meines Körpers, was bedeutet, dass mein Körper nicht ausschließlich mein Leben ist).

Dieses Risiko ist indes nicht subjektiv, persönlich oder freiwillig. Es ist etwas, mit dem wir uns selbst permanent übersteigen. Es ist das, worin wir verloren sind, und wir tauschen dieses Gefühl des unwiderruflichen Verlusts gegen das Begehren, uns wieder in Gebieten zu bewegen, in denen wir dieses Begehren erkunden können. Wie können wir etwas verlieren, das uns nicht gehört? Das Leben ist uns, ob wir gläubig sind oder nicht, anerkanntermaßen geschenkt. Und doch gehört es uns nur sehr begrenzt – das Letzte, was uns zu eigen ist, das letzte Ereignis, das wir erleben, die letzte Einsamkeit, die wir erfahren, und der Ort der größten Hoffnung. Vielleicht liegt sie dort, die Quelle des intensiven Lebens, das mit den Toten paktiert hat, mit dem Gedächtnis und mit der Geschichte derer, die es nie mit Worten vermitteln werden können. Vielleicht verbirgt sich dort das Risiko »unseres« Lebens, das absolut einzigartig ist und uns doch nicht gehört. Doch nur wir haben es gelebt und sind von ihm verändert worden. Nachdrücklich genug, um im Nachhinein, in einer vorzeitigen Zukunft, festzustellen, dass sich das Leben in uns riskiert hat. Dass diese Gastfreundschaft, wie die des Wahnsinns oder des Liebestaumels, etwas Gewaltsames war, das wir mehr oder weniger unbeschadet überlebt haben und das uns zutiefst bewegt hat. Dass sich das Leben auf diese Weise in uns riskiert hat, gegen den Tod und mit ihm, gegen unsere Bindungen, Loyalitäten, Verteidigungen, Familien, gegen die Schande, das Schwinden jeder Erinnerung. Denn in diesem Augenblick sind wir, meist unbewusst, Vermittler gewesen: in einem Leuchten, einer Traurigkeit und Abhängigkeit, einer Revolte, einer Phantasie, einer Liebe, in einem Schweigen – uns unbekannt und doch in uns aufgehoben. Zu sagen »ich riskiere mein Leben« ist so gut wie unmöglich – eine solche Übereinstimmung empfinden wir nur in den seltensten Momenten. Dafür können wir sagen »Das Leben hat sich in ihm oder in ihr riskiert« und diese Tatsache als Zeugen anerkennen, in einer vielleicht schmerzlichen, aber wahren Brüderlichkeit.

Das Risiko des Unbekannten

Das Risiko, eine Frau zum Tanzen aufzufordern und ihr zuzuflüstern: »Schließen Sie die Augen.«

Das Risiko, sich ins Auto zu setzen, um abends in der Stadt zu essen, und nach einer nächtlichen Fahrt am nächsten Tag in Rom anzukommen, nur weil man es sich anders überlegt hat.

Das Risiko, Ihren Mann zum fünfzigsten Mal das Angebot des pakistanischen Rosenverkäufers ausschlagen zu hören, dann dem Verkäufer den ganzen Armvoll Blumen abzukaufen und an die Anwesenden zu verschenken.

Das Risiko schlafloser Nächte.

Das Risiko, einem/einer fast Unbekannten einen Liebesbrief zu schreiben, nur weil Sie etwas fast Unmerkliches mit unbekannter Heftigkeit erschüttert hat.

Das Risiko, die körperliche Liebe nicht aufzugeben.

Das Risiko, ohne Beistand eines Gottes (oder damit) zu beten.

Das Risiko einer versteckten, verrückten, kopflosen und unendlichen Freundschaft. Schlimmer als Liebe.

Das Risiko der Langeweile, und diese Langeweile ohne Beistand zu lieben.

Das Risiko, allein durch eine Stadt zu laufen und darauf zu warten, dass sich in genau diesem Augenblick der Sinn eines ganzen Lebens erschließt. Und zu wissen, dass am nächsten Tag alles verschwinden wird.

Das Risiko, die *Matthäus-Passion* in Dauerschleife zu hören.

Das Risiko, die Verantwortung für einen Anderen auf sich zu nehmen – das Gegenteil des Vorsorgeprinzips.

Das Risiko, am Strand kleine, vom Meer abgeschliffene Glasscherben aufzusammeln und sie abends wieder zu verstreuen.

Das Risiko eines Gedanken-Kommunismus.

Das Risiko der Freude.

Das Risiko der Fleischlichkeit

»Und er sieht den Körper des Tänzers abheben und
fragt ihn: Was ist dein Geheimnis?«

Alain Didier-Weill

Einen Körper haben, ein Körper sein, in einen Körper
schlüpfen. Wie finden wir uns zwischen diesen drei Bedeutungen zurecht? Einen Körper zu haben setzt voraus,
dass wir auch keinen haben könnten, dass der Körper ein
Ort ist, an dem wir nicht umfassend sind. Ein Körper zu
sein, identifiziert uns mit dieser belebten Materie, die man
Körper nennt und die doch kaum nennbar ist, weil der
Körper auch aus Gefühlen besteht, die ihn durchdringen,
aus Ideen, die ihn beeinflussen, aus einem nicht beziffer-
baren Schmerz, der ihn brechen kann, oder aus einer alles
erleuchtenden Freude. »Niemand weiß, was der Körper
vermag«, schreibt Spinoza. Wo beginnt und wo endet ein
Körper, das Vermögen eines Körpers, inwiefern lässt sich
unsere Identität innerhalb unserer sogenannten fleisch-
lichen Hülle einfangen? Würde Gestalt anzunehmen be-

deuten, in seinen Körper zu schlüpfen, so wie man Haben in Sein verwandelt, das Ding in das Wesen, das Objekt ins Subjekt? Fleischlich zu sein, bedeutet gleichzeitig, einen Körper zu haben, Körper zu sein und in einen Körper zu schlüpfen.

In der Lust verliert man seinen Körper in einer Empfindung, die uns gleichzeitig befreit und verkörpert, *embodied*, heißt es im Englischen. Nach dem Philosophen Antonio Damasio ist der Körper in der Seele enthalten, nicht umgekehrt. Der Körper selbst wird von etwas durchdrungen, das ihn übersteigt, öffnet und dem Grenzenlosen aussetzt. Im Gesang ist die menschliche Stimme das Materiellste und Immateriellste zugleich, *das Ding* (kursiv im Original) oder *la Chose*, wie Lacan sagen würde. Sie bringt uns zu Gehör, was im Körper ein weiteres Feld der Immanenz bildet als alles, was wahrnehmbar, greifbar und sichtbar ist. Die Stimme verweist auf das, was uns als Kinder vermutlich seit den ersten Zellteilungen des Embryos geprägt hat: die Musik des Fruchtwassers, in dem die mütterliche Stimme, aber auch die Stimmen des Vaters und der Geschwister enthalten sind. Klänge, die Liebe oder Hass transportieren, Ablehnung, Zuneigung oder Ekel, und die unablässig von der Nahrung (Nabelschnur), der (vom Fötus nachempfundenen) Bewegung des inneren Körpers und dem Gehör begleitet werden. Ein ständig und immer wieder neu gewährleisteter Übergang zwischen Innen und Außen, der alles Mögliche, den Raum des Werdens eines selbst im Werden begriffenen Subjekts mit sich bringt. Unser fleischliches Sein ist eine Wesenheit, die den wahrgenommenen Körper weit übertrifft. Denn sie umfasst auch den gedachten, vorgestellten, erträumten Körper, den Körper der Stimme und des Geschmacks, den geplagten Körper, einen dem Fieber, der Lust, der Trunkenheit verfallenen Körper, den Körper, der aus dem Körper hinaustritt, um nicht leiden zu müssen. Descartes ist der Vater des Cartesianismus, der vollzogenen Scheidung zwischen *res cogitans* und *res extensa*, und doch hatte er sein Leben lang vor allem nach der Verbindung zwischen Körper und Seele gefragt – wie lässt sie sich denken? Heutzutage beschäftigen sich die Biologen im Übrigen ebenso intensiv mit dieser Frage.

Ein Körper sein, einen Körper zu haben, heißt auch, nackt zu sein. Die Nacktheit ist ein merkwürdiges Risiko. Mit zunehmendem Alter verzeiht man seinem Körper, nicht perfekt zu sein, manchmal versöhnt man sich mit ihm, wenn er beginnt, uns im Stich zu lassen. Die Nacktheit ist immer skandalös, weil sie sichtbar macht, was sich nicht sehen lässt. Sie gibt etwas preis, was sich nicht preisgeben lässt, sie setzt einen Teil voraus, erobert dem Sehen und Fühlen ein Gebiet, das in Wirklichkeit ungreifbar bleibt. Man kann die Nacktheit fotografieren, abgrenzen, erzwingen, kann sie streicheln, vermeiden und verstecken, aber das, was sie preisgibt, ist nicht fassbar. Wahrscheinlich ist sie deshalb so aufregend: Begehren, Hass, Lust, Grauen, Mitleid, das Verlangen, sie ganz zu enthüllen. »Die Körper (und die Seelen) sind Kräfte«, schreibt Deleuze. »Als solche definieren sie sich nicht nur durch ihre Begegnungen und ihre zufälligen Zusammenstöße (Krisenzustand). Sie definieren sich durch Beziehungen zwischen unendlich vielen Teilen, aus denen jeder Körper sich zusammensetzt und die ihn bereits als eine ›Vielheit‹ charakterisieren.«[18]

Was bedeutet das Risiko der Nacktheit heutzutage, wo

sie uns immer und überall, retuschiert oder unretuschiert, auf allen möglichen Bildträgern dargeboten wird? Das Risiko der Nacktheit ist die Preisgabe des Intimen, dieses nicht kartografierte Gebiet, das mich von einem anderen Körper trennt, mit dem ich (noch) nicht eins bin und dem ich einen Raum entgegenhalte, der nicht nur der meines eigenen Körpers ist, sondern der Raum meines Körpers, hinter dem sich meine Nacktheit verschanzt. Diese ungreifbare Nacktheit ist das Wesen der Seele, ein Wort, das Freud ständig gebrauchte (was in Frankreich eher unbekannt ist, weil man es auf Französisch lieber mit *appareil psychique* (*Seelenapparat*) übersetzt hat). Diese Seele hat keine andere Oberfläche als den Körper und dessen wesenhafte Nacktheit. Wie ein Möbiusband, bei dem man nicht zwischen Innen und Außen unterscheiden kann, ist auch die Nacktheit eine Metapher. Die Wörter, mit denen du sie bezeichnest, mit denen du sie schmücken oder verderben, vermeiden, benennen und exakt definieren wirst, geben Auskunft über dich und dein tiefstes Inneres, über deine persönliche Geschichte und die große Weltgeschichte, über dich als kleines Kind, über dich als betagter Greis oder künftiges Unfallopfer, über dich, dort, wo dein Name der Haut den Platz überlässt, die einen Körper, einen liebenden, weinenden und kämpfenden Körper bildet. Es gibt keine Demarkationslinie, kein Zeichen, bei dem man sagen könnte: Hier ist der Aufschlagpunkt der Innerlichkeit, zu der man keinen Zugang hat, der pure Geist jenseits aller Fleischlichkeit. Nein, es gibt keinen solchen Rückzugsort, und gerade weil alles offen liegt, im unberührbaren Raum dieser Nacktheit, wird sie nie greifbar, ja in gewisser Weise nicht einmal sichtbar werden. Man wird sich darauf versteifen, etwas zur Schau zu stellen, das schweigt, das sich dermaßen sichtbar macht, dass es mit einem rhetorischen Zaubertrick unsichtbar wird, weil die Nacktheit ständig sowohl den Blick als auch die Berührung und das Empfinden übersteigt. »Aber das, was liebkost wird, wird im eigentlichen Sinn nicht berührt. Es ist nicht das Samtweiche oder die angenehme Wärme dieser in der Berührung gegebenen Hand, die von der Liebkosung gesucht wird. Dieses Suchen der Liebkosung stellt gerade dadurch, dass die Liebkosung nicht weiß, was sie sucht, ihr Wesen dar. Dieses ›Nicht-Wissen‹, dieses grundlegende ›Nicht-hingeordnet-sein-auf‹ ist das Wesentliche an ihr. Sie ist wie ein Spiel mit etwas, das sich entzieht, wie ein Spiel, das absolut ohne Entwurf und ohne Plan ist, ein Spiel nicht mit dem, was das Unsrige und was zu einem Wir werden kann, sondern mit etwas Anderem, etwas immer Anderem, immer Zu-Kommendem. Die Liebkosung ist die Erwartung dieser reinen Zukunft, dieser Zukunft ohne Inhalt.«[19]

Sie ertrug es nicht, sich selbst nackt zu sehen. Auch ihr Gesicht mochte sie nicht betrachten. Sie hatte den Eindruck, dass zwischen beiden – Nacktheit und Gesicht – ein unlöslicher Pakt, eine geheime Verwandtschaft bestand. Ich hatte sie gefragt, ob sie sich an eine bestimmte Szene aus ihrer Kindheit oder Jugend mit einem präsenten Bild von sich selbst erinnere. Sie hatte lange überlegt. Es war ihr nichts Konkretes eingefallen, bis auf die Erinnerung an das ausgelassene Lachen mit ihren Schwestern, wenn sie sich ausgezogen hatten, sonst nichts. Gestern aber hatte sie sich an eine scheinbar beiläufige Begebenheit erinnert, bei der sie sich nackt sah. Ein heißer Sommertag, alle badeten im Fluss, der direkt hinter dem Haus verlief. Sie war, dachte sie, weit weg von den anderen ins Wasser ge-

taucht. Sie musste sieben oder acht gewesen sein und hatte ihr Nacktsein genossen. Als sie wieder ans Ufer kletterte, suchte sie vergeblich nach ihren Kleidern. Es war niemand mehr da. Sie war querfeldein nach Hause gelaufen, es war nicht weit, und hatte sich oben in ihrem Zimmer gleich wieder angezogen. Weder ihre Cousins noch ihre Schwestern waren dabei gewesen, sie waren inzwischen alle Badmintonspielen gegangen, sie hatte allein beschlossen, noch ein bisschen am Fluss zu bleiben und sich deshalb ausgezogen. Danach war sie wieder zu den anderen gegangen, und niemand hatte auf den Vorfall angespielt. Auch sie selbst hatte ihn an diesem Abend nicht erwähnt, letztlich sollte sie nie erfahren, wer die Kleider weggenommen hatte. Und falls jemand sie nackt gesehen hätte?

Ich hörte ihr aufmerksam und ein bisschen verwundert zu.

»Kann es sein, dass ich diesen Diebstahl als Vergewaltigung empfunden habe? Es war ja bestimmt jemand, den ich kannte. Ein Unbekannter hätte erst über den Rasen vor dem Haus und dann in den dahinterliegenden privaten Park gelangen müssen. Aber es waren nur meine Cousins da, ein bisschen unreife Jugendliche mit ihren Eltern, außerdem noch ein befreundetes Ehepaar meiner Eltern.« Sie machte eine Pause. »Natürlich können sie es gewesen sein, aber warum? Warum hätten sie einem kleinen Mädchen beim Baden einen so gemeinen Streich spielen sollen? Um mich zu bestrafen, um mich in Verlegenheit zu bringen? Aber das hätte ich doch erfahren, sie hätten es mir irgendwann gesagt. Sie dürfen mich damit nicht allein lassen. Ich verstehe das nicht. Das soll gereicht haben, um mich in diesem unmöglichen Blick auf mich selbst einzuschließen, oder besser: mich von mir selbst auszuschließen? Unbegreiflich.«

»Und falls diese Szene gar nicht stattgefunden hat?«

»Warum sagen Sie das, glauben Sie mir nicht?«

»Doch, ich glaube Ihnen, aber vielleicht haben Sie die Kleider deshalb nicht wiedergefunden, weil Sie mit der Strömung ein Stück weit abgetrieben sind. Und dann haben Sie das Verschwinden der Kleider möglicherweise so gedeutet, als eine vorweggenommene ›Vergewaltigung‹ Ihrer Intimität. Wir verleihen unseren Erinnerungen gern einen prophetischen Charakter.

»Und wozu?«

»In der Traumdeutung steht der Fluss manchmal für eine Verlängerung des mütterlichen uterinen Körpers.«

»Dann hätte ich eine Art Bilderraub inszeniert? Indem ich mir vorstelle, dass mir jemand meinen Schutz, meine Rüstung raubt, wenn ich nackt bin?«

Ich schwieg einen Augenblick, bevor ich weitersprach: »Vielleicht ... Erinnerungen sind Vorzeichen. Wir platzieren sie an den Anfang und beschäftigen uns wieder mit ihnen, weil sie uns etwas über den Menschen erzählen, der wir geworden sind. Wir erfinden sie nicht frei, aber unbewusst bearbeiten und verändern wir sie, wir verformen sie zu einzelnen Bruchstücken, in denen sich unser späteres Ich, unser künftiges Leben spiegelt.«

»Das ist ja unglaublich!«

Die Nacktheit ist etwas Gewaltsames, wir sind ihr ausgesetzt: dem Blick, der Liebkosung, dem Schlag, der Verachtung oder Verführung, ohne uns an einem anderen Ufer festhalten zu können. Der Fluss ist ein flüssiger Verschmelzungszustand, der auf den uterinen Körper verweist, als nur die reine Nacktheit des Seins existierte. Besiegeln die entwendeten Kleider die Unmöglichkeit, »eins« zu sein, sich vertrauensvoll hinzugeben? Vielleicht raubt diese – wirkliche oder nachträglich fabrizierte – Erinnerung dem Bewusstsein ihrerseits einen noch länger zurückliegenden Diebstahl, ein noch archaischeres Losreißen, das sich nicht darstellen lässt. Der Zweifel, ja der Schwindel, der *sich der auf der Couch ausgestreckten erwachsenen Träumenden bemächtigt, die außerstande ist, ihrem eigenen Bild, ihrer Nacktheit zu begegnen, gräbt einen Riss in die Zitadelle des Vergessens. Das, was weit von diesem Fluss verdrängt wird, ist unser allererster Körper.*

In der liebenden Verschmelzung spüren wir die eigene Nacktheit oder die des anderen kaum, da wir einen dritten Körper, den Körper des Begehrens, bilden. In der Neurose wird die Nacktheit angegriffen und beschädigt. Man kann sie sich untertan machen, sie auflösen und zerstören, wie man womöglich selbst zerstört oder verlassen worden ist. Vielleicht ist der Weg deshalb so lang, bevor wir uns vertrauensvoll und in aller Freundschaft hingeben können.

Auf dass unsere Qualen
enden mögen

Wonach suchen wir bei einem Analytiker: nach dem Ende unserer Qualen, nach dem Sinn des Lebens, einer Antwort auf unsere Ängste, nach dem, was uns endlich die Liebe finden lässt? Manchmal weiß man nicht, was man sich erhoffen darf, zumindest aber hört einem jemand zu. Vielleicht geht es ohnehin nur darum. Die Analyse bietet einen festen, schützenden Rahmen: einen Termin, ein- oder zweimal pro Woche, fern vom Alltagsstress, ein paar Monate oder Jahre lang. Aber die Sitzung, die noch nicht einmal eine Stunde dauert, ist teuer. Wie soll das ausreichen, um endlich leben zu können? Durch welches Wunder wird das Sprechen eine Generation des Schweigens und der Missverständnisse beschwören können, wie kann es den Fluch, die Verzweiflung und die Wut aufheben, die Eifersucht, die uns um den Verstand bringt, Schlaflosigkeit, Liebestaumel oder Trauer? Was erwartet man von der analytischen Kur, an die man kaum noch zu glauben wagt, während man sich fast unfreiwillig jemandem anvertraut? Was wird man dabei verlieren und unterwegs womöglich finden? Denn merkwürdigerweise geht es immer nur darum, um das Verlieren und das Finden. In der nahezu alchimistischen Verwandlung einer Sprache. Eigentlich mehr als einer Sprache: einer sonderbaren Anrede, einer lebendigen Metapher. Das Sprechen macht den Analytiker, an den es sich heimlich wendet, zum Zeugen. Im Stillen oder aber laut ausgesprochen, als Bitte an den Geliebten, den Abwesenden gerichtet, als Vorwurf an den Toten, als Beschwören eines Tieres, eines Gottes, einer Erinnerung an einen geliebten Körper verwandelt diese Anrede die Sprache in etwas Lebendiges, Beseeltes, fast Magisches. Ihre phänomenale Kraft rührt daher, dass sie gleichzeitig Körper und Geist durchdringt und über den Atem an den Anfang des Lebens anknüpft, weil ein anderer uns getragen, benannt, gestammelt, erhofft, gefürchtet, gesungen und befreit, mit anderen Worten: geboren hat.

Dieses Sprechen ist der Raum unserer Menschlichkeit, der Gastfreundschaft für eine Menschlichkeit, die als Raum der Immanenz unsere Subjektivität weit übersteigt. Auf der im Sprechen vollzogenen Reise wird sich die bereits erwähnte sonderbare Verwandlung vollziehen: Verlieren und Finden – kein Wieder-Finden, denn das Gefundene ist ein Fund in einem neuen, einmaligen Sinn, eine unverhoffte Begegnung, eine Umkehr, fast eine Bekehrung ohne Religion oder Struktur, ein reines Ereignis: Lacan hat gefragt, woran man jemanden erkenne, der liebt, und zur Antwort gegeben: daran, dass er seinen Diskurs geändert habe. Das Wort Diskurs ist hier in seiner griechischen Abstammung (*logos*) zu verstehen: Logos und Wahrheit verbindet eine heimliche Zugehörigkeit.

Ist es nur der Patient, der in diesem unsinnigen Unterfangen der Analyse etwas verliert, oder verliert auch der Analytiker etwas? Am Anfang der Kur hinterfragt das Subjekt seine Geschichte, erforscht ihre heimlichen Auswege, Sackgassen und Geheimnisse, beschreitet langsam den umgekehrten Weg in eine Vergangenheit, die es teilweise schon zu kennen glaubt, setzt die einzelnen Puzzleteile zusammen, sammelt das Gesagte, beschwört seine Erinnerungen und verschütteten Gefühle herauf. Das Subjekt wird zum Forscher und birgt aus dieser Vertiefung Schätze, Ruinen, aber auch Schreckliches. Es knüpft Verbindungen, stellt Hypothesen auf und beginnt, die Affekte voneinander zu trennen, die Ängste auseinanderzuschweißen, die Geschichte (Eltern, Geschwister, Freunde, Feinde) in Einzelteile zu zerlegen. Wie auf einer riesigen Baustelle leistet der Patient Aufklärungsarbeit, klassifiziert, sortiert und gräbt er wie ein Archäologe. In diesem ersten Abschnitt der Analyse identifiziert er Schuldige, Bekannte und Unterschätzte, erkennt Schicksalsschläge und Verletzungen. Indem er sie benennt, heilt (und denkt) er sie und desinfiziert die schlummernde, die ganze Psyche infizierende Wunde. Noch befindet man sich in einer Art Refugium, einem Ort, an dem sich durch diese Arbeit ungewohnte Lichtungen auftun, noch geht es um das, was der Analysepatient in die subtile und permanente Interaktion zwischen sich und den anderen investiert hat. Dann beginnt der eigentliche Verlust. Denn nach und nach sieht er, wie die vermeintlich stabilen Stützen zusammenbrechen und die Sicherheit dem Zweifel, dem abgrundtiefen Schwindel das Feld überlässt.

Dem Spieler graut vor dem Verlust, der ihn trägt und rettet. Denn den Verlust zu riskieren, bedeutet immer noch, auf den Gewinn zu hoffen, auf einen neuen Einsatz zu warten, abermals dem schicksalhaften Augenblick der zaudernden Kugel, der abgelegten Karte ausgesetzt zu sein. Den Verlust zu riskieren bedeutet, sich durch das seidige Dunkel des Schattens zu tasten und zu hoffen, dass sich nicht alles einfach hinter uns schließen möge, dass sich etwas ereignen und auffalten werde. Etwas, das uns nicht ganz unbekannt war. Was wir bei einer Analyse möglicherweise verlieren, ist nicht einmal der vermeintliche Sinn der Dinge, sondern das »Warum«, der imaginäre Grund für unsere Klage und die ihr zugrunde liegende Ungerechtigkeit. Die Gewissheit, dass unser Leben dadurch für immer determiniert worden ist. Es gibt kein Warum. Das Bewusstsein und seine Art, die Welt zu erfassen, arrangiert sich mit den Möglichkeiten dieser Welt. Die hauchdünnen Schichten der vielen Ereignisse und Determinierungen, die Wirkliches produzieren, hat sich in unendlichen Verzweigungen mit unserer Geschichte verknüpft, weit über das Wahrnehmbare hinaus. Was an einem bestimmten Punkt verloren geht, ist die Gewissheit, einer Welt, einer Sprache, einem unmittelbar übertragbaren Gebiet der Anerkennung anzugehören.

Sie sind der Analysepatient, der allmählich seine Anhaltspunkte verliert und nicht einmal mehr weiß, weshalb er eigentlich gekommen ist. Das, was Ihnen so schmerzlich gefehlt hat, beeinträchtigt Sie nicht mehr im gleichen Maße: die verlorene Geliebte, das Kind, das Sie nicht bekommen haben, die flüchtige Schönheit, die Zeit der Jugend, der verflossene Ruhm. Sie lösen sich von dem, was Sie einmal für das Wichtigste, für das Gerüst Ihres Lebens gehalten haben. Doch es wird sich ein anderer Verlust einstellen, ein Seins-Verlust, der so radikal ist, dass er alle anderen Verluste verschieben wird: Ein geistiger Verlust, die Leere, die anzieht und gedeihen lässt, die Bindung und Leben ermöglicht.

Trennungen

Sind Trennungen wichtig im Leben? Eigentlich eine merkwürdige Frage. Man macht ja keine Analyse, um einen Schlussstrich zu ziehen, eher, um sich von einer Trennung zu erholen. Womöglich kommt man nach einem Trauerfall, einer sentimentalen Enttäuschung, einer Scheidung. Man kommt, um sich wiederaufbauen und bemitleiden zu lassen. Und wenn die Analyse stattdessen eine Lektion in Sachen Trennungen wäre?

Oh, Trennungen! Immer dieselbe Leier. Nichts ist heutzutage so traurig wie eine Trennung. Als Chroniken eines absehbaren Entliebens, besiegeln sie das Ende einer Anziehung, die sich auflöst, noch bevor sie sich richtig entfaltet hat. Sinnlose Bürde, gewöhnliche Verzweiflung, unbestimmte Todessehnsucht – die Zutaten sind praktisch immer die gleichen. Bei einem Paar schauen die Kinder machtlos dem Massaker zu, Zeugen einer vor ihrer Zeit begonnenen und nun bereits abgeschlossenen Geschichte; eilig verfasste Todesanzeige einer Liebe für die der ewig gleichen Streitereien müden Richter. Es herrscht ein allgemeiner Überdruss an Trennungen, weil sie fast unwillkürlich erfolgen. Als wäre das gegenseitige Verlassen das Einzige, was man ungefähr beherrscht. Zumindest die Tatsache, es anzudrohen. Und es schließlich voller Wehmut wirklich zu tun. Die Toleranzschwellen haben sich, vor allem bei den Frauen, verschoben, die Männer sind verunsichert. Fast könnte man meinen, eine Trennung sei inzwischen eine Frage des Stils, irgendwann findet sie zwangsläufig statt, die Frage ist nur, wann und wie. Anschließend geht alles wieder seinen gewohnten Gang, als wäre nichts gewesen. Das Leben geht weiter, heißt es. Doch eigentlich ist es eine sehr ernste Geschichte, vielleicht weil niemand das Risiko einer wirklichen Trennung eingeht. Wir lassen die Trennung auf uns wirken wie einen unguten aufständischen Wind, ein ins Jetzt verwandeltes »zu spät«, ein Ansturm trauriger Gedanken, die schleichend den Alltag unterminieren und uns irgendwann ganz im Griff haben. Gibt es wirklich keinen anderen Grund, trennt man sich einfach so? Weil man nicht genau weiß, wonach man sucht: nach einer neuen Freiheit? Das wäre naiv. Rache vielleicht? Die Liebe versiegt so schnell, man verweigert sich dem Unverständnis, der Langeweile und Müdigkeit, den Vorwürfen – sicher; aber die Trennung vollzieht sich zwischen zwei Menschen, ohne sie wirklich zu verändern, sie streift sie, löst die Bindungen, beendet das frühere Hoffen, schafft neue Verpflichtungen – und das alles abseits von sich selbst, als fiele es aus dem Rahmen.

Trotzdem bestehe ich darauf, dass man das Risiko der Trennung wagen sollte. Wenigstens einmal. Ja, dass man sich bei der Analyse unwillkürlich mit ihm konfrontieren sollte. Dabei meine ich nicht die Trennung von jemandem, den wir vermeintlich lieben oder hassen, sondern eine untergründigere Trennung von jenem Pakt, der uns für eine unserem Leben vorausliegende Schuld haften lässt, die uns zu *Schuldnern* macht. Warum sind wir bereit, für das immer gleiche Szenario einen so horrenden Preis zu zahlen? Warum verharren wir lieber in unseren armseligen Nöten, statt von den Freuden des Unbekannten zu kosten? Was hält uns dort, auf der undurchdringlichen, vor der Erinnerung verschlossenen Seite, in jenen Gebieten, wo wir an Verlust und Verlassensein gelitten haben? Trotzdem müssen wir unsere Kindheit immer wieder vor der Katastrophe beschützen, als könnten wir sie vor einem manchmal erst fünfzig Jahre später drohenden Schiffbruch bewahren. Doch welche Wahrheit ängstigt uns so sehr, dass wir bis zur Erschöpfung der Spieler die Figuren auf dem Schachbrett verrücken? »Wir glauben, dass das Neue in unserem Leben alles umstürzen, uns von Grund auf verändern und das Fossil wiederbeleben wird, aber dann merken wir, dass uns gerade das Déjà-Vu fasziniert hat«, schreibt Mathieu Terence: die gleichen Figuren auf den gleichen Diagonalen und das immer gleiche Spiel von einer Trennung zur nächsten.

Er hat sie vor dem Sommer verlassen. So wie man einen Hund an der Autobahn aussetzt. Nur ein Zettel am Kühlschrank (ausgerechnet!): Ich kann nicht mehr. Sie war zu ihrem Tanzkurs gegangen, hatte ausnahmsweise Blumen gekauft und war guter Dinge nach Hause gekommen. Sie wohnten seit knapp einem

Jahr zusammen. »A perfect bliss«, wie es auf Englisch heißt. Keinerlei Vorzeichen für eine Katastrophe. Jetzt muss sie den Film rückwärts abspulen. Was hat das alles zu bedeuten? Sie wickelt die Blumen aus dem roten Seidenpapier. »Ich kann nicht mehr«. Sie wird von einem unkontrollierten Lachen geschüttelt, dann bricht sie an Ort und Stelle zusammen und weint. Stunden vergehen. Er kommt nicht zurück. Irgendwann hat die Nacht über den Tag gesiegt, sie kann nicht mehr denken. Ihr Kopf ist leer. Es ist, als ob es nie jemanden gegeben hätte. Nichts hat mehr Gewicht, es gibt keine genauen Umrisse mehr, sie hat weder Hunger noch Durst, ist körperlos.

Im Krankenhaus fragt man sie nach ihrem Namen. Sie hat Mühe, sich zu erinnern. Irgendwann spricht sie ihn aus, unendlich langsam, als müsste sie sich selbst vergewissern. Der Arzt ist noch jung, ein Psychiater im Sonntagsdienst. Er hatte mit komplizierten Notfällen gerechnet, den für die in Lebensüberdruss und Angst Eingeschlossenen so deprimierenden Feiertag gefürchtet. Diese zerbrechliche Frau aber macht ihm keine Angst, im Gegenteil, er würde sie gern in den Arm nehmen und leise auf sie einreden. Doch das kann er nicht. Da sie nichts sagt, fängt er an, mit ihr zu sprechen, über alles Mögliche, über sich selbst und seine Vorlieben. Nach und nach bekommt sie sichtlich wieder Farbe. Sie findet ihre Wurzeln wieder, ein neues Leben wie die Pflanzen in E. T. Den Film hatte er sich als kleiner Junge sonntagnachmittags angeschaut. Bei der Erinnerung daran musste er unwillkürlich lächeln.

»Wer hat mich eigentlich hergebracht?«, fragte sie schließlich.

»Erinnern Sie sich nicht?«

»Nein.«

»Ihre Schwester. Sie haben Sie um Hilfe gerufen.«

»Wo ist sie jetzt?«

»Sie musste wieder fahren. Sie konnte ihre Kinder nicht allein lassen«, sagte er. »Aber morgen kommt sie wieder. Sie hat alle Papiere unterschrieben, damit Sie sich ausruhen können. Wissen Sie, warum man Sie hergebracht hat?«

Er weiß nicht, ob er das fragen kann, er wagt es einfach.

»Mein Freund hat mich verlassen.« Dann wirft sie ihm einen Blick zu: »Das ist aber alles nicht so schlimm, oder?«

Was soll er sagen? Er weiß nicht, welche Rolle er gerade spielen soll. Soll er ihr die Wahrheit sagen? Aber welche? Dass man sie hergebracht hat, weil sie angefangen hat, wirres Zeug zu reden? Dass ihre Schwester sie möglichst schnell loswerden wollte? Dass er nur ein Assistenzarzt und sie sein erster Notfall ist, dass er nicht viel Ahnung hat? Außer von ihrem Schmerz. Hier befürchten sie, dass Liebeskranke ihrem Leben ein Ende setzen. Das Risiko können wir nicht eingehen, wird man ihm antworten (er weiß es schon), wenn er noch am selben Morgen ihre Befreiung beantragt (ist sie denn eine Gefangene?). Sie muss erst mit Medikamenten versorgt werden, zeigen, dass sie wieder zur Vernunft gekommen ist. In unserer Zeit ist es ein Skandal, zu sehr zu lieben. Man soll sich bitte schön innerhalb der Grenzen der Vernunft bewegen.

Sie hat geschlafen. Sie ist ein paar Tage dortgeblieben und dann nach Hause zurückgekehrt. Vor der Haustür lag Post. Kein Wort von ihm, nichts. Sie dachte, dass es so besser sei. Dem Assistenzarzt war es so vorgekommen, als hätte sie einen Neugeborenenkörper, der kaum atmen oder sich bewegen konnte. Als müsste sie alles erst langsam wieder lernen. Sie dachte oft an ihn. Er wusste vermutlich nicht, dass er sie an jenem Abend mit seinem Geplauder, seiner ungeschickten Geduld, mit all der geschenkten Zeit gerettet hatte. Dabei hasste sie Krankenhäuser und weinende Frauen und Sonntage. Unter anderen Umständen hätte sie sich in ihn verliebt, aber er würde für sie im-

mer dieser – gemessen an seiner Aufgabe – sehr junge, etwas
ratlose, in einer zu ernsthaften Funktion verlorene Arzt blei-
ben, aber trotzdem. Die Trennung zu akzeptieren, bedeutet für
sie, sich mit dem Undenkbaren abzufinden wie mit einem an-
deren Namen, sich einem neuen Bick zu öffnen und alles neu zu
erfinden.

Dieses Risiko der Trennung sind wir alle einmal eingegan-
gen: bei unserer Geburt. Indem wir zum ersten Mal in der
Außenwelt eine neue Luft eingeatmet haben, die in unsere
Lungen geströmt ist und uns einen Schrei entlockt hat.
Warum müssen wir ein weiteres Mal zur Welt kommen,
reicht das eine Mal denn nicht? Das Risiko der Trennung
ist das Risiko einer Revolution in seiner astronomischen
Wortbedeutung: sich um sich selbst drehen, *revolvere*.
Diese Revolte geht nicht ohne Verletzung ab, doch sie ist
unumschränkt.

Das Risiko des Sprechens

»Wahrhaft mögen wir nur jenes, was je zuvor von sich aus uns mag, und zwar uns in unserem Wesen, indem es sich diesem zuneigt. Durch diese Zuneigung ist unser Wesen in den Anspruch genommen. Die Zuneigung ist Zuspruch. Der Zuspruch spricht uns auf unser Wesen an, ruft uns ins Wesen hervor und hält uns so in diesem. Halten heißt eigentlich Hüten. Was uns im Wesen hält, hält uns jedoch nur solange, als wir, von uns her, das uns Haltende selber behalten.«   Martin Heidegger, *Was heißt denken?*[20]

Sprechen und schweigen sind in der Menschheitsgeschichte stets zwei widersprüchliche Äußerungsformen für unsere Befreiung, unser Heil, aber auch unseren Untergang und unsere Nacht gewesen. Kann ich sanft das Wort ergreifen? Kann ich überhaupt sprechen, ohne das Wort zu *ergreifen*? Ohne Gewalt oder Missbrauch? Ja, kann das Sprechen auf freundschaftliche, brüderliche Weise neben mir, neben uns bestehen? Das Sprechen steht schon sehr früh, von Kindheit an, für Macht. In diesem Sinne geht ihm das Rufen voraus. Der Schrei des Kindes, noch *infans*, oder der des Propheten steht für Ungeduld, für das Verlangen zu sprechen. Der Schrei bricht die sprachlose Stimme. Der Wille zu sprechen verschafft sich mit dem ersten Schrei, mit dem ersten Rufen Gehör. Das Sprechen verleiht dem Ruf, der Stimme, dem Begehren, unserer

Verpflichtung zum Leben Gestalt. Die Beichte ist in erster Linie ein Geständnis, in ihr überlässt sich das Wort dem Sprechen. Von Sokrates über Augustinus bis hin zu Freud hat sich eine kontinuierliche Revolution vollzogen, um das gegebene, geständige Wort, sprich: das Intime, zu einem Ort der Wahrheit des Seins, zu seiner Bewährungsprobe zu machen.

Bei der Analyse ist das Sprechen manchmal verschüttet oder ganz verloren gegangen. Es gibt Leute, die sich an eine Analyse wagen, denen jedoch das Sprechen versagt, denen sich dieser Akt verweigert; deren Sprechen misshandelt worden ist. Andere, denen das Sprechen Angst macht, denen es sich entzieht. Es gibt Leben, die das Sprechen verwüstet, die dieser Ausdruck von Willen und Macht aus der Bahn wirft und oftmals umbringt. Sind wir Analytiker Heiler des Sprechens? Kann man in der Wiege der Analyse, dieser langsamen Anamnese, wieder zu einer ursprünglichen Vertrautheit mit der Welt finden, die für jeden von uns die Möglichkeit enthielte, über die Welt zu sprechen, die Welt zu sagen? Kann man wieder den Willen finden, der uns so oft abgeht? Den Willen, mit dem Sprechen der Welt anzugehören. Wir befinden uns beide – Patient wie Analytiker – in einer latenten Schlaflosigkeit, die das Sprechen in einem unmöglichen Schweigen fixiert. Langsam stammeln wir, *suchen nach Worten* (im Französischen benutzt der entsprechende Ausdruck ein Possessivpronomen: *nous cherchons nos mots*), die in erster Linie niemals unsere sind, sondern immer die der anderen, oder aber Wörter, die von unseren Vorgängern ausgesprochen wurden …, und halten uns an der heldenhaften Überzeugung fest, dass diese Wörter uns retten, wenn wir sie uns zu eigen machen. Als verdankte unsere Welt ihre

Gegenwart nur ein paar im Dunkeln ausgesprochenen Wörtern.

Bei der Analyse begegnen wir Gespenstern, aber auch alten Menschen, die im Sprechen verloren sind wie in einer dunklen, furchterregenden Fabelwelt voller Wörter ohne Dinge, voller namenloser Gesichter und unsinniger Begriffe. Vätern oder Müttern, denen die Sprache Angst macht, die das Sprechen in der Welt versenkt hat. Und die uns an manchen verzweifelten Tagen, wenn die Wörter zwischen ihnen und uns nicht mehr funktionieren, an eine schwere Alzheimer-Erkrankung glauben lassen, die den Beginn einer möglichen Menschlichkeit bezeichnet: Ich spreche, und nichts wird erschaffen. Ich erschaffe, handle, und nichts wird gesprochen, nichts gesagt. Das Leben wird nicht mehr gesprochen, es ist unverfälscht, vorzeitig, aufwühlend. Das Sprechen wird zum nächtlichen Abbild des Lebens und seiner Schrecken. Was ist verloren, wenn das Sprechen stirbt? Was lässt sich wiederfinden? Etwas, an das man sich erinnert wie an ein vergangenes Ereignis, einen vergessenen Geruch, an jemanden, der zugleich tot und lebendig ist? Gibt es Erinnerungen, die womöglich nie dem gesprochenen Leben angehört haben?

»Alles, woran man sich mit dem Sprechen erinnert, ist die erschaffene Welt«, schreibt Frédéric Boyer. Allein die Tatsache, am Leben zu sein, zu existieren, zu sprechen und die Welt zu benennen, hat der Analyse zufolge einen unerschöpflichen Lebenswert. Sie eröffnet uns eine immense Freiheit zwischen Leben und Tod. Der Akt des Sprechens hat auch etwas Politisches: Er ist so kraftvoll, ernsthaft und souverän, dass aus dem Sprechen eine Lebens- und Machtaufgabe wird. »Wir sind nur Menschen durch die Sprache und halten uns nur einer zum andern durchs

Wort«[21], heißt es bei Montaigne. Oft glauben wir, nicht zu verstehen, die Ursprünge zu verkennen. Doch der Anfang liegt in jenem Wortergreifen, mit dem die Welt ausgesprochen und benannt wird. Das Verlorene und das Wiedergefundene. Dasselbe Sprechen, nur umgekehrt. Das Verlorene gehört zwingend zum Ur-Phantasma. Die erschaffene Welt ist uns nicht fremd, solange wir sprechen.

Das Wort ist in der analytischen Klaue gefangen: sprechen, um zu erschaffen und geschehen zu lassen, und sprechen, um das Erschaffene zu erkennen. Zwischen Erschaffung und Erkennen, Anfang und Erinnerung. Manche Menschen erkennen nichts wieder von dem, was ihr Sprechen erschafft, von dem, was die Worte rings um sie erschaffen, zusammensetzen oder zerlegen. Es gibt eine negative Erschaffung oder ein Negativ der Erschaffung, wenn das Sprechen weder Dinge noch Wörter anerkennt. Wenn es uns die Welt nicht mehr vertraut macht, sondern uns beunruhigt wie eine Kehrseite der Welt, ein *Anderes* der Welt. Kann das Wort die Welt auch zerstören? Oder die Welt das Wort? Ich will sprechen, um zu sein, weil das Sprechen an sich das Verlangen nach Geborgenheit ausdrückt.

Die Wörter kommen danach. Nach der inneren und bestürzenden Gewissheit des Ereignisses, nach dem Wirklichen, nach der Geburt, ja sogar nach dem Tod, immer lagern sie sich mit einer zeitlichen Verschiebung ab, versuchen im Nachhinein das Unerklärliche zu erklären, dem Schwindelerregenden Sinn zu verleihen, sie fassen Erinnerungen in andere Worte, prägen ihnen eine ruhige Gewissheit auf. Dabei sind sie ebenso flüchtig, verstörend und einzigartig wie die Wörter, die sie nachzeichnen. Alles ist neu erfunden, und eben das ist das Unerhörte.

Niemand kann den Ton oder den unglaublichen Gefühls-
vorrat der frühen Musik unserer Vorgeburtszeit wiederge-
ben, die allererste stimmliche Prägung ist uneingestan-
den und uneingestehbar. Die Wörter speichern unsere
Alibis, die Notwendigkeit, dass es so sein soll, unser Bedürfnis nach Sinn, nach Treue und Austausch, unseren
Glauben, dass wir die gleiche Sprache sprechen, dass die
Wörter etwas verändern können. Die Macht der Sprache
erklärt sich dadurch, dass sie an jenes Urgefühl gebunden
ist, welches sie an unseren Körper schmiedet. An unseren
denkenden, hoffenden Körper, unseren verzweifelten,
weinenden und bisweilen auch von den Wörtern befreiten
Körper.

Einsamkeiten

»Es gibt keine Einsamkeit, wenn diese nicht die
Einsamkeit auflöst, um den Einsamen dem
vielfältigen Draußen auszusetzen.«

Maurice Blanchot

Ist die Einsamkeit eine heimliche Vorausdeutung auf den
Tod? Wir akzeptieren eine wohldosierte, von der Zeit um-
hegte Einsamkeit, wenn wir den anderen in der Nähe wissen und bei der Vorstellung, ihn zu verlieren, schaudern.
Dann spielen wir mit der Idee, ängstigen uns, erfahren
unser Alleinsein und weinen. Doch die Einsamkeit als
Raum der Welt ist etwas völlig anderes. Wenn sich die bekannte Welt entzieht, wenn die Umrisse schwinden und
man sich in denselben, endlosen Gängen stößt, ohne zu
wissen, was unsere Schritte umgrenzt, wenn im Dunkel
kein Licht mehr ist, wir keine vertrauten Stimmen mehr
zu erkennen meinen, wenn nur noch unsere schwerelosen Bewegungen in der Leere nachhallen – wo finden wir
dann Zuflucht? Wer wird uns hören und anerkennen?
Manchmal benennt die Einsamkeit diese Undurchdring-

lichkeit, jene schleichende Panik, die den ganzen Körper bis hin zur Lähmung erfasst, wenn man noch nicht einmal mehr weiß, wie die Liebe heißt. Womöglich kann genau dort ein anderer Augenblick der Welt, ein anderer Name für das Wirkliche aufblitzen.

In der freiwilligen Einsamkeit, die mit der Freude und der Erleichterung des Seins einhergeht, fällt die Nostalgie des Vergangenen von uns ab, auch das Bedauern des Nichtgewesenen, die Bürde aller in einem Augenblick gebündelten Wiederholungen. Es ist eine Bejahung des Lebens und des Augenblickes, die kindliche Bejahung, wie Nietzsche sagte. Eine Bejahung, die sich von der Erwartung löst, von Angst und Enttäuschung, von dem Geplanten, Aufgegebenen und Besiegten, das dem Lebendigen, dem Liebevollsten Asyl gewährt. Und plötzlich bekommt alles eine Leichtigkeit, die nicht das Nichts ist, sondern eine unsichtbare, wimmelnde Welt, eine vollständige, hier abgelegte Welt, deren Verzweigungen in uns und außerhalb von uns nachklingen, die einen merkwürdigen Tanz ergeben, den wir nie erlernt haben und der uns dennoch einen Weg durch das ungezähmte Dunkel bahnt. Mit einer Gelassenheit, die weder der Nacht entsagt noch der Angst oder dem Schrecken, mit jener wundersamen Gelassenheit, die uns mit der Einsamkeit zufällt, wird uns die Welt zurückgegeben: Unvermittelt ist die Müdigkeit geschwunden und wird das Kämpfen aufgegeben.

»Ich bin so allein« lautet eine häufige Klage in der Höhle des Analytikers. Eine schwindelerregende Aussage, wie Derrida uns in Erinnerung ruft, da dieses Geständnis stets voraussetzt, dass wir eben gerade nicht allein sind, dass es einen Zeugen gibt, der uns hört. Nur jemand, der an Gedächtnisschwund leidet, könnte uns sagen, was es bedeutet, draußen ausgesperrt zu sein, ohne Wiedererkennungsmöglichkeit seiner selbst. Was wäre eine Einsamkeit ohne Sprache – ohne Metapher oder gespeichertem Gedächtnis? Wie kann man die Isolierung einer Person in Worte fassen, die nicht mehr weiß, wie sie ohne die nötigen Kraftreserven durchhalten soll? Die am Ende ihrer Kräfte ist und ihr Leid manchmal nur noch mithilfe ihres Körpers zum Ausdruck bringen kann: Schlafstörungen, Angst, Unwohlsein, Übelkeit, Schwindel. Bisweilen macht die Einsamkeit jede Gewissheit zunichte. Sogar die Gewissheit der Mit-Anwesenheit des Wirklichen in uns: wie lebendige Archive, die sich ablagern, verschieben, sich neu einbringen und wieder ausschalten – selbst das haben wir vergessen. So wie wir vergessen haben, dass wir eines Tages dem fötalen Zustand, unserem uterinen Gedächtnis entrissen wurden. Eins, durch Zellteilung entstanden aus zwei. Ob wir uns je von diesem Exil erholen werden? Würden wir sonst überhaupt sprechen? Das sonderbare Schreckgespenst der Einsamkeit kennen?

Es gibt keine Schamanen mehr, kaum noch Priester, und die Kirchen haben nachts geschlossen. Dem Einsamen und Schlaflosen bleibt nur noch der Freund oder der Analytiker. Dieser Andere, der uns anhört, dem man eine Aura von Wissen und Anerkennung zugesteht, dem man sein Vertrauen schenkt, ohne das es (fast im chemischen Sinne) keine Analyse gibt, kann, ja muss uns von allem Leid heilen. Bei ihm können wir den unerträglichen Schraubstock der Einsamkeit abwerfen. Und dennoch tut sich in dieser Kur-Reise eine neue Einsamkeit auf. Denn der Analytiker kommt nicht unserer Erwartung entgegen, endlich von der Einsamkeit befreit zu werden, höchstens verweist er auf die Epiphanie einer abwesenden Anwesenheit. Nur die Begegnung mit der Welt vermag unsere Einsamkeit zu heilen.

Es ist beinahe unmöglich, darauf zu verzichten, dass jemand unser Leid mit der richtigen Antwort oder dem heilenden Balsam einer endlich gezollten Anerkennung lindert. Und genauso schwer ist es für den Analytiker, die erhoffte Linderung nicht spenden zu können! Wir holen den anderen am Ort der Liebe ab und verbieten uns gleichzeitig, daran zu glauben. Unser Leugnen entspricht dem Ausmaß des Leids. Wer aber wird uns vor diesem Streben nach reiner Liebe erlösen? Die Szenarien unserer Einsamkeit sind unser größtes Rätsel – wie können wir sie aufgeben und entwirren? Der Beginn einer langen und langsamen Überfahrt, auf der die Frage nach dem Wie über alle Warums triumphiert.

Die Einsamkeit der Couch verheißt die Gewissheit einer Stimme, die weit über ihr eigenes Echo hinausreicht, kann aber auch die Nicht-Antwort des Analytikers oder zumindest die Diskrepanz zwischen dem Warten auf eine Antwort und der schließlich gegebenen – oder doch nur Schweigen? – bedeuten. Die einzige Antwort nämlich ist die des Zweifelnden und Rufenden, des Ungeduldigen, der erschöpft darauf wartet, dass ein wahrhaftiges Sprechen Worte für sein Leid finden und ihn erlösen möge. Für manche ist der Ruf nach Gott der einzig denkbare Weg der Anerkennung jenseits der Einsamkeit.

Die innere Aufsplitterung, mit der uns die Einsamkeit bisweilen konfrontiert, wenn die Angst sogar unsere Möglichkeit des In-der-Welt-seins angreift, ist schwer wiedergutzumachen. Ähnlich wie das unglückliche Handeln jener Eltern, die ihr Kind daran hindern, die Einsamkeit als mögliche Zuflucht zu empfinden. Damit hadern viele Kinder kranker Eltern, aufrechte kleine Soldaten, die für eine unbekannte Sache kämpfen. Die Vertrautheit mit einer gewissen Einsamkeit bedeutet auch zu akzeptieren, dass unsere vermeintlich stabilen Bindungen enttäuschend sind, und das Risiko einzugehen, in einer allmählichen Rekonvaleszenz bei sich selbst zu bleiben wie bei einem unbekannten Freund. Sich erneut mit der Einsamkeit anzufreunden ist kostbarer als alles andere. Nur dann erblüht das Denken, fliegen uns Ideen zu und gedeihen Empfindungen. Denn die Steigerung des Seins ist hier nicht subjektivierbar. Sie ist der Hexenkessel, in dem sich unsere Vorstellungen von ewiger Flucht auflösen – unter dem Einflussbereich unserer Neurosen. Die Tatsache, dass man in der Einsamkeit Genuss findet, nicht etwa Betrübnis, Schrecken und Traurigkeit, bedeutet den Bruch mit früheren Treueversprechen. Warum ist das so gefährlich? Woher rührt die Verbissenheit, sich selbst um eine so machtvolle, helle Einsamkeit zu bringen? Weil sich diese innere Ressource aus der Revolte und dem Widerstand speist. Sie ist eine asketische Fähigkeit, mit der Welt in Resonanz zu treten, ohne sich einfangen zu lassen.

So werden wir die Einsamkeit täuschen, um eine neue Haut zu finden, einen anderen Blick, der uns verrät, wer wir sind, und uns gleichzeitig von der Last, wir selbst zu sein, befreit. So versetzen wir uns in andere Leben hinein, in andere winzige Traumfragmente, in denen wir uns wiederzuerkennen glauben. Diese Einsamkeit wird den Hallraum für unsere Empfindungen, unsere Erwartungen und unser Ideal abgeben. Wir gewähren ihr Zuflucht, aus Überdruss oder in Ermangelung einer besseren Alternative; so unerträglich ist uns die Vorstellung, nur für uns selbst zu leben. Als ob wir von frühester Kindheit an nichts anderes täten: kleine Spurenfragmente sammeln, Ich und Du Müllers Kuh, Luft und Licht hinter den Augenlidern, Liebkosung, Feuergeruch, gesenkter Kopf; die Entfaltung einer ganzen Miniaturwelt – doch für wen und wofür? Für einen anderen, der sich ebenfalls erinnert? Eine hartnäckige Illusion, die uns bis zum Ende aufrecht hält. Denn du wirst mir nie gehören. Und auch ich werde mich dir entziehen. Und wir werden uns lieben, ohne den Abgrund zwischen uns zu kennen, der uns gleichwohl möglichst weit einander annähert. Im Abendlicht, kurz vor der Nacht, offenbart sich plötzlich etwas Flüchtiges. Eine gewisse Einsamkeit, die nicht verletzend ist, die uns zu schreiben und zu lieben erlaubt. Auch zu leiden, aber mit Anmut und Leichtigkeit. Wie ein im Wind flatterndes Kleid. Zu akzeptieren, in diesem Rest zu bleiben, der durch nichts zu erschöpfen ist, bedeutet auch, in Frieden zu leben. Denn eine gewisse Einsamkeit ist die unumgängliche Wegbereiterin der Schöpfungskraft. Kein Werk lässt sich außerhalb dieses Einsamkeitspunkts schaffen.

Lachen und träumen –
außerhalb der Sackgasse

Lachen ist ein Risiko. Träumen auch. Man kann über alles lachen und von allem träumen, auch deshalb ist beides so skandalös. Der Humor ist kein erlaubter Weg des Denkens. Er wird im Namen aller möglichen guten Gründe konfisziert, um immer subtilere Zensurmethoden anzuwenden. Das Lachen und der Traum sind plötzliche Einbrüche, sie verraten nichts über ihren Ursprung. Es lassen sich nur nachträgliche Hypothesen anstellen. Das Lachen bringt uns dem Riss nahe, es lebt in der Zweideutigkeit, wie ein Witz oder Slapstick. Selbst über das Unerträgliche kann man noch lachen. Lachen und Träumen sind Merkmale des Geistes, die der Körper greifbar macht, indem er konkrete Freude verbreitet oder vorübergehend in Schlaf sinkt. Als Betreiber des Wirklichen feilschen sie weder mit dem Begehren noch mit der Freiheit. Beide eignen sich als Mittel zum Widerstand, ein Abdriften vom rechten Weg, eine Intelligenz des Augenblicks. Eine flüchtige Auflösung der Frage: Was unterstützt das Begehren angesichts des Todes?

Der Humor ist nach Freud die einzige wirkliche Auflösung der Neurose. Für mich zählt auch der Traum dazu. Beides sind nicht etwa Formen der Resignation, sondern Kompromisse, die auf die Wirklichkeit als Einzige nicht neurotisch reagieren. Das Lachen wie der Traum kommen in Bruchstücken daher. Sie bedeuten einen Einbruch außerhalb des vorgezeichneten Alltags, Widerstandszeichen des Menschlichen im Angesicht des Unmenschlichen. Die Neurose ist ein Kompromiss, der mit dem Leugnen beginnt: Das Schmerzliche, das mir widerfahren ist, existiert nicht und hat nie existiert. Ich werde vergessen, was ich zu wissen meine und was mich ängstigt, ich werde diesen Konflikt, der eine unmögliche Entscheidung heraufbeschwört weder denken noch überdenken. Dementsprechend suchen wir nach Wegen jenseits der Tyrannei des Wirklichen, jenseits unserer angeborenen Machtlosigkeit, und nehmen dafür in Kauf, unsere Sicht zu verbiegen, unser Verlangen zu leugnen und das Vorgefallene zu vergessen. So entsteht unser Familienroman: Indem wir uns die Möglichkeit zu leiden nehmen, überschreiben wir unablässig einen Entwurf, an den wir zu glauben gezwungen sind. Doch weder das Lachen noch der Traum beugen sich dem Gebot des Leugnens. In gewisser Weise entgehen sie der Zensur und halten jeder Form von Macht die unerschöpfliche Sprache der Wahrheit entgegen. Mit einem Scherz wird die Wirklichkeit, so furchtbar sie sein mag, weder geleugnet noch verfälscht, sondern transzendiert, sodass sich das Subjekt lachend aus ihr befreien kann.

Doch Humor und Lachen sind nicht identisch. Freud unterschied zwischen dem Lachen des Humors, bei dem der Urheber des Lachens mit dem anderen und auch über sich selbst lacht, dem Witz der Ironie und dessen distanzierter Grausamkeit, seiner verzweifelten Loslösung und schließlich dem metaphysischen Stolpern des Clowns. Freud zitierte für einen beispielhaften Ausweg aus der Neurose den berühmten Satz: »Der Delinquent, der am Montag zum Galgen geführt wird, tut die Äußerung: ›Na, die Woche fängt gut an …‹« In der Tat ist hier kein Kompromiss mehr möglich. Das Leben kann man nur als Toter verlassen, einen anderen Ausweg gibt es nicht. Hier erinnert Freud stark an Marc Aurel. Als Stoiker findet er in der vertrauten Nähe zum Tod einen Trost, der sich in einen Scherz kleiden lässt. Es gibt keine Prüfung, die man nicht fröhlich pfeifend bestehen könne, sagte mir eines Tages eine Patientin über ihren Vater, der von den Frankisten erschossen worden war. Sie fügte hinzu: »Aber er hatte mir nicht gesagt: wenn man dabei den eigenen Tod in Kauf nimmt.« Der Humor, der die Windungen des Über-Ichs und die Überwachung vereitelt, die sich der obsessive Neurotiker (potenziell wir alle) permanent auferlegt, ist möglicherweise eine Form der Abstinenz. Er akzeptiert eine radikale Veräußerung, die sämtliche Situationen künstlich oder burlesk erscheinen lässt. Freuds Stoizismus ist merkwürdig, denn das Modell, das er uns mit dem Lachen als endgültige Befreiung von den Qualen der Hemmung, Angst und Lebensverhinderung anbietet, will, dass wir unserem Todesurteil mit einem Augenzwinkern entgegensehen. Jüdische Witze pflegen zum Tod eine dezidiert metaphysische Distanz. Der Rückgriff auf den Witz hilft, sich angesichts des Daseins, das nicht in den Qualen der Neurose, sondern in der stets bei uns selbst beginnenden Verfolgung gefangen ist, mit Geduld zu wappnen. Das Lachen entspricht nicht dem von Freud beschworenen schwarzen Humor des Todgeweihten, um uns endgültig von den Sirenen der Illusion zu befreien: Es ist radikaler und einfacher zugleich, da es auch eine Erfindung des Körpers ist. In diesem Punkt steht es womöglich dem Traum am nächsten.

Tatsächlich ist die andere Auflösung angesichts der Wirklichkeit der Traum. Lachen und Träumen sind Merkmale des Geistes. Beides sind Verkörperungen des Denkens, buchstäblich zum Körper gewordener Geist. Das Lachen ist ein Ergriffenwerden, man windet sich vor Lachen oder unterdrückt ein Lachen, und wenn es ausbricht, ist es unwiderstehlich; wie der Traum ist auch das Lachen eine Form des Ausklinkens. Eine Flucht vor der Einschränkung unserer Subjektposition, der es eine Freiheit entgegensetzt, eine Widerstandsform als umfassendes Risiko. Dicht am schwindelnden Abgrund des Unerträglichen streift es unseren Wahnsinn. Kommt mit dem »Lachanfall« (fou rire) nicht auch sprachlich die dämonische Seite der Lachlust zum Ausdruck? Ein solcher Lachanfall kann uns sogar in einem dramatischen Kontext, bei einer Beerdigung oder einem Unfall ereilen und sich auf alle Anwesenden erstrecken. Er ist nicht zuletzt die einzig brauchbare Alternative bei einer sadomasochistischen Szene: Denken Sie nur an ein SM-Ritual mit einem zum Spaßen aufgelegten Zeugen – schon geht alles in allgemeinem Gelächter unter. Die Macht braucht zu ihrer Ausübung die entsprechende Feierlichkeit, hier sind wir im Vorzimmer der Furcht. Das Lachen kennt die Angst, aber unterstützt sie nicht, so wie der Traum uns in letzter Minute die Flucht

170

vor unseren Angreifern erlaubt. Es entlarvt die Machen-
schaften und übertreibt bis an den Kipppunkt ins Absurde.
Anders als die Kierkegaard'sche Ironie – eine mächtige
Waffe, die Hegels dialektische Architektur zum Einstürzen brachte –, anders auch als die scharfe Ironie eines Cio-
ran, erfordert das Lachen eine gewisse Unbedarftheit. Dieser Rausch ohne Alkohol, ohne andere Hilfsmittel als ein
Bild, eine Mimik oder eine lustige Anekdote ist außerdem
kommunikativ. Das Lachen kann geteilt werden. Die Komik schafft etwas Gemeinschaftliches um einen sich aus-
dehnenden Aufschlagpunkt. Was ins Schwarze trifft, teilt
sich von allein mit. Diese leichte, kommunikative Ver-
krampfung rührt an Fragen der Wahrheit und Kostümie-
rung. Indem sie das Wirkliche verwandelt, entlarvt sie es,
indem sie eine Situation bis ins Absurde verbiegt, gibt sie
deren versteckte Dummheit preis. Und dennoch verbirgt
sich im Lachen eine gewisse Unschuld, weil es vor der Vernunft kapituliert. Irgendwann streckt die Intelligenz die
Waffen, und dann bedient sich der Körper des Lachens –
wie bei dem genialen Chaplin, der die Logik durch den
Slapstick zu Fall brachte. Der Gedanke oder das Bild wird
nicht mehr analysiert, das Lachen blitzt auf und fährt uns
buchstäblich durch den Körper. Diese Kapitulation ist zugleich gefährlich und überwältigend. Eine Waffe gegen
jede Macht, denn das Lachen kann sich der Kraft bis zum
Ende entgegenstellen, aber auch ein Widerstandspunkt
gegen das Denken, das es sich untertan macht. Das Lachen steigt aus unserer Kehle auf wie der Schluchzer, dem
es so verwandt ist, hier rangiert die Emotivität vor der Ge-
wissenserforschung. Wie der Traum beansprucht es den
Körper jenseits des Denkens, ja, Scherze lassen sich ohnehin nicht wirklich erklären. Wenn wir träumen, schaltet

sich unser Bewusstsein aus, um eine gleichwohl unannehmbare Botschaft zu transportieren. All seine Kostümierungen und Details sind kostbare Schmucksteine. Das Unbewusste ist gefährlich präzise, es bietet dem Träumer eine Freiheit, die er ohne Traum nicht oder nicht mehr hätte. Der Traum bietet ihm einen Spielraum der Leichtigkeit, führt ihn aber auch durch die schrecklichen Aufmärsche des Traumas. Er lässt ihn eine Zeit nacherleben, die unaufhörlich *nicht vergeht*, hilft ihm jedoch mit den Bildern über das Schlimmste hinweg und erspart ihm, da es sich nur um einen Traum handelt, die direkte Konfrontation. Nichts ist vergessen, doch man kommt noch einmal mit dem Schrecken davon, und die Reminiszenzen, mit denen man beim Aufwachen nichts anzufangen weiß, appellieren auf ungewöhnliche Weise an uns.

Ein anderer Weg aus der Sackgasse: Traum und Lachen sind erotische Auflösungen des neurotischen Konflikts. Sie schöpfen ihr Aufblitzen aus dem Eros und zielen lustvoll auf den Körper. Nach Lacan ist der Eros eine Wirkung des Wirklichen. Traum und Lachen kleiden im Körper die Libido in Metaphern, ähnlich wie das körperliche Miteinander, in dem die Erotik aufblüht. Und selbst wenn das Lachen nicht an explizite sexuelle Anspielungen gebunden ist, wenn es in einem ganz anderen Kontext erfolgt, bleibt es mit erotischer Energie aufgeladen. Genau wie der Traum, aus dem uns einzelne Bruchstücke zufliegen, das einem verborgenen Wissen abgetrotzte Fragment des Begehrens, in einer bestimmten Farbe, mit einem besonderen Geschmack, ineinander verwobene Eindrücke und Empfindungen. Weder das Lachen noch der Traum wollen Recht behalten. Sogar wenn man den Mechanismus des Lachens auseinandernimmt, bleibt, etwa bei einem

Running Gag oder einer Traumdeutung, immer noch etwas Unbekanntes übrig, was für die untergründige Erotik sorgt. Die neurotische Wiederholung ist wie der mathematische Bruch, insgeheim wiederholt sich dasselbe »Verhältnis«, scheinbar jedoch unter immer anderen Vorzeichen. Sie können mit völlig unterschiedlichen Menschen das gleiche Szenario des Verlassenwerdens durchspielen, das Bindungsverhalten wird stets das gleiche bleiben. In gewisser Weise verwenden das Lachen und der Traum die gleiche, nun aber offengelegte Technik, was sie zu gefährlichen Feinden des Über-Ichs macht.

Man kommt mit kleinen geflochtenen Stückchen seiner selbst zur Analyse – liebevolle oder böse Sätze, die man eifersüchtig hütet wie Mantras, provisorische Schutzräume gegen das Schicksal – »hobby horses«, heißt es bei Tristram Shandy. Man kommt mit kleinen Traumfragmenten, die auf unbekannte Landschaften und Lichter deuten: winzige magische Gedanken inmitten der Sackgassen – dort, wo alles endet, verdrängt wird, sich wieder in sich zusammenrollt wie eine Welle, wo es keinen Ausdruck mehr findet, verzweifelt.

»Ich habe von 12 gelben Wölfen geträumt«, erzählt mir eine Patientin, die von den Ingenieurswissenschaften auf die Fotografie umgesattelt hat. Sie hat ein Verfahren erfunden, mit dem das Gesicht auftaucht, wieder verschwindet und universal wird. In ihrer Genealogie gibt es Selbstmörder, deren düsteres Schicksal aus Angst vor dem Gerede im Dorf verschwiegen wurde. »Zwölf«, sagt sie, »wie 12 Uhr, 12 Monate, wie die Zeit, die im Kreis verläuft, die geschlossene Zeit des Rituals und des Jahres, ja des Lebens. »In jedem Fall«, sagt diese junge schöne Frau, »bin ich schon immer alt gewesen.«

Anschließend sollte sie die bedrohlichen Tiere aus ihrem Traum hartnäckig als »Hunde« bezeichnen. Und wenn ich sie daran erinnere, dass sie zuerst von Wölfen gesprochen hat, antwortet sie: »Das habe ich vergessen ... alles ist ein bisschen verschwommen. Wie die Dämmerstunde, der Moment meiner Geburt, in der die Schatten länger werden und die auch »zwischen Hund und Wolf« genannt wird.

Das Gelb ist eine lichte Farbe, doch der Wolf, das archaische Tier aus Märchen und eisigen Steppen, müsste eigentlich schwarz sein. Und was, wenn die Kreativität der Fotografie für die Träumende ebenso beunruhigend wäre wie für den Reisenden der plötzlich auftauchende Wolf? Der Traum bringt die beängstigende Merkwürdigkeit eines hell leuchtenden Tieres zum Ausdruck, das Schwarz und Gold eines unbekannten Bestiariums. Heißt es nicht, der Mensch sei des Menschen Wolf? Der Traum kommt mit Bildern am Rand von Formen, Objekten, Gesichtern und bekannten Landschaften; Fragmente des Ichs/Nicht-Ichs, kleine Fundstücke, die man zurücklässt, als hätte es nichts mit einem selbst zu tun. Wirklichkeitssplitter, die uns aus einer vergessenen Szene zufallen und die wir wieder zusammenzusetzen versuchen. »Zwölf gelbe Wölfe«, der Traum ist eine Heimsuchung, ein Haiku in unserer eigenen Sprache. Wie das Lachen? »Einen Text zu interpretieren, läuft, wie mir scheint, immer darauf hinaus, seinen Humor zu bewerten. Ein großer Autor ist einer, der viel lacht.«[22]

Manchmal müssen wir einen Traum aufgeben, uns ein wenig heimsuchen lassen, ohne ihn zu verstehen, wie ein von der Erinnerung abgetrennter, weder räumlich noch zeitlich zu verortender Kinderreim, von dem uns nur der Refrain erinnerlich ist. »In den bestgedeuteten Träumen muss man oft eine Stelle im Dunkel lassen, weil man bei der Deutung merkt, dass dort ein Knäuel von Traumgedanken anhebt, das sich nicht entwirren will, aber auch zum Trauminhalt keine weiteren Beiträge geliefert hat. Dies ist dann der Nabel des Traums, die Stelle, an der er dem Unerkannten aufsitzt.«[23] Auch der Analytiker muss den Traum also im Bewusstsein, dass er bei Gelegenheit wiederkommen wird, in Ruhe lassen und gewissermaßen vergessen. Wir sollten aufhören, uns das Unbewusste als einen Vorrat vorzustellen, einen Sack voller Verdrängung, Libido und Triebe. Das Unbewusste fügt zusammen, zieht auseinander und fährt über die Erinnerung, den Körper und das Vergessen wie ein Weberschiffchen. Dieses Traumgewebe spannt sich in der Sitzung zwischen der Vorstellungswelt des Analytikers und der des Patienten auf, eine seelisch gebundene Kraft. Die ganze Kreativität des Traums ist ein Versuch, das Denken wieder mit dem Bild und dem Gefühl zu verknüpfen und neue, bisher ungenutzte Kreisläufe zu schaffen, da die alten zerstört worden sind: Denn unter der Wirkung des Traumas wurde auch das Denken eingefroren. Das Trauma hindert uns zu denken beziehungsweise *daran* zu denken. Es betäubt die verwüstete Zone und damit auch alles, was sich darauf beziehen könnte, allein der Traum entgeht bisweilen dieser Verminderung. Daher die erwähnte Unschärfe, die Suche nach den richtigen Wörtern. Wie kann man genug Vertrauen haben, um seiner Vorstellungswelt ohne Angst freien Lauf zu lassen, sich an die Hand nehmen zu lassen, den neuen Bildern und Ideen Gastfreundschaft zu gewähren? Der Kreis auf dem Wasser öffnet sich, die Oberfläche des Spiegels kräuselt sich, der Ausbruch des Narzissmus bedeutet die Preisgabe eines Stückchen Körpers, ja, seiner Hülle. Indem man die traumatischen Gebiete abermals durchschreitet, akzeptiert man eine gewisse Entsubjektivierung, ein »Nicht-mehr-sich-selbst-sein«, das in den früheren Gesellschaften zur Initiation gehörte. Für die Träumende war es in jener Nacht die Begegnung mit den zwölf gelben Wölfen.

In der folgenden Nacht träumt sie erneut von einem gelben Wolf. Diesmal ist es nur einer, der sie unverwandt anstarrt. Mehr nicht. Sie erinnert sich an einen Spaziergang in der Bronx an einem verschneiten Wintertag, nachdem ihrer Mutter die Scheidung ausgesprochen worden war. Im Zoo in der Bronx gab es neben der weinenden Mutter bestimmt auch ... Wölfe. In ihrem letzten Traum, sagt sie, habe sie ein komischer gelber Wolf angestarrt. Sie hat keine Angst. Bei seiner Beschreibung beginnt sie sogar unwiderstehlich zu lachen. »Ich weiß nicht, warum«, sagt sie glucksend, »aber dieser Wolf war einfach lächerlich.«

Der Traum ist, wie das Lachen, mit dem Schrecken und dem Phantasma verknüpft. Er ist die Verkehrung des Schreckens in Sanftheit, des Verbots in Erlaubnis, zeigt jedoch immer noch Spuren des überwundenen Entsetzens. Das Lachen ist keine einfache Materie, es gehört zu einem komplexen Gefüge, die es einem Traumkonstrukt annähert, von dem uns nur ein packendes Bild bleibt. Der Moment des Auflachens, der verströmenden Freude ist das Endstadium eines zarten Keimens. In der Erinnerung unserer Träume, in den Bruchstücken, die sich in uns ablagern, ist das an das körperliche Bild geknüpfte Phantasma enthalten, das von der Zensur bewirkte Verbot (manche Dinge sind zu denken verboten – nicht, weil sie »unanständig wären«, sondern weil sie dem Trauma zu nahekommen) sowie das Verlangen, die Verschiebung des

Wesentlichen hin zum Detail als bewährte Kunst der Tarnung. Das Risiko des Traums besteht darin, dem Träumenden zu signalisieren, dass der Weg immer ein schon beschrittener ist, wie Kierkegaard sagte: eine Wiederholung. Er bedeutet dem Kind in uns, jenem ewigen, um eine verlorene Welt trauernden Wiedergänger: Es wird keine hundertprozentige Wiedergutmachung geben, ja, vielleicht bekommst du überhaupt nichts zurück. Das ist schwer, aber kein Grund zur Resignation. Es gilt einen Weg zu erfinden, wo keiner war. Und nun wird das Lachen zum Verbündeten des Traums, um seinerseits zu sagen, dass sich jenseits der Sackgasse eine sonderbare Auflösung ergeben hat, ein nicht etwa beängstigender, sondern absurd-lustiger Wolf. Gewissermaßen ein idiotischer Wolf ...

Es gibt nicht nur schlechte Träume, sondern auch ein schlechtes Lachen. Wenn wir mit dem anderen im Spott vereint sind, rühren wir an das Verächtlichste im Menschlichen. Über einen anderen zu lachen, bedeutet in gewisser Weise, den Schrecken in Hass zu verwandeln. Die Demütigung dessen, über den gelacht wird, wird gerade noch einmal abgefangen wie im Albtraum: Und wenn wir an seiner Stelle wären? Es sei hier an den berühmten Text von Henri Bergson erinnert: »Das Lachen hat keinen größeren Feind als jede Art von Erregung (...). Kurz, das Komische setzt, soll es voll wirken, etwas wie eine zeitweilige Anästhesie des Herzens voraus, es wendet sich an den reinen Intellekt.« Bergson fährt folgendermaßen fort: »Stellungen, Gebärden und Bewegungen des menschlichen Körpers sind in dem Maße komisch, als uns dieser Körper dabei an einen bloßen Mechanismus erinnert (...). Das ist kein Leben mehr, das ist Automatismus, der im Leben sitzt und seine Stelle einnimmt. Automatismus aber ist immer etwas Komisches.«[24] Doch kehren wir kurz noch einmal zu dem gelben Wolf zurück. Das befreiende Lachen der Träumenden war von einer extremen Erregung durchdrungen, wie meines Erachtens alles Gelächter, so sinnlos, flüchtig und mechanisch es auch erscheinen mag, selbst in der gut eingespielten Mechanik des Gags. Václav Havel nennt es die »Anatomie des Gags«. Sein Prinzip beruhe auf dem abrupten, unerwarteten Sprung von einer allgemein bekannten Vereinbarung zu einer anderen. Er inszeniert die rasche Zerlegung der Körper. Eine sofortige Auflösung/Neuzusammensetzung, die an einem seidenen Faden hängt. Man versteht, weshalb. Der Gag führt uns unsere vorübergehenden Schwächen vor, ihre Vereinzelung bis hin zum Absurden. Tatsächlich ist der Gag eine Mechanik, so wie es eine Mechanik der Körper gibt. Von der Wildheit will man sich nur an den Stil erinnern, vom Gag nur an die katastrophale, aber urkomische Pointe. Wir meinen, Charlie Chaplin von hinten schluchzen zu sehen, und entdecken von vorn, dass er virtuos einen Cocktailshaker schwingt. Die Grausamkeit des Gags verweist auf die Zeitlichkeit unseres Daseins. Wir sind nur Lachen, Pointe und Versehen. Wir sind nur eine vorübergehende Überraschung, die uns an unsere Sterblichkeit erinnert: Vom Augenblick dahingerafft, tut sich die Zeit unter unseren Füßen auf. Die Komik beruht auf dem Versehen als Energie- und Darstellungsquelle. Sie offenbart das Absurde, das zwangsläufig in unserem Dasein steckt. »Der Gag führt dem Menschen seine eigene Amnesie vor Augen, wenn es darum geht, vor der Welt und den anderen zu existieren«, schreibt Frédéric Boyer. »Unvermittelt zeigt sich etwas vom schlafwandlerischen Wesen der Menschheit. Der Wachtraum des vertrauten Lebens, der durch die reinen Silhouetten der ersten Slapstick-Komödien verkörpert wird. Wie Seiltänzer auf einem unsichtbaren Seil, das direkt über dem Boden, aber zugleich über einem schwindelerregenden Abgrund gespannt ist. Der schläfrige Blick von Stan Laurel. Die ungerührte Sanftheit von Buster Keaton, Chaplins tänzelnde, anmutige und so treffende Ungeschicklichkeit. Die höchste Präzision im Unbestimmten, die haarsträubende Ungeschicklichkeit stets im Dienste eines katastrophalen Fortschritts. Insofern ähneln sie Kindern.«[25]

Das Lachen befreit, genau wie der Traum. Zumindest versuchen beide, uns von unseren Treueversprechen zu lösen, an denen wir mit aller Kraft und vor allem uns selbst gegenüber zum Trotz festhalten. Sie machen uns in gewisser Weise ein positives Trauma erfahrbar. Sie sind Ereignisse ohne Rückkehr. Ein radikales Risiko. Sie sind meines Erachtens aus dem gleichen Stoff wie die Freude, ein Augenblick des Erstaunens, der für ein paar Sekunden oder Stunden dem Unerhörten einen Raum der seelischen Offenheit bietet. Lachen und Traum verwischen die Grenzen von Nacht und Erwachen, Hell und Dunkel, Präzision und Unschärfe als Zeugen einer neuen, die Wiederholung von Seiten des Unverhofften unterlaufenden Möglichkeit der Erfindung und des Widerstands. Sie sind in einer kurzen Zwischenzeit wirksame Einbrüche hin zu dem, was noch nicht gesagt, noch nicht geschrieben, unterzeichnet oder zerstört worden ist, und sie schenken uns magische Zeichen.

Nicht mehr hoffen

»Sowohl zur Niedergeschlagenheit wie zur Hoffnung
sollte man Abstand halten.«

Georges Bataille

Die Hoffnung ist eine sonderbare Droge, deren Wirkung
mit dem ihr zugestandenen Wert – dem ewigen Leben –
beginnt. Von allen Giftstoffen, die das Bewusstsein aus-
sendet, ist sie womöglich der gefährlichste. Denn die langsame und akribische Arbeit der Neurose samt ihren
höllischen Kompromissen ist auf die Hoffnung angewiesen. Wie sollte das menschliche Bewusstsein nicht auf die
Zeit setzen und sich aus seiner Endlichkeit lösen, um sich
in eine künftige Freiheit zu projizieren? Die Hoffnung ist
eine sonderbare Form des Verzichts, denn indem sie uns
auf die Zukunft wetten lässt, eröffnet sie der gegenwärtigen Situation einen Ausweg und suggeriert uns baldige
Linderung. Als heimlicher Antrieb unserer Entsagungen
hilft uns die Hoffnung durchzuhalten. Zugegebenermaßen gibt es oft keine andere Lösung, als dieses Gift bis

zum letzten Tropfen zu trinken, statt langsam im Abgrund zu versinken. Die Hoffnung ist auf subtile Weise gefährlich, weil sie uns weismachen will, dass unser Leben ohne sie verloren wäre. Dass wir ebenso wenig auf sie verzichten können wie auf das Träumen, das Denken oder die Schönheit.

Wie wird das Dasein erträglich, wie lässt es sich überleben? Mithilfe der Hoffnung. So entstehen die Sümpfe der Melancholie. Wir paktieren mit der sogenannten Realwirtschaft, und als Preis für diese Resignation winkt ein anderes erträumtes Leben. Ist die Hoffnung nicht trotzdem das oberste Gebot? Das der Mystiker, Wahnsinnigen und aller körperlich und seelisch Erschöpften – die nicht einmal mehr die Kraft zu hoffen haben. Auch wenn wir uns vom Möglichen, vom imaginär Unerschöpflichen befreien, bleiben wir in der Verflechtung unmöglicher Situationen gefangen. Schwerelos lagert sich die Müdigkeit auf allem ab. Solange wir hoffen, lassen wir die Gegenwart in Angst und Ressentiments gefangen und verschieben die ersehnte Verwandlung unablässig auf morgen. Im Dienste einer unbewussten, lange vor unsere Zeit zurückreichende Tyrannei, angezettelt von früheren Generationen, deren Revolte, aber auch Opferbereitschaft wir tragen. Das »wahre Leben« wird hier zu einem Zukunftsaccessoire abgestempelt. Ein Leben, das morgen immer wieder aufs Neue beginnt, dessen Verlässlichkeit aufs Spiel gesetzt, undurchdringlich und morastig wird, schicksalsscheu. Und der permanent verschobene, (im Derrida'schen Sinn) differentielle Raum, den das Leben zwischen der Phantasie und uns, zwischen der Wahrheit unseres Begehrens und unserer Unmöglichkeit wahrhaftig zu begehren, eröffnet, wirft unablässig seine Schatten voraus.

Nach Möglichkeit sollte man die Hoffnung im Augenblick verinnerlichen. Ohne zeitlichen Bruch, im Bewusstsein, dass das Ringen hier und jetzt stattfindet, ohne abzuwarten. Dass die Umkehr schon begonnen hat, dass es immer wieder neu darum geht, geboren zu werden – um Loslösung, Trennung und Befreiung. Darum, sich dem Kommenden zu öffnen. Dem Unerhörten des Ereignisses, also dem, was immer für alle Ereignis sein kann. Dann bräuchte es vielleicht ein anderes Wort für diese Art von Hoffnung, die an der Zukunft verzweifelt und diesseits des Wartens verharrt: eine andere Form von Mut.

Hoffnung ist außerdem ein anderes Wort für Trost. Sie sorgt für jenen Überschuss an Sinn, dem man bis zum Wahnsinn auflauert. Die große Lektion der Stoiker: in die Welt gehen und seine Wahrnehmung bis zur Gleichgültigkeit schärfen. Das Gegenteil von Lauheit, Niedergeschlagenheit oder Resignation. Die stoische Unerschütterlichkeit (*Ataraxie*) ist – lassen wir uns nicht täuschen – eine äußerst präzise kriegerische Haltung. Sie nimmt alles Kommende in der gegebenen und gelebten Intensität an, ohne Vorlieben, ohne Partei zu ergreifen oder zu leiden. Nichts von der Zukunft zu erhoffen bedeutet nicht, ohne Hoffnung zu sein. Für dieses Risiko sollte man ein anderes Wort finden. So wie ein umgestülpter Handschuh derselbe bleibt und nur das Innere nach außen gekehrt wird. Die Kehrseite der Hoffnung, nicht als Verzicht, sondern als Zustimmung zu dem, was hier und jetzt auf unser Begehren trifft. Das stoische Denken liefert uns weder ein Wundermittel zur Bekämpfung unserer Leiden noch eine beruhigende Lesart der Welt. Es zieht sich auch nicht in eine Art Elfenbeinturm fernab aller äußeren Ereignisse zurück. Es animiert uns lediglich dazu, uns barhäuptig unter ein Gewitter zu stellen und den Schauer, so heftig er auch sein mag, ungerührt über uns ergehen zu lassen. Und die *Hybris* und Maßlosigkeit zu spüren, die wir alle heimlich kultivieren.

Die Neurose ist eine Logik des Aufschubs und der Macht. Sie konstruiert eine geduldige Ökonomie des Wartens und des Verzichts, bemüht sich um eine ausgewogene Dosierung und versorgt uns mit beidem ein bisschen. Der Märchenprinz wird kommen. Immer wieder spielen wird dieses Dornröschen-Szenario durch und hoffen, das Schicksal des Zauberstabs möge uns retten. Und wenn es geradezu darum ginge, sich im Wald zu verlaufen, ohne nach dem Weg zu fragen, sich bewusst zu verirren? Sich nicht nochmal umzudrehen, nicht um jeden Preis nach der Lichtung zu suchen, sondern Nacht und Finsternis zu akzeptieren? Es gilt, die Hoffnung wieder auf die lebendige Gegenwart zu richten, jedes Detail auszukosten wie ein Entomologe der Empfindung, der Vergänglichkeit, des plötzlich Auftauchenden, weniger Denkbaren und eher Zweideutigen.

Diese vom Hoffnungsalibi erlöste Aufmerksamkeit für die Gegenwart erinnert mich an manche Filme von Marguerite Duras, an die scheinbare Unbeweglichkeit der Kamera, die unmerklich das Licht oder den Blick verschiebt und uns eine Stimme zu Gehör bringt, die knapp neben dem Wort balanciert. Das Risiko des Nichts, zumindest des Nicht-Sichtbaren. Fixeinstellung. Eine Rückenansicht. Zum Beispiel in *L'homme Atlantique* oder *Agatha*. »Abstand zur Niedergeschlagenheit wie zur Hoffnung halten« – das könnte auf diesen zugleich überpräsenten und geheimen Raum zutreffen. Ein fast unbeweglicher, wie in der Schwebe befindlicher Zeit-Raum, in dem jede Bewegung ein spezifisches Relief annimmt, einen eigenen, unnachahmlichen Akzent. Und jede der Plansequenzen verewigt eine unvergessliche Zeit, die sich uns Zuschauern einbrennt; uns, die wir diesen Film sehen, ohne zu verstehen, warum sich nichts bewegt, weshalb so spärliche Gebärden, so wenig Licht die von hinten hörbaren Worte begleiten. Wie lässt sich Gegenwart heraufbeschwören, wo keine mehr ist? Es gilt, erneut aufzubrechen und in diesem Geheimnis zu beginnen. Hin und wieder gewährt das Leben uns diesen Aufschub, lässt uns für das Dargebotene wirklich präsent sein. Nietzsche versuchte, die Kraft als etwas zu denken, das sich schutzlos ausliefert und sich gerade in seiner Verletzlichkeit, im Ringen offenbart. Manchmal deprimiert uns die Wirklichkeit. Sie trifft uns exakt an unserem wunden Punkt: der Tod eines nahen Menschen, der Verrat eines Freundes, eine zerstörte Liebe, ein unvollendetes Projekt, ein Unfall. Im Herzen getroffen sein, heißt es. Wir monieren, dass unser Leben unseren Träumen entgleitet, und lassen in dieser Beziehung nur die »Wirklichkeit« als Entschuldigung gelten. Wir manipulieren sie nach Herzenslust, um uns eine Ausrede zurechtzulegen, an die wir im Grunde selbst nicht glauben. Es mag schwieriger sein, zur Niedergeschlagenheit ebenso viel Abstand zu halten wie zur Hoffnung, weil wir nichts für sie können. Wir sind ihr schlichtweg ausgeliefert. Dabei kann es sich um ein winziges Ereignis handeln, wie den Fall von Iwan Iljitsch in Tolstois Erzählung, die der Protagonist nicht überlebt: ein innerer, zunächst unsichtbarer Tod. Eine stille und zugleich leichte Niedergeschlagenheit.

Man lebt, was man leben will. Ein empörender Satz für alle Armen und Ausgeschlossenen, für die, die sich nicht von ihrem Elend erholen, die das Schicksal niedergestreckt hat, die der Tod an einem regnerischen Abend auf der Straße hinweggerafft und die Hinterbliebenen mit einer Pseudo-Ewigkeit zurückgelassen hat. Wir werden von einem Begehren bestimmt, das uns ein exakt auf uns zugeschnittenes Leben schmiedet, für das es weder Ausrede noch Entschuldigung zu finden gilt. Wenn wir diese Tatsache abstreiten, zählen wir zu den Opfern, die nicht um die Verzweiflung wissen, in der sie gefangen sind: zu Lebzeiten niedergeschlagen, Totengräber eines kaum erträglichen Daseins, das täglich aufs Neue gelebt werden will – alle Freude ist daraus geschwunden, blitzt nur manchmal wie durch den Zufall einer unbekannten Gnade flüchtig auf. Man lebt, was man leben will, vielleicht sollte man vorsichtig damit beginnen. Das Bewusste und Unbewusste vergessen, ihren unangemessenen Streit, ihre Disparität, ein bisschen auch das Warum … Einfach dort, wo man gerade steht, anfangen, »in echt«, wie die Kinder sagen. In echt bedeutet jedoch nicht, dass es eine ursprüngliche Wahrheit gibt, es bringt lediglich die Wirkung dessen, was wir hartnäckig Wirklichkeit nennen, zum Ausdruck, als fände sie vollständig außerhalb von uns statt. Wie kann man wieder zu sich selbst zurückkehren, um wie ein junger Chemiker Stück für Stück den Stoff unserer stellaren Zusammensetzung zu ergründen? Seine Träume beobachten und nichts vergessen, sich in seinem Urteil an das eigene Wohlwollen halten und da, wo man steht, auch tatsächlich sein wollen; für sich und in sich wertschätzen, was man tut und liebt. Sich fragen, was unsere Schritte, Tage und Erwartungen bestimmt, was wir zelebrieren oder verkennen, was wir hassen, lieben, verfolgen, aufgeben, ohne einen äußeren Grund gelten zu lassen? Wenigstens vorerst nicht. Alles als »verpflichtend«, also (beinahe) notwendig zu begreifen. Ein zeitgenössischer Stoizismus, ja, warum nicht?

Die Hoffnung (*espérance*) muss meines Erachtens die Nicht-Hoffnung (*in-espoir*) riskieren. Die Niederlage einer Hoffnung (*espoir*), die uns ein besseres Leben vorgaukelt. Einen abzutötenden Kummer. Wie lässt sich die Hoffnung schlechthin (*espérance*) trotz allem aufrechterhalten? Indem man sich die Zeit nimmt, alles dort Wachsende zu entwirren. Zu begreifen, welche Art von Unkraut zwischen den Steinen, Erdwällen und kleinen Nagetieren sprießt, welche Wurzeln sich ausbreiten dürfen und welche gefährlich sind. Mit den ruhigen und langsamen Gesten des Gärtnerlehrlings, der sich über ein unkrautbewachsenes Beet mit Narzissen beugt. Erkunden und schauen. Das Risiko eingehen, genau hinzusehen und abzuwägen, bevor man mit den Händen hineingreift. Eine liebevolle Beobachtung, mit der alles eine andere Farbe annimmt. Keine Offenbarung, nein, nur eine Anziehung.

Athenaeum oder das Risiko
der Romantik

Wie konnten wir die Nacht der Romantiker vergessen, die 1800 in Jena gemeinsam die Welt verändern wollten! Ein paar Männer und zwei Frauen, die Liebe, Denken, Freundschaft, Raum und Zeit, die anvisierte Zukunft und auch das Ende des Schreckens teilen wollten. Damals wurde der Tätigkeit des Denkens große Bedeutung beigemessen. Die Brüder Schlegel, die zukünftige Frau August Wilhelms, Caroline, und die anrüchige Geliebte Friedrichs, Dorothea, gründeten mit der Zeitschrift *Athenaeum* einen Meilenstein in der Geschichte des Denkens. Sie träumten von einem neuen Athen und einem Verhältnis zum Idealen und Universellen, das sich von der Aufklärung abgrenzte. Sie verankerten im Herzen der Philosophie ein neues Verständnis der Nacht. Hegel, Schelling und Hölderlin trafen zur selben Zeit am selben Ort zusammen, wie auch Novalis, Fichte, Schleiermacher und einige andere Dichter. In Ehrerbietung und zugleich Abgrenzung zu Goethe eroberte sich die Kunst einen Platz in der Philosophie, verdrängte die reine Kant'sche Form, das Subjekt, das unmöglich ihrem Reich angehören konnte, und erschloss den Menschen einen Zugang zur Nacht. Zur sinnlichen Nacht, der Nacht der Dichter und Verrückten, der Vertriebenen und Rebellen, der Nacht der Sprache und ihrer kristallenen Geschichte. Es erschienen sechs Nummern des *Athenaeums*. Eine Sternstunde um 1800. Hundert Jahre später ersann Lewis Carroll den Nichtgeburtstag. Standbild. Auch in Jena hatte eine neue Zeitrechnung begonnen. Die deutschen Romantiker erfanden eine neue Sprache, eine andere Art, die Welt und den Schrecken zu benennen. Das war (beinahe) alles. Die anderen machten ohne sie weiter, während sie selbst schrieben und unterrichteten. Etwas war geboren und wieder zu Ende gegangen. Eine Utopie ist umso schöner, je anfälliger sie ist. Mitten in dieser philosophischen Verdichtung wurde die Welt ringsum in beispiellose Revolutionen gerissen, in denen sich bereits die Schlacht um Stalingrad abzeichnete.

Als ob »das poetische Bewusstsein nur jener Sehnsucht Gestalt verleihen wollte, die wir fast alle unwissentlich empfinden. Die ganze Größe der deutschen Romantik bestand darin, blind auf die befreiende Kraft der *échappées de vues* zu vertrauen, um mit Schlegel zu sprechen«, schreibt Annie Le Brun.[26] Die Gruppe der Frühromantiker entstand Ende des 18. Jahrhunderts aus dem gärenden intellektuellen Leben in Deutschland, erst folgten England mit Byron und Shelley, später auch Frankreich. In der Jenaer Epoche erlebt man eine Rückkehr zur Zauberwelt des Mythos. Die Naturphilosophie ist eine Absage an die

Kant'sche Spaltung zwischen mechanischer Natur und grenzenloser Freiheit. Es heißt auch, die Romantiker hätten die Natur vor dem reinen Mechanismus retten wollen, um die bei Kant unversöhnlichen Begriffe wieder zu verknüpfen. Dennoch war Kant kein Feind der Romantiker, die sich auf seine Radikalität und Philosophie des Erhabenen gründeten. Ihre Utopie indes begriff das Nächtliche als unbezähmbares Gebiet, das von der aufklärerischen Vernunft nicht politisiert werden konnte und für das sogar der frühe Hegel eintrat. In der ersten *Phänomenologie des Geistes* (1805) findet sich eine Idee des nächtlichen Absoluten, die, wie Annie le Brun betont, mit dem späteren Hegel'schen Denken und der Dominanz der Negativität im Geistesleben kontrastiert. »Der Mensch ist diese Nacht, diß leere Nichts, das alles in ihrer Einfachheit enthält – ein Reichthum unendlich vieler Vorstellungen, Bilder, deren keines ihm gerade einfällt oder die nicht als gegenwärtige sind. Diß die Nacht, das Innere der Natur, das hier existiert – reines Selbst, – in phantasmagorischen Vorstellungen ist es rings um Nacht, hier schießt dann ein blutig Kopf, – dort eine andere weisse Gestalt plötzlich hervor, und verschwindet ebenso – Diese Nacht erblickt man, wenn man dem Menschen ins Auge blickt – in eine Nacht hinein, die furchtbar wird – es hängt die Nacht der Welt hier einem entgegen.«[27] Diese Zeilen stammen vom frühen Hegel, der mit seinem Genie sein Weltsystem noch nicht als Triumphmarsch des Geistes über die Geschichte eingezäunt hatte. Er gehörte derselben von den deutschen Romantikern eröffneten Epoche an. Ausgehend von der umfassenden Nacht des Subjekts, formten Denken und Poesie neue Bündnisse, in denen Stil und Inhalt keine Gegensätze mehr waren. »Unser Denken war bisher entweder bloß mechanisch, diskursiv, atomistisch oder bloß intuitiv, dynamisch. Ist jetzt etwa die Zeit der Vereinigung gekommen?«[28], schreibt Novalis. In der ersehnten Einheit verschmelzen Mythos und Philosophie, Poesie und eine Mathematik des Seins. Dieses Streben ist allen Romantikern gemeinsam und äußert sich etwa im Verhältnis von Fragment und Gesamtheit oder in einem Zukunftsdenken, das, anders als später bei Nietzsche, nicht nur unter dem Zeichen der ewigen Wiederkehr und des Willens zur Macht steht. In gewisser Weise zählt dazu auch die beunruhigende Gestalt Eckermanns, Goethes Gegenüber in den *Gesprächen*, in denen schwer auszumachen ist, wann tatsächlich der Meister spricht und wann der Schüler, der obskure Doppelgänger, der zusammen mit den Vögeln in Goethes Gartenhaus eingeschlossen ist wie dessen verdammte Seele. Fern von aller theoretischen Reinheit, mischen sich hier althergebrachte Märchen unter Philosophie, Linguistik und Geschichte, unter Fragmente und Ausschweifungen – ein Weg, der später auch von den Surrealisten beschritten werden sollte, die auf ihre Weise versuchten, die Bedingungen dieses poetischen und politischen Glühens um 1800 wiederaufleben zu lassen.

Friedrich Schlegel war vermutlich der einflussreichste Theoretiker des Jenaer Kreises und hatte am Verfassen des »Manifests« und den sechs Ausgaben des *Athenaeums* den größten Anteil. Doch auch alle anderen Akteure versuchten, sich mithilfe der poetischen Sprache oder genauer, mithilfe der *Poietik*, die das Absolute in seinem ewigen Werden erzeugen sollte, selbst zu übertreffen. Dieses Absolute war inzwischen kein philosophisches oder konzeptuelles mehr, sondern ein literarisches. Indem die Frühromantiker den traditionell der Philosophie vorbehaltenen Raum des rationalen Konzepts verließen, wollten sie die Genregrenzen aufheben und ihre Dichtung als »progressive Universalpoesie« (*Athenaeum*, Fragment 116) verstanden wissen. Für sie gab es nur zwei privilegierte Zugangsweisen zum poetischen und unendlichen Sprechen des literarischen Absoluten: das Fragment und den Roman, den Schlegel als »sokratischen Dialog unserer Zeit« bezeichnete. Die Ironie, für den gemeinen Verstand eine Mischung aus Paradox und Humor, hatte für die Romantiker, wie später auch für Kierkegaard, einen ganz spezifischen Sinn, denn die reine poetische Negativität kann in keiner Totalität wiederholt werden. Hegel sollte dem romantischen Subjekt vorwerfen, dass es sich nicht aus seiner Isolierung, seinem Rückzugsort, jener abstrakten und unzufriedenen Innerlichkeit, losreißen konnte. Dabei bleibt das »Ich« nicht auf sich selbst bezogen, sondern wird in den Mittelpunkt des Werks gerückt. Der ironische Gehalt der Beziehung zwischen romantischer Subjektivität und Werk wird dementsprechend falsch gedeutet, wenn die romantische Ironie als Auflösung des Subjekts in seiner Selbstreflexivität aufgefasst wird und nicht als etwas Unvollendetes. Diese Lesart hat dazu geführt, dass die Romantik mit einer negativen, gefährlich mit dem Nihilismus liebäugelnden Ontologie gleichgesetzt wurde. Als schädliche, weil ungenaue Sicht, die Welt, Sprache und Nacht auf unheilvolle Weise miteinander verknüpft. Die flammende Mischung aus Dichtung und Politik radikalisiert das Risiko der Romantiker angesichts des aufklärerischen Erbes, aus dem alles Unreine ausgemerzt wird. Selbst auf seinen grandiosen Seiten über die Ästhetik des Erhabenen lässt Kant wenig Spielraum für Inspiration und Revolte. Für die Jenaer Romantiker ist die abstrakte

Suche nach einer verlorenen Welt auch ein möglicher Weg, sie wiederzufinden. Diese Poetik der Aneignung des objektiv Absoluten ist an die Ironie gekoppelt, die zur Methode wird. Heideggers Vorstellung von der Vorherrschaft einer zukünftigen Dimension geht direkt auf die romantische Vorstellung eines kommenden Goldenen Zeitalters zurück.

Im Kreis der Frühromantiker sollte eine neue Welt, ja eine neue Sprache der Welt auf die Probe gestellt werden. Diese Bewegung hatte etwas Erotisches, und zwar nicht nur aufgrund der mitwirkenden Frauen, die ungebunden genug waren, um in der Gemeinschaft jener Freidenker zu leben, die sich in ihrer Leidenschaft und Kühnheit sowohl auf die Französische Revolution als auch auf eine freie Auslegung der Kant'schen Thesen beriefen. Es ist weder das gequälte Ich, das man so oft in dieser Bewegung sehen wollte, noch ein armseliges Aufbegehren ohne politische Waffen, das rasch in der Künstlichkeit des neuen Jahrhunderts unterging. Was später zur Melancholie werden sollte, ist vorerst bloße Erforschung, Umkehr zur Nacht. Der Zwang wird zur Versuchung, das Ideal zur Hölle, die Liebe zu einem unmöglichen Appel, das Nahe zum Fernen, das Ferne zum Exil, die Konventionen zur Ketzerei. Ein merkwürdiger Augenblick der Geschichte, als ein paar Freunde auf die reine, poetische Erfindung des Gelebten verfallen (bei Dyonis Mascolo sollte das »Gedankenkommunismus« heißen), um die Welt als eine Kriegsfront zu erfahren, wo die Intensität des Gelebten keine Kompromisse mit dem Ideal eingehen will. Die Fragmente des *Athenaeums* sind in dieser Hinsicht mehr als erstaunlich: Gleichzeitig überholt und unglaublich zeitgemäß, sind und bleiben sie im Nietzsche'schen Sinne *unzeitgemäß*. In der deutschen Frühromantik sind Hoffnung und Ironie Instrumente einer neuen Weltsicht, die poetische, philosophische und politische Verkörperung einer absolut neuen Sprache. Die auf diese Weise erneuerte Zukunft lässt sich nicht mehr denken wie bisher.

Das Risiko des Glaubens

Zu glauben, scheint uns kaum mit einem Risiko verbunden. Wir brauchen nur zuzustimmen, das Geschehende oder das, womit wir uns identifizieren wollen, zu billigen. Unser ganzes Wesen ist dem Glauben untertan, es reicht, sich in seinen Bann ziehen zu lassen. Er wird mit verbundenen Augen dargestellt. Bestenfalls ist er Täuschung, schlimmstenfalls das Vorzimmer des Verbrechens, die Rechtfertigung der schlimmsten Leidenschaften. Man spricht über die Gutgläubigkeit wie über eine besonders armselige Variante der Dummheit, ohne die Verzauberung der Unschuldigen. Und doch birgt der Glaube ein wunderbares Risiko. Pascal und Kierkegaard haben nicht nur als Christen darüber nachgedacht, ihre unhaltbare philosophische Position ist die des Paradoxes: ein Hindernis, das man nur mit einem Sprung überwinden kann, die

Durchquerung eines unbegrenzten, theoretischen und geistigen Raums. Eine rationale Kontinuität ist unmöglich. Denn glauben kann man nur etwas, was prinzipiell auch nicht geglaubt werden kann. Nur in diesem, höchst paradoxen Sinne lässt sich das Risiko eingehen: in Form eines Sprungs, der sich der Vernunft entzieht. Dieses Risiko ist das Gegenteil einer Zustimmung, einer sektiererischen Glaubensmeinung, weil es sich genau umgekehrt den Extremen aussetzt. Glauben würde also bedeuten, dass man sich von allen Glaubensmeinungen lösen muss, um dem Unglaublichen offen ins Angesicht zu schauen. Eben das macht die Analyse bisweilen zu einem Raum, in dem sich der Wahnsinn ohne Angst und fast ohne Urteil aussprechen lässt. Wo dem Delirium ohne nennenswerten Schaden freier Lauf gelassen werden kann.

Die Pascal'sche Wette kommt nicht ohne Vernunft aus, aber sie glaubt an das Unüberprüfbare oder zumindest an das, was sich nur mithilfe des Gewetteten, sprich des Gelebten, überprüfen lässt. Die vorvergangene Zukunft der Pascal'schen Wette lädt uns mithilfe eines gut durchdachten Zaubertricks dazu ein, eher Gott als der Gleichgültigkeit Asyl zu gewähren. Doch heutzutage gilt allein das Überprüfbare. Das, was reproduziert werden kann, was zu einem reproduzierbaren, vermittelbaren und von jedermann verifizierbaren Wissen führt. Ohne dieses Kriterium gibt es keine gültige Erkenntnis. Wie viele Leben würden gerettet, wenn wir in der Lage wären, uns über unsere Familienmuster, unsere vorsintflutlichen Wiederholungen und die immer wieder neu durchpflügten Wege hinwegzusetzen? Aber an etwas zu glauben, das nicht eintreten wird, an das es keinerlei Grund zu glauben gibt? Vielleicht besteht genau darin das Risiko. Die Hoffnung nicht gleich wiederzufinden, wo wir sie abgelegt haben, sondern auf das Unverhoffte zu setzen.

Wenn das Risiko ein Ereignis ist, bezeichnet es ein Vorher und ein Nachher, eine *crisis* in der Zeit, die eine brave Rückkehr zum Vorher unmöglich macht. Ist es nicht das, was der Patient von der Analyse erwartet und so schwer nur glauben kann: dass das plötzliche Eintreten des Unvorhersehbaren sein Leben verändern kann? Der Patient will uns weismachen, dass er genau das erwartet, aber vermutlich deshalb bisher nicht riskieren konnte, weil es ihm als mögliche Wirklichkeit unvorstellbar erschien. Denn es würde auf einen Schlag sein vorheriges Leben zerschmettern und obsolet, sinnlos oder verschwommen machen. Und wenn die Bereitschaft zum Unverhofften ein und dasselbe wäre? Antigone widersetzt sich sämtlichen menschlichen Gesetzen, denn was ihr Herz ihr diktiert, liegt im Bereich des Unglaublichen: Der Respekt vor der Bestattung der Toten steht für sie über allen anderen Gesetzen. Ihre Hartnäckigkeit wird für sie ihren Tod bedeuten, einen Tod, der nach allen Regeln der Vernunft auf wahnwitzige Weise dem Leben entsagt, für sie jedoch die einzige Wahl ist. Das Risiko zu glauben, bedeutet, sich dem Unglaublichen auszuliefern wie einem Feind; nicht der Vernunft, sondern dem Stückchen Nacht in uns, das unser Symptom (so wie alles andere auch) mit dem gebührenden Abstand betrachtet und uns zwingt, nach oben zu schauen. Ohne Frage eine sehr unbequeme Position. Denn wir neigen eher dazu, unsere Kritik zu schärfen und, wie Nietzsche sagte, zu Verächtern der Hinterwelten zu werden, die sich dort unter unseren Augen auflösen. Stattdessen gilt es, die Horizontlinie unbegrenzt weit zu öffnen und beherzt zu glauben, dass alles, was wir gekannt, gewusst und erlebt haben, ohne die Möglichkeit einer Rückkehr unterwandert werden kann. Das ist der Weg der sokratischen Ironie, die Aporie erreichen und gezwungen sein, eine radikale Abzweigung zu nehmen. Glauben in einem absolut aporetischen Sinn. Einem Sinn, der sich in einen Skandal verkehrt, an dem sich das Wirkliche stößt und immer stoßen wird. Glauben, wo das Denken paradoxerweise schweigt, und keinen Widerstand mehr leistet. Der Glaube ist Dissidenz, Abdankung. Die Dissidenz fasst einen unvorstellbaren Horizont ins Auge, weil ihre charakteristische Grenzüberschreitung (ist glauben nicht auch ein Affekt, ein Ausbruch?) schöpferische Zonen des Widerstands, unbezähmbare Räume eröffnet.

Glauben bedeutet nicht zwingend, gutgläubig zu sein oder der Phantasie freien Lauf zu lassen – genau das hat Kierkegaard zu denken versucht. Sondern auf das Undenkbare zu setzen, den Sprung zu wagen. Sich der Diskontinuität auszuliefern, wo uns alles unablässig zum Kontinuierlichen zieht. Es reicht nicht, radikal unvernünftig zu sein. Die Horizontlinie will verschoben werden. Wir müssen einen neuen Diskurs, neue Parameter, einen neuen Blickwinkel finden. Den Blick an den Bildrand schweifen lassen, endlich sehen, was dort im Einzelnen passiert, ein neues Alphabet, eine neue Geschichte, ein neues Gedächtnis erfinden.

Das Risiko der Variation

Was ist eine Variation? Eine Kunst und ein Risiko.

Die Neurose verkompliziert, schließt Kompromisse, gibt, um gleich wieder zu nehmen, und verhandelt: Das Symptom ist ein Wucherer, der auf seine Zahlung wartet und sie ständig anmahnt. Die Neurose mag keine Variationen, hält sie, dem Anschein zum Trotz, für gewagt. Die musikalische Variation lässt um ein schlichtes Thema eine ganze Welt entstehen. Eine herrliche Welt aus Kontrapunkten, auf- oder absteigenden melodischen Folgen und Intervallen, wie zum Beispiel in Bachs ergreifender *Kunst der Fuge*. Die Variation dehnt die Zeit ins Unendliche, sie appelliert (mit dem Thema) an das Gedächtnis und entfernt sich gleichzeitig ständig von ihm. Die Variation führt unter dem Deckmantel des Alten etwas Neues ein, reine Improvisation, die traditionellen Regeln zu gehorchen scheint. Wie die Neurose wirkt sie im Geheimen, nur umgekehrt. Wenn wir zu Variationen fähig sind, entgehen wir der Wiederholung. Die neurotische Wiederholung ist das, was sich (in unserem Leben) in immer anderer Form darstellt, in Wirklichkeit aber stets dem gleichen Szenario gehorcht und das gleiche Muster bemüht. In unserem Leben präsentiert sich die Wiederholung nie als solche, die Kombinatorik ihrer tragischen Apparatur ist nicht leicht zu entschlüsseln; unter den Unwägbarkeiten der Wirklichkeit (oder besser: des Lebens) lauert das Verbot, eine Variante zu ersinnen, aus dem Kreislauf auszubrechen. Das Verlassenwerden führt zum Verlassenwerden, die Gewalt zur Gewalt, die Schwermut zur Schwermut. Wie lässt sich ein Außen, ein Anderswo erfinden? »Bezeichnend ist – wie wir mindestens seit Saussure wissen – nicht die Wiederholung, sondern die Differenz, die Modulation, die Veränderung, das, was Doubrovsky gestern abend den *falschen* Ton nannte: das heißt die Variation, und sei es in ihrer elementarsten Form.«[29]

Die Metapher ist eine Variation, die ihre Herkunft verwischen soll, damit das Hauptthema nicht erraten werden kann, so als könnte das Bild die ursprüngliche Idee durch eine beständige Verschiebung, eine Vektorisierung, ja eine Idealisierung, ersetzen.

»Wir leben nichts anderes als die Metamorphose«, heißt es in Andy Warburgs Aufzeichnungen. Differenz, Abwechslung, Variation: immer wieder neu gestickte und aufgetrennte Motive auf der Vorder- und Rückseite mit einem atemberaubenden Fenster hin zur Wirklichkeit. Die Variation ist auch formal: Literatur, Dichtung, Schöpfung. Elie During schreibt: »Unter *Form* verstehe ich hier weder eine festgelegte Konfiguration noch ein umfassendes Organisationsprinzip von Sinn, geschweige denn eine Struktur oder eine Herrschaft von Zeichen, eher etwas wie eine Invarianz, eine *dynamisch* determinierte Invariante, die den Verformungen *nachträglich* einen Wert zusprechen soll (...). Diese Form als solche verschmilzt mit den Veränderungen, die von einem Motiv zum anderen führen.«[30] Die Variation ist formal, insofern als sie permanent neue Formen hervorbringt. Die Form ist keine statische Größe: Sie ist das, was die Variation sichtbar macht, was uns die Metapher als eine solche präsentiert, sie bildet den Rahmen zum Bild, das uns dieselbe Landschaft in immer anderen Schattierungen offenbart.

Sie hat Altfrauenhände und lange Finger, makellose, rot lackierte Nägel. Machtvolle Hexen- oder Feenhände, die sie faltet. Zu welchem Gebet? Es gelingt ihr nicht, ihre Trauer zu bewältigen.

»Er war dreieinhalb«, sagt sie. »Die Schwester meiner Mutter saß am Steuer. Sie sind von der Straße abgekommen und waren beide auf der Stelle tot, zumindest hat man mir das gesagt. Meine Tante hatte ihr Leben vielleicht schon ein bisschen gelebt?« Ihre Frage blieb leicht in der Schwebe, verlangte offensichtlich keine Antwort. »Aber mein Kind. Ich kann nicht ertragen, es zu überleben. Dabei habe ich alles versucht. Ich habe seinen Vater verlassen, habe das Land und den Beruf gewechselt. Hier war ich früher Grundschullehrerin. Dann bin ich nach New York gezogen, wo mein Vater lebte. Ich habe die doppelte Staatsbürgerschaft, weil ich dort geboren bin. Eher durch Zufall habe ich dort begonnen, Lampen zu entwerfen, die Anklang gefunden haben. Mit der französischen Note lässt sich alles verkaufen. Ich bin zwei Jahre geblieben, bevor ich mir überhaupt vorstellen konnte, wieder zurückzukommen. Und nun habe ich nicht die Kraft, wieder nach New York zu fliegen, wo

ich doch erwartet werde. Ich habe schon mein Flugticket, ei-
gentlich müsste ich in drei Tagen los, und stattdessen sitze ich
hier bei Ihnen.« Sie schien keinen Trost zu erwarten. Und ich
hätte es mir nicht angemaßt, ihn gewähren zu können. Ich
glaube, ich war von dem eigenständigen Leben ihrer frühzeitig
gealterten Hände fasziniert – eine Skulptur. Das Gesicht und
der Körper dieser Frau wirkten unversehrt. »Was erwarten Sie
von mir?«, hätte ich gern gefragt, aber selbst das wäre schon zu
viel gewesen. Ich schwieg.

»Ich würde gern verstehen, was ich hier bei Ihnen suche, man
hat mir Ihren Namen genannt. Ich erwarte nichts von Ihnen,
damals habe ich endgültig aufgehört zu warten, warum also …«
Sie wandte kurz den Blick ab: »Auch ich wollte nicht mehr leben,
aber der Wunsch, zu sterben, war nicht stark genug. Damals
habe ich begriffen, dass es etwas anderes ist, nicht leben oder
ausdrücklich sterben zu wollen. Seitdem hat sich nichts geän-
dert, obwohl sich in meinem Leben doch alles verändert hat.«

Die Variation ist eine Volute, ein Rauchkringel, eine Zerstreuung. Auch die Obsession ist eine Zerstreuung. Da, wo
wir der striktesten Unbeweglichkeit ausgesetzt zu sein
meinen, wo von überall her Gedanken auf uns einstürzen,
die uns an diesen unbeweglichen Punkt zurückführen, ist
die Obsession trotz allem eine Vermeidungsstrategie. Eine
Strategie, die uns mit aller Kraft daran hindert, an etwas
anderes zu denken, das wir weder denken sollen noch können.

Dabei war diese Frau wohl nicht einmal in einer Obsession ge-
fangen. Ihr totes Kind war noch immer da, in ihrem Körper, in
ihren Armen, zwischen ihren Händen. Ich spürte es, hätte bei-
nahe seine Umrisse nachzeichnen, sein leichtes Gewicht, seine

Grazilität, sein blondes Haar ahnen können. Ich hätte ihre Bürde gern geteilt, hinter ihr stehen und ihr das ständige Wiegen ein bisschen abnehmen wollen.

»Er ist immer noch bei Ihnen«, sagte ich.

»Ja, die ganze Zeit, Tag und Nacht«, antwortete sie. »Ich kann ihn doch nicht lassen, verstehen Sie!«

Diesmal war es fast eine Frage, die sich durch einen kaum merklichen Hauch ihrer Stimme verriet. Ich musste an diesen schönen Titel eines Romans von R. J. Ellory denken, »A quiet belief in angels«, wie ließe sich »a quiet belief« übersetzen: »ein stiller Glaube«? Diese Frau war mit ihrem unsichtbaren, aber in ihr absolut lebendigen Kind zu mir gekommen. Allein ihre Hände brachten ihren Schmerz zum Ausdruck sowie ihr Unvermögen, ihren Kummer, den letzten Beleg seiner Präsenz, gehen zu lassen. Ihr blieb nur noch diese Gegenwart, die reine Anwesenheit ihres toten Kindes, die niemand ihr nehmen würde.

»Sie entwerfen doch Lampen ...«

Variation. Womöglich ist auch das manchmal eine Variation: eine schiefe Ebene, ein schräger Fadenlauf, eine abwegige Frage, die völlig daneben zu zielen scheint.

Sie lächelt.

»Ja, ganz einfache Lampen aus Dingen, die ich meistens auf der Straße finde. Verbrauchte, vergessene, weggeworfene Gegenstände. Ich benutze einzelne Stücke, die ich falte, schneide und wieder zusammensetze, angeblich sehen diese Lampen wie Schiffe aus. Mit ihnen kann ich reisen. Wenn ich an ihnen arbeite, denke ich an nichts anderes mehr und habe den Eindruck, in Bewegung zu sein, das reicht mir.«

»Sie haben ein Transportmittel gefunden.«

»Wie meinen Sie das?«

Ich sehe, dass sie neugierig geworden ist.

»Wenn es im Märchen eine Probe zu bestehen gilt, kommt

immer irgendein Hilfsmittel zum Einsatz: ein Zauberstab, ein Bann, ein Zauber gegen die Baba Jaga, ein Zauberkamm, ein Stoff – für Sie sind es Lampen. Nicht zum Leuchten, sondern zum Reisen.«

»Aber ich bewege mich ja nicht von der Stelle. Sobald ich denke, sobald ich jemanden in den Arm nehme, sehe ich noch bis in den Schlaf hinein mein totes Kind vor mir.«

»Wo möchten Sie denn hin? Unser Leben ist nur eine Reise, ein mehr oder weniger steiniger und gefahrvoller Weg. Weshalb sollte man überhaupt irgendwohin? Dreieinhalb Jahre sind sicher zu wenig, verglichen mit einem ›normalen‹ Leben, aber was heißt das schon? Bemisst sich die Zeit eines Lebens nicht in seiner Intensität und Strahlkraft, in dem, was es uns von seinem Ursprungsgeheimnis mitteilt, das uns nie preisgegeben wird?«

»Sie meinen, ich soll aufhören, nach einem Sinn für seinen Tod zu suchen? Das tröstet mich nicht.«

»Sie wollen doch eigentlich auch gar nicht getröstet werden, oder?«

Zum ersten Mal lösten sie ihre Hände: »Ja.«

»Und wenn Sie es sich nicht mehr übel nehmen würden, Ihr Kind auf diese Weise in und mit sich zu tragen? Wenn Sie einfach aufhören würden, Ihre Trauer bewältigen zu wollen?«

Die Variation beansprucht die Intelligenz, um aus einem Kreis auszubrechen, dessen einzelne Punkte sie alle schon kennt. Die Variation ist eine Pause, die sich nicht als solche bezeichnet, ein leerer, wundersam verschont gebliebener Raum. In unserer Sprache lässt sich zum Beispiel die Intensität variieren, etwa die einer Lichtquelle – einer Lampe zum Reisen.

Ich fügte hinzu: »Sie können Ihr Kind bei sich behalten. Wenn es fortwill, halten Sie es nicht zurück. Es wird weggehen, manchmal wiederkommen und über Sie wachen. Glauben Sie nicht?«

Deleuze zufolge ist die filmische Großaufnahme ein Gesicht. Die Haut ist immer ein Gesicht. Und das Gesicht eine unbekannte Sprache, von der man sich befreit, indem man sie berührt, erhofft und entdeckt. Wenn wir verloren sind, suchen wir in einem beliebigen Gesicht Halt. Vielleicht weil wir selbst aus jener grenzenlosen, vom Gesicht geschenkten Nähe stammen.

Sie rührte sich nicht und schaute mich nicht an. Ihre Hände führten ein ruhiges Eigenleben auf ihren Knien.
»Ich glaube, ich muss gehen …«
Auch ich stand auf. Ich fragte nicht, wohin sie gehen wollte, aber ich wusste wohl, dass sie wieder zurückfliegen würde, zu der langsamen, zerbrechlichen, emsigen Herstellung ihrer Schiff-Lampen. Dass sie unsere Begegnung und den unmöglichen Trost, den wir für einen Augenblick geteilt hatten, vergessen würde. Doch etwas kaum Spürbares hatte sich verschoben, wer weiß, eine leichte Variation des Reisens – das Reisen, das man sich zugesteht und das, von dem man nicht wiederkehrt, von Erinnerung und Vergessen, der möglichen Gastfreundschaft für den Tod, der voll und ganz dem Leben angehört. Aus den Händen einer Mutter.

Die Variation ist kein Ausweichen. Sie ist eine streng formale Kunst der bewussten und mithin überwundenen Wiederholung. Sie führt in die Wiederholung ein System höchster Erfindung, ja beinahe der Verwirrung ein. Die Variation lässt uns glauben, dass wir uns fast verirrt hätten, bevor sie uns sanft wieder an die Hand nimmt und zum Hauptthema zurückführt, nur um uns erneut unmerklich wieder davon zu entfernen. Auf dieser Reise fungieren die Instrumente als ungewöhnliche Führer: Denn wir sollen uns ausdrücklich darin üben, vom Ufer abzukommen, schlicht von uns selbst abzukommen und in unserem Verlaufen die Schleife eines intakten Begehrens zu finden.

Das Ereignis: Hyperpräsenz

Das Risiko schafft Ereignishaftes. Es verleiht einer reinen Einzigartigkeit, dem nur einmal Eintretenden, Gestalt. Das Ereignis löst die erforderliche Zeitlichkeit auf, um eine andere Zeit zu erfinden, sodass sich eine andere Welt, ein anderer Blick ergibt. Dieser Beginn ist ein anderer Name für das Risiko. Sonst fände die ständig erneuerte Erfindung der Welt nicht statt, und die Welt, wie wir sie kennen, wäre bereits zu Ende. Diese großartige Fähigkeit, etwas Nicht-Vorgezeichnetes, Nicht-Darstellbares zu erzeugen, erhält die uns bekannte Welt in ihrer Seinsmöglichkeit. In diesem Sinne ist das Ereignis immer katastrophal, wie eine Rauchsäule, die kerzengerade aufsteigt, bevor sie sich zu kringeln beginnt: Es trifft exakt dort ein, wo die vorgezeichnete Bahn abknickt.

Das Risiko stürzt das Ereignis in seine Körperlichkeit,

sodass man sagen kann: Es hat tatsächlich stattgefunden. Dem für das Subjekt undurchdringlich bleibenden Halbdunkel kann keine Vernunft beikommen. Es macht denjenigen, der das Risiko eingeht (oder sollte man eher sagen: der von dem Risiko eingegangen wird?), zu einem Mitspieler. Der Wettende beginnt ein Ringen mit dem Unbekannten, aus dem er lebendiger hervorzugehen hofft, und diese Wette wird sein Tun als Risiko weihen. Wenn sich zwei Menschen ineinander verlieben, wird beispielsweise das Begehren zum Ereignis. Das Begehren im Verstand und in jedem einzelnen Punkt des Körpers, im Rückzug des Seins, im unmöglichen Geheimnis des sich Entziehenden und gleichzeitig dort Beginnenden. Das, was im Geheimen stattfindet und beide Protagonisten sprachlos macht, rührt daher, dass sie sich unwissentlich und unwillentlich selbst riskiert haben und so für dieses Ereignis mit ihrem Leben einstehen. Das Ereignis der Begegnung ist ein flüchtiger Gegenstand. Man sollte es in seinen fast unhörbaren Anfängen denken. Ich sehe und erkenne dich, ich berühre dich, und die Liebe verdichtet sich mit atemberaubender Geschwindigkeit in diesen zwei, drei Zwischenräumen: meine Hand, deine Geste, deine durch die Aufregung um ein paar Sekunden verzögerte Antwort, das unseren Körpern auferlegte Schweigen wie ein Verbot, noch weiter zu gehen. Sich von nun an in Selbstkritik oder Ironie zu üben, bringt nichts, ebenso wenig wie der Kummer, den man sich mit der Wirklichkeit antut, die allzu bereitwillig zum verlängerten Arm unserer Ängste wird.

Das Descarte'sche Subjekt der *Meditationen* wird sich im Ereignis des Zweifels seiner selbst bewusst. Derrida sieht darin das Merkmal eines vom Wahnsinn getroffenen Subjekts. In gewisser Weise hat das Descarte'sche

Subjekt dabei seine Vernunft, sein Wissen und seinen Glauben aufgegeben. Der von Descartes in seiner ganzen Macht gedachte Zweifel (die Wirklichkeit aussetzen und radikal infrage stellen) ist eine Erfahrung, die eine verlässliche Welt ermöglicht. Ich möchte diese Fähigkeit, über den Zweifel »entführt« und anschließend sich selbst zurückgegeben zu werden, als »Hyperpräsenz« bezeichnen. Man kann diese Erfahrung bei einem Unfall, in einem Entscheidungsmoment des Lebens oder sogar in der Kontemplation machen: In diesem Ereignis ist man auf außergewöhnliche Weise präsent, sprich: nicht mehr exakt der- oder dieselbe. Und eine solche Hyperpräsenz ist tatsächlich sehr selten.

Das Ereignis konstituiert uns als Körper der Wahrnehmungen, Gefühle und Affekte. Ein mögliches Verhältnis zum Trauma ist die entkörperlichte (*disembodied*) Erinnerung: ein buchstäblich ent-körpertes Verhältnis – denn wenn wir das Trauma wirklich *denken*, also nacherleben müssten, wäre es ein neues Drama –, das uns das Trauma als etwas betrachten hilft, das gleichsam »einem anderen« widerfahren ist. Gleichzeitig kann man vom Trauma nur dann etwas erfassen, es durchqueren und sich von ihm befreien, wenn man es *erneut verkörpert*. Wenn es abermals zum Ereignis wird, wenn wir bewusst und präsent dieses Risiko eingehen.

Ich habe den Eindruck, dass es sich mit einem politischen oder kulturellen Ereignis ähnlich verhält. Wenn sich etwas ereignet, dann mithilfe eines Körpers, nicht nur mit dem physischen Körper des Tänzers zum Beispiel, sondern auch mit dem Körper eines Kunstwerks, einer Installation. Darin mag die Gefahr der »Ereignishaftigkeit« liegen, die zum Unkörperlichen verlockt; dazu, einen

208

möglichst perfekten Horizont abzustecken, das Protokoll, die Umstände des Ereignisses zu überdenken und es dabei im Wesentlichen zu verdrängen. Je mehr man sich einer umfassenden Selbst- und Weltbehauptung aussetzt, desto unvorhersehbarer ist paradoxerweise das, was sich daraus ergibt – auch in kollektiver Hinsicht. Weshalb ist die Hyperpräsenz Ereignis? Vielleicht, weil eine bestimmte Seinsqualität einer Klangqualität oder Lichtintensität vergleichbar – wie in der Erfahrung des Descarte'schen Zweifels eine Art Epiphanie fordert und auslöst: ein Zusammenfallen von Tun und Sein.

Die innere Prophezeiung

Weshalb sind wir uns selbst voraus? Wer führt uns durch die Nacht unserer Unwissenheit und macht uns die Wahrheit erfahrbar, noch bevor sie überhaupt vorstellbar ist? Gibt es eine Instanz in uns, die uns in der Einsicht des Zukünftigen zuvorkommen könnte, eine Art permanente lebende Wache? Diesen Fragen möchte ich mich anhand von drei Träumen widmen, die meiner Meinung nach der Analyse eines Patienten zu einem gewissen Erfolg verholfen haben, zu dem der Träumende selbst den Schlüssel in der Hand hielt. Weder er noch ich hätten uns wohl vorstellen können, was in der Einsicht (*insight*) des Traums preisgegeben würde.

Weshalb ist man sich in bestimmten Momenten des Lebens selbst voraus? Ich möchte diesen geistigen Vorrat in uns ergründen, der die Zukunft jenseits der Verengungen unseres Bewusstseins, unserer gesellschaftlichen Stellung und Erziehung, jenseits unserer Ängste und unseres Unvermögens angesichts der Alterität zu denken vermag. Möglicherweise ist diese Fähigkeit ein der Zukunft, der Verheißung und dem Bevorstehenden gegenüber aufgeschlossenes Unbewusstes. Die Neurose, das immer schon Gewusste und Bekannte, wird durch unsere potenzielle Öffnung auf das Neue, auf eine andere Zeit verunsichert. Wie kommt es zum Beispiel, dass während einer Analysesitzung ein in eine ausweglose Situation verstrickter Patient seelenruhig und ohne es zu merken auf einmal die Bedingungen für seine Emanzipation und Befreiung benennt? Demnach kennt er sie, kann sein Wissen aber nicht nutzen und unterbreitet es Ihnen als etwas Abwegiges. Das ist die versteckte Seite jenes »unwissentlichen Wissens«, das in Aufständen, Revolutionen, Zukunfts- und Avantgardebewegungen, die der Gegenwart oder allgemeinen Unterjochung um einen Schritt voraus sind, als Ausdruck eines (zweiten) »kollektiven Bewusstseins« zum Tragen kommt.

Etliche Philosophen und Schriftsteller haben über dieses Phänomen des Kommenden, Unverhofften, der die Schicksalshaftigkeit und einfache Wiederholung der Vergangenheit vereitelnden Zeit nachgedacht, ohne in einen Messianismus zu verfallen. Wenn sich in den Worten oder im Leben eines beliebigen Subjekts eine intime Prophezeiung ereignet, verweist diese Vision zeichenhaft auf die Kunst. Sie umfasst zwingend eine Sprache, und diese Sprache mag zwar noch nicht Literatur – Überarbeitung, Weiterleitung, Rückkehr zur Quelle – sein, sagt aber trotzdem etwas in einer neuen Sprache aus.

Prophezeien heißt Kommendes verkünden. Denken

und voraussagen, ein besonderes Verhältnis zur Zeit pflegen, als könnte sie dem Denken angehören und sich in ihm öffnen. Dabei mahnt uns die Philosophie zum Zweifeln, zum Misstrauen gegenüber der religiösen Vokabel *prophetisch*. Die Beschäftigung mit dem inneren Sinn der Zeit oder dem, was man *Sehen* nennen könnte (das lateinische *theoria* bedeutet ursprünglich *Anschauen*), ist nichtsdestotrotz sehr ergiebig. Was ist dieses »Sehen, was ist«, das uns gelegentlich zuteilwird? Muss das Ich dafür außer sich sein, in eine Ekstase oder göttliche Vision verfallen oder braucht es nur wahnhaft seinem *daimon* zu gehorchen, wie Sokrates meinte, damit eine *Vision* stattfindet? »Wenn die Rede prophetisch wird, ist es nicht die Zukunft, die uns gegeben ist, sondern es ist die Gegenwart, die uns entzogen wird, samt jeder Möglichkeit einer festen, beständigen und dauerhaften Gegenwärtigkeit«, schreibt Maurice Blanchot. »Die prophetische Rede ist eine schweifende Rede, die sich der ursprünglichen Anforderung einer Bewegung entsinnt, indem sie zu jedem festen Aufenthalt, zu jeder Festlegung und zum Ruhestand der Verwurzelung in Gegensatz tritt.«[31]

Er war nach eigenem Bekunden vor allem ein Spieler. Was er lebte, empfand, was ihn wütend machte und verletzte, sein Zorn, seine Blasphemien, seine Scham – alles setzte er aufs Spiel. Pokern war seine Leidenschaft, die Karten eine Verlängerung seines Körpers, eine untrennbar mit seinem Wesen verknüpfte Bewegung. Dabei hatte er ein merkwürdiges und ungewöhnliches Verhältnis zum Verlieren. Selbst vollkommen ruiniert, hatte er immer noch genug, um sich wieder zurück an den Spieltisch zu setzen. Einer seiner Brüder war bei einem Unfall umgekommen, der andere hatte Selbstmord begangen. Er

selbst hätte sich noch einigermaßen unbeschadet aus der Af-
färe gezogen, sagte er, nach den Wechselbädern aus Gewalt
und Liebe eines abwesenden, trinkenden Vaters und einer er-
schöpften, reizbaren Mutter, die schnell mit den drei Kindern
allein war und dieser Einsamkeit nichts entgegenzusetzen
hatte. Er war sehr gut in der Schule, seiner Fluchtmöglichkeit,
seinem einzigen Freiraum; das Spiel war das einzige Mittel, die
Hexen-Großmutter zu zähmen und ihr ein gewisses Wohlwol-
len zu entlocken. Auf dem Gymnasium hatte er begonnen, zu
schwänzen. Wie war er nun auf meiner Couch gelandet? Auf
den Rat einer Freundin hin (denn er wurde von vielen Frauen
umgeben und geliebt), die sich wegen seiner wahnhaften Aus-
brüche Sorgen machte. Er war humorvoll und geistreich, nahm
seine Mitmenschen und seine Epoche gleichermaßen scharfsin-
nig aufs Korn. Nie bemitleidete er sich selbst, als ginge ihn
seine eigene Neurose nichts an. Er war in gewisser Weise erbar-
mungslos. Nachdem er versucht hatte, mich zu verschrecken,
indem er sich als widerlichen und – unter Drogen oder im Zu-
stand der Raserei – potenziell gefährlichen Typen darstellte,
was ich ihm nie wirklich abnahm, streckte er die Waffen, und
unsere Analyse konnte beginnen.

Worin besteht hier also die innere Prophezeiung?

Eines Tages erzählte er mir einen Traum. Er hatte geträumt,
dass ein weißer Tiger in einem Aquarium schwamm, wie sein
Vater ihm eines geschenkt hatte, kurz bevor er die Familie end-
gültig im Stich gelassen hatte, ohne eine Adresse zu hinterlas-
sen (17 Jahre später sollte er als Penner tot auf der Straße ge-
funden werden). In seinem Traum griff er mit der Hand ins
Wasser, um den Tiger zu retten, und hatte gleichzeitig Angst, ge-
bissen zu werden. Doch der Tiger schmiegte sich in seine Hand

und schlief ein. In der folgenden Nacht träumte er, dass er Karten spielte und dabei eine leise Musik hörte, die immer lauter wurde und schließlich dazu führte, dass niemand mehr weiterspielen konnte. Wütend schmiss er Karten und Geld vom Spieltisch und ging. In der dritten Nacht wieder ein Traum. Dazu muss man wissen, dass dieser Mann sich nie an seine Träume erinnerte und ihm im ersten halben Jahr fast keine Assoziation oder spontane Erinnerung an seine Vergangenheit gekommen war. In seinem letzten Traum (denn in diesem Jahr sollte er nicht mehr träumen) betrat er einen von Kerzen erleuchteten Saal. Er konnte nicht ausmachen, worauf er zuging, wusste aber, dass er erwartet wurde und nicht zu spät kommen durfte. Das Licht war wunderschön, obgleich es ihn blendete, er versuchte, seine Augen vor dem Licht zu beschirmen und gleichzeitig zu erkennen, was vor ihm lag. Da merkte er, dass er Angst hatte.

Nennen wir ihn Jean, diesen Mann. Er steht an einem Punkt seines Lebens, an dem gerade alles zusammenbricht, er treibt sich auf Pokerturnieren herum, ist seiner eigenen Aussage nach am Ende. Die Assoziationen zu seinem ersten Traum verweisen ihn auf das, was die Indianer vielleicht als »seinen Geist« bezeichnen würden: ein fast totemisches, zugleich seltenes und starkes Tier (der weiße Tiger), die Widerstandsfähigkeit gegen die Kälte, die arktischen Temperaturen (das Trauma?), aber auch die beinahe amniotische Verletzlichkeit des in einer Süßwasserblase verlorenen Tieres. Es handelt sich um ein potenziell mächtiges, doch noch immer in der Mutter und im (wenngleich domestizierten) Wasser der Träume eingeschlossenes, dem Träumenden ausgeliefertes »Selbst«. Der Träumende zieht es aus dem Wasser und sieht, wie sich das Tier trotz seiner Angst in seine Hand schmiegt. Jean deutet den Traum als eine Begegnung mit dem animalischen Selbst, *einer ihm bewusstwerdenden geistigen und instinktiven Kraft, die er zum ersten Mal erkennt. Im zweiten Traum befindet er sich in einer vertrauten Situation am Spieltisch, der ihm zugleich Leidenschaft und Verderben ist. Eine Musik sei zu hören, sagt er. Kein Tiger mehr, stattdessen Klänge. Weshalb diese Musik? Diese schlichte Frage stürzt Jean in einen Abgrund.*

Woraus besteht jener seelische Raum, der seit Freud »das Unbewusste« heißt und hauptsächlich ohne Wissen des Subjekts oder der über sein Begehren herrschenden seelischen Instanz arbeitet? Es ist schwer, ihn zu beschreiben, ohne sich auf das sogenannte Geistige zu beziehen. Worin besteht diese »Erweiterung«, die wir nicht genau bestimmen können, allenfalls in ihrem geschärften Verhältnis zur Wirklichkeit, zur Zeit und zum Anderen, als könnten wir plötzlich von den Treueverpflichtungen des Über-Ichs und der Last der Vergangenheit befreit werden, um uns endlich der gegenwärtigen, zukunftsfähigen, also gänzlich unbelasteten Zeit zu bemächtigen. Von welchem Standpunkt aus soll man diesen seelischen Raum beurteilen? Und bemisst er sich nicht erst nachträglich an seinen Auswirkungen auf die Wirklichkeit? Man erreicht das Erwachsenenalter mit einem Vorrat mehr oder weniger verfügbarer Erinnerungen, von denen manche während der Analyse, die uns die Archive unserer Identität öffnet, wieder hochkommen. Man verfälscht seine Vergangenheit nicht, man verleiht ihr Kontur, entdeckt mögliche Regionen des Überlebens, Lebens- oder Todesworte. Nestor Braunstein drückt es sehr treffend aus: Der Traum ist eine innere Prophezeiung dessen, was uns geformt hat, sprich unseres unbewussten Begehrens. Der Traum ist im Schrecken gefangen und in der Fähigkeit, diesen Schrecken zu überwinden, ihn zu umtanzen und mithilfe von Fragmenten oder Brüchen zu Bildern zusammenzusetzen.

Für Jean war dieser seelische Raum die Musik. Er war schon früh mit ihr in Berührung gekommen, denn sein Vater war, bevor er dem Alkohol verfiel, Pianist in einer Bar gewesen und hatte ihn auf seine Tourneen mitgenommen. Er selbst konnte noch vor den ersten Buchstaben Noten lesen. Die Musik rief so starke Gefühle in ihm wach, dass er wie gelähmt war und Angst davor hatte, sich ein Werk vollständig anzuhören. Und tatsächlich: Nach diesen Träumen sah ich ihn einen Monat lang nicht mehr. Er redete sich mit komplizierten Geldproblemen heraus, dann kam er wieder. Er sei vor einem Klaviergeschäft herumgestreift und irgendwann hineingegangen. Einer der Studenten, die den Kunden die Instrumente vorspielten, zeigte ihm die verschiedenen Tastaturen; die beiden verstanden sich gut. Jean war in zweifacher Hinsicht verstört: Zum einen von der aggressiv in seinen Traum einbrechenden Musik, die ihn am Spielen gehindert hatte, zum anderen von seiner undefinierbaren Anziehung zu dem jungen Mann. Da er nie eine homosexuelle Beziehung gehabt hatte, noch nicht einmal irgendwelche diesbezüglichen Jugenderfahrungen, war er ebenso verblüfft wie beschämt. Ich glaube, wenn man eine bisher im Verborgenen schlummernde, aber stark aufgeladene Polarität seines Wesens entdeckt, wird – wie bei einem kostbaren, abrupt aus dem Boden (dem Schlaf) zutage geförderten Erzvorkommen – die Person, die jene intrapsychische Begegnung mit dem individuell bedeutsamen Objekt (hier das Klavier) ermöglicht, ihrerseits affektiv aufgeladen. Das, was man für die Erfüllung eines latenten homosexuellen Begehrens halten könnte, geht jedoch darüber hinaus. Seit dieser Begegnung erkannte Jean, was er abwechselnd ersehnt und gefürchtet hatte: das Eindringen der

Musik in seine Welt des Spiels. Nur war diese Musik nichts Äu-
ßerliches, sondern eine innere Fähigkeit, Musik (oder Musiker)
zu »werden«.

Wenn wir das Verhältnis zwischen seelischem Raum und
Wahrheit hinterfragen, gehen wir davon aus, dass wir als
Subjekt alle eine Beziehung zur sogenannten inneren Prophezeiung pflegen. Können wir deshalb in bestimmten
Momenten »sehen«, was sich anbahnt und ankündigt,
weil wir nach einer Wahrheit streben, die über die übliche
Zerrissenheit der Neurose zwischen Wirklichkeit und
Lustprinzip hinausreicht? Ist es der Analyse zu einem bestimmten Zeitpunkt des Lebens möglich, auf diese Einsicht (*insight*), diesen Zwischenraum einzugehen? Eine
Fremdsprache zu verstehen, als wäre es das Natürlichste
der Welt. Die innere Prophezeiung wäre unsere Fähigkeit,
das Kommende zu bezeugen. Jan Patocka hat über das Leben in seiner Weite gesprochen als innere Fähigkeit, seine
Grenzen zu erfahren, das Risiko des Unversöhnten in uns
zuzulassen. Wächter an den Vorposten der Zeit (Kierkegaard), Sehende (Rimbaud) oder Brücken über dem Abgrund (Nietzsche). Das Beschreiten neuer Wege ist nicht
einfach, es verlangt einen kontinuierlichen Bruch mit den
traditionellen Alphabeten, den langsamen Faltungen. Es
gilt, zur Unzeit zu kommen, den »Brocken« (wieder Kierkegaard), den Seitenwegen, den gestörten Gleichgewich-
ten, der Reihenfolge der Dinge seine Aufmerksamkeit zu
schenken.

Nachdem er acht Jahre lang wie besessen Tag und Nacht ge-
übt hatte, war Jean Pianist geworden. Man könnte meinen,
er hätte lediglich den Werdegang seines Vaters wiederholt, den

Verfall um den Preis einer verlogenen Ähnlichkeit vermeiden wollen. Vielleicht. Die zwanghafte Wiederholung in der Schicksalsschleife insistiert auf der anderen Seite der Freiheit, mit der sie sich auf einer gemeinsamen, ständig bedrohten Grenze berührt.

Die innere Prophezeiung ist an der inneren Stimme des Dichters, des Geistesgestörten erkennbar, an der Hand des Malers, die, kurz bevor er sie sieht, eine sichtbare/unsichtbare Trennungslinie zieht. Sie bezeichnet die Erscheinung. Doch jede noch so spektrale Erscheinung ist eine Gabe, die man zurückweisen oder annehmen kann. So verstörend die Konsequenzen auch sein mögen: Derjenige, der ihrem Wesen begegnet, ist in ihr Geheimnis eingeweiht, ein Seher.

Das Risiko der Blendung

Sehen bedeutet auch und vor allem, aufhören können zu sehen. Die Lider senken. Die Welt nicht mehr in sich einlassen, die Augen schließen: Vorhang zu. Plötzliche Ruhe, Halbdunkel. Dann die Augen wieder öffnen und geblendet sein. Rasch verschmelzen Licht und Dunkelheit, zeichnen sich Umrisse ab, die Welt rückt sich in Sekundenschnelle wieder zurecht. Je heller das Licht, desto stärker die Blendung. Was geht in jenem Sekundenbruchteil in uns vor, wenn wir nicht mehr sehen, weil wir zu viel sehen? Gibt es Momente, in denen die Psyche überdeutliche Gedanken empfängt, die sie kurz ausblenden müsste, nur um sich ein paar Sekunden danach abermals verzücken zu lassen? Möglicherweise ist es das, was man unter einer Wahnvorstellung, einer Halluzination versteht, der Augenblick, in dem das mit zu viel Wahrheit konfrontierte

Denken nachgibt und ins Halbdunkel zurückkehrt, um nicht begreifen zu müssen, was es in Wirklichkeit schon weiß. Die Gedanken ohne Denker suchen nach einem Denker, sagte der großartige englische Psychoanalytiker Wilfred Bion. Unsere Obsessionen sind das Überbleibsel eines Kampfes, der sich nicht befrieden lässt.

Der Wahn zeugt von einem Überschuss an Wirklichkeit. Sehen zu können, bedeutet auch hier wieder, nicht sehen zu können. Die Augen vor der endgültigen Blendung, ja Erblindung rechtzeitig zu schließen. Ein abgeschlossenes Dunkel. Der Wahn erzählt von der ausgekippten Milch, von einem Kiesel in Kinderhänden, einem Schrei, einem Schrecken ohne Echo, zwei miteinander harmonierenden Gitarren, von einem Gespenst, das von den vergessenen, verkannten Toten ohne Gräber oder Namen wiederauferstanden ist, er erzählt von einem nahenden Hurrikan, von Jaguaren und Wölfen, die sich auf der Couch miteinander unterhalten. Jubel. Frohlocken. Blendung. Man muss langsam durch die Lider blinzeln, den hellen Schein, das überschüssige Licht hindurchlassen. Sich mit dem Schrecken und der Angst verbünden, die Fluchtbewegung in Schach halten und sich der Quelle nähern. Denn mit dem Schrecken kommt auch die Erlösung. Verwünschungen schaffen Wahnvorstellungen, und niemand wagt zu fragen, was dieser Wahn uns eigentlich sagen will.

Sie malt Rosen, dazwischen lange, helle Dornen, die das Bild wie ein Schrei schraffieren. Immer nur Rosen. Während ich ihr beim Malen zuschaue, denke ich an die Nonne, die mir in meiner Kindheit gesagt hatte, das Leben sei kein Rosengarten.

»Ja, das ist schon etwas Besonderes, so ein Rosengarten«, sage ich, über die Zeichnung gebeugt.

220

Das kleine Mädchen hebt den Kopf: »Hast du denn schon mal einen gesehen?«

»Ja, in Marokko, ein Rosarium, auch hier in der Nähe. Aber in Marokko hatten die Rosen einen betörenden Duft, an den ich mich noch gut erinnere.«

»Ah!«, sagt das kleine Mädchen und schwärzt eine der Dornen am Rand ein bisschen ein, »die hier ist vergiftet, siehst du.«

»Ach ja?«

»Willst du nicht wissen, warum?«

»Ich glaube eigentlich nicht an das Warum«, sage ich, »das ist sicher mein Problem.«

Das Mädchen lächelt nachsichtig. Die Hand mit dem Filzstift verschiebt sich. Eine Sonne erscheint, daneben ein Mond. Seite an Seite.

»Die Sonne ist ein Stern, der Mond ein Planet«, sagt die Erwachsene.

»Ja, ich weiß«, erwidert das Mädchen.

»Ach, das weißt du? Und ich wollte dich beeindrucken, das hat wohl nicht geklappt.«

»Nein, aber ich mag deine Art hinzusehen, und deshalb verrate ich es dir: Das Gift habe ich dahin gemalt, um die Rose zu beschützen, sie weiß nämlich nicht, wie sie es anstellen soll.«

»Man weiß nie so recht, wie man sich verteidigen soll, oder?«

Das Mädchen wirkt plötzlich alarmiert: »Ja, vor allem nicht gegen die Vögel, die sie in ihr Nest mitnehmen und aufessen, bevor ihre Rosenzeit beendet ist ...«

»Dann hat der Vogel also Pech gehabt, wenn er sich vergiftet?«, frage ich etwas besorgt.

»Der Vogel«, sagt das kleine Mädchen ernst, »ist in meinem Kopf und in deinem auch – wusstest du das?«

»Nein, das wusste ich nicht, aber ich werde darauf achten.«

»Versprochen?«

»Ja, versprochen.«

Die Psychologin, die das kleine Mädchen an mich überwiesen hatte, hatte von einem psychotischen Zustand mit gelegentlichen Wahnvorstellungen gesprochen. Das Mädchen war unerträglich im Umgang mit den anderen, ein richtiger kleiner Dämon. Man hatte sie aus der Schule genommen und fälschlicherweise Autismus diagnostiziert: Sie war eindeutig frühreif und hatte keinerlei Sprachstörungen, sondern im Gegenteil einen eindrucksvollen Wortschatz. Eltern und Betreuer wussten nicht mehr weiter. Der Wahn ist alterslos. Manchmal muss er in der Kindheit zum Ausbruch kommen, sie überall mit seiner kruden, heftigen Wahrheit besprenkeln, in die Albträume, Zeichnungen und Geschichten eindringen, damit er das sogenannte Erwachsenenleben nicht mehr heimsucht und sich in seinen früheren Albträumen verstrickt. Und da niemand nach seinen Ursprüngen fragt, wird alles schnell zwischen den vier weißen Wänden eines Krankenhauses enden. Fast ohne Echo.

Die Blendung zu riskieren, bedeutet, manchmal die Konfrontation mit dem Unnennbaren zu suchen, zu wissen, dass man trotzdem lebendig daraus hervorgehen wird. Was wird aus dem Vertrauen im Sprechen, wenn es entwendet und verraten, verdreht, gezwungen und pervertiert worden ist? Das Sprechen stellt wie eine Blendung das nackte Leben der Schrecken und Träume zur Schau. Es ist das erste Ringen, eine Zurschaustellung gegen den Schrecken der Welt, die Möglichkeit einer kampflosen Sanftheit. Unser Sprechen zu riskieren, ist bisweilen die einzige Möglichkeit, wenn wir ohne jeden Beistand verlassen wurden oder an der Liebe zweifeln; die Verlässlichkeit des gesprochenen Worts ist dann unsere letzte Zuflucht. Da man einem verängstigten Tier ins Ohr flüstert, bleiben nur noch wenige Worte, um den verbleibenden Raum der Anerkennung zu enthüllen. Es gilt, eine Sprache, eine Möglichkeit der Resonanz, eine erste Prägung neu zu erfinden.

Wenn wir in der Analyse das Sprechen riskieren, hoffen wir, dass uns jemand zuhört … Trotz der Blendung, die uns eines Tages überkommen hat, weil wir die Augen vor dem Unerträglichen zu schnell verschlossen und wieder geöffnet haben. Zu sehen, statt einen seelischen Tod zu erleiden, ist eine Form des Widerstands. Die Flucht ins Halbdunkel ist eine aussichtslose Therapie. *Sorrow* heißt es im Englischen: eine Mischung aus Traurigkeit und Ernüchterung.

Wenn man die Blendung riskiert, ist man bereit, einen kurzen Blick auf die Wahrheit zu erhaschen und sein Sehvermögen einzubüßen, weil es sich um den einzigen Ort handelt, an dem man lebendig bleiben kann. Der einzige Ort gegen Perversion und Lügen. Ein Zuviel an Licht beeinträchtigt die Schöpfungskraft und die Liebe, die aus demselben Stoff sind. Wer sich nicht blenden lassen kann, wer nicht an einem Überfluss an Licht oder einem plötzlichen Abtauchen ins Dunkel erblinden kann, hat keinen Zugang zum Wahn: zu jener anderen, nur vom Wahn gespendeten Wahrheit. Das Risiko der Blendung einzugehen, ist gefährlich, da der Überschuss an Licht oder Wahrheit die Möglichkeit der endgültigen, vollkommenen Erblindung in einem von Gespenstern belagerten Halbdunkel des Lebens umfasst. Genau dort aber entsteht auch die Freude.

Begehren, Körper, Schreiben

»Durch die Gewalt der Begierde (wird) der Gefesselte
gewissermaßen selbst sein eigener Kerkermeister.«
Platon

Wie kann man über das Begehren schreiben? Wie kann
man sich ohne Metapher, Ungenauigkeit oder Stammeln
dem, was uns alle im tiefsten Innersten antreibt, nähern?
Wie gelingt es, ihm umfassend gerecht zu werden und in
der unauffindbaren, unüberprüfbaren Wirklichkeit stets
der Wahrheit unseres Körpers nachzuspüren? Denn das
Begehren ist in erster Linie Körpersprache. Körperge-
schichte. Zeichen, heimliche Leidenschaft und Abstammung des Körpers. Kein Körper, der sich nicht nach dem
Begehren sehnte, der nicht von ihm gehemmt, gefesselt
oder aber beflügelt und angezogen würde. Und der Körper ist es auch, der mit dem Symptom auf etwas verweist,
das der ihn vermeintlich beherrschenden Vernunft kaum
bekannt ist. Die Sprache des Körpers ist ein Halbsagen
wie es bei Lacan heißt, denn wir wissen schon seit gerau-

mer Zeit, dass das Begehren mit Fesseln, Entfesselung und Verflechtungen zu tun hat: der Wörter, zwischen ihnen und ohne sie.

Die Auswirkungen des Begehrens erreichen uns in der vorvergangenen Zukunft. Hätten wir es nur vorher gewusst ... Aus dieser Unwissenheit, der unaufholbaren Verspätung heraus entsteht das Denken oder besser gesagt, die Fähigkeit, das Begehren exakt an der Stelle des Mangels zu denken. Wie das Halstuch, das ungreifbar von Hand zu Hand gleitet, bevor man anschließend ausruft: Es war aber da, ich hab's gesehen! Was hält das Begehren auf Seiten des Schreibens, in der Essenz des Schreibens? Denn meines Erachtens *schreibt sich* das Begehren, und zwar nicht nur in Büchern, sondern in allem, was Spuren hinterlässt – Inschrift, Gedächtnis, Archive –, in allem, was die Lebenden mit den Toten verbindet.

Ohne Begehren gehen wir auf unsichtbare Weise zugrunde, wir fühlen uns von nichts mehr angezogen, sehen keinen Sinn mehr und verrichten unsere Aufgaben mechanisch; selbst vertraute Gesichter sind uns keine Stütze mehr, deprimieren uns, werden nach und nach von der Angst infiziert. Was ist ein solches Leben jenseits des Begehrens, das sich auch Depression nennt? Das aufgebrauchte Begehren landet in den Räumen des Analytikers, wo man auf eine mögliche Erlösung und Wiedergeburt hofft. Das Schreiben des Begehrens ist ein talismanartiger Raum, ein Pfand für den (noch nicht unmittelbar bevorstehenden) Tod, für die (noch eine Weile währende) Liebe und das Denken. Bisweilen tastet sich der Schreibende durch das Halbdunkel voran, ohne genau zu wissen, was sich schreibt, aber ahnend, dass es ihm voraus ist. Aus welchen Gründen unterwirft der Schreibende sich ihm?

Manchmal mag es sich um Missverständnisse handeln, um Aufträge von Freunden oder Verlegern, Protokolle, Artikel, Aufzeichnungen von Träumen, kleine ungezähmte Denkblöcke. Mit welchem mysteriösen Verfahren wird der verlängerten Hand des Stifts oder des Computers fast ohne unser Wissen das Geschriebene anvertraut? Meiner Meinung nach enthält alles Schreiben einen untergründigen Text zu unserer Kopflinie, die wir mehr oder weniger erfolgreich kontrollieren. In diesem Subtext, der sich wie unsere Träume, Versprecher und Fehlleistungen, wie wichtige Lebensdaten oder Lieblingsnamen aus dem Unbewussten speist – in diesem Subtext kann sich das Begehren riskieren. In der analytischen Kur kann es ebenso schwierig wie beunruhigend, aber auch aufregend sein, die *Waffe* des Schreibens zu benutzen oder wenigstens anzuregen: Denn das Schreiben kann mit der Mündlichkeit, mit einem flüchtig gegebenen, gehörten und gebilligten Wort in Konkurrenz treten.

Sie ist Arterienchirurgin, und die Analyse hat von Anfang an genau dort angesetzt: in dem Austausch, der das Blut aus den Arterien zum Herzen transportiert und umgekehrt; dort, wo das Skalpell fast immer an den Grenzen zwischen Leben und Tod operiert, wo die Vene erstickt, wo weder Blut noch Begehren zirkulieren. Sie zeigt Symptome einer rebellischen Schwermut in Bezug auf Leben und Tod, ist in einem sterilen Raum (Operationssaal), dem für sie einzig möglichen Lebensort, gefangen. Der Rest ist verbrannte Erde. Was ich aus ihrer Kindheit zutage fördern will, quittiert sie mit Desinteresse. Ich weiß nicht, wie ich ihren höflichen Widerstand gegen meine Fragen brechen soll. Vor mir sitzt eine junge Frau wie ein kompaktes, zusammengestückeltes Puzzle, ungeheuer effizient im

Umgang mit ihren Kollegen und dem einzigen Menschen, der Gnade vor ihren Augen fand und ihre Aufopferung verdiente. »Nun ja,«, verbessert sie sich, »zu opfern gibt es eigentlich nichts, zumindest kein Innenleben«; sie half diesem jungen Biologen bei der Beantragung eines Patents mit ihrer Intelligenz und phänomenalen Belastbarkeit. Alles Weibliche war für sie unaussprechlich, ließ sich allerhöchstens in ein paar unterkühlte Worte fassen. Abgesehen von ihrer Arbeit und dieser Freundschaft sei ihr Leben absurd, sagte sie. Sie war im klassischen Sinne schön, sich selbst und einer möglichen Akzeptanz dieser Schönheit aber so fremd, dass man irgendwann gar nicht mehr darauf achtete. Trotz allem schlug ich ihr eines Tages vor, zu schreiben. Es kam selten bis nie vor, dass ich jemanden um einen Text bat. Doch ich fühlte mich hilflos und außerstande, dieser Frau zu helfen, der jedes Bewusstsein ihrer Weiblichkeit, ihrer Verletzlichkeit und ihrer außergewöhnlichen Intelligenz abging und die nichts anderes wollte als operieren – alles Übrige fiel aus ihrem Lebensraster. Ich wurde Zeuge einer geduldig überwachten Magersucht des Begehrens. Bevor ich endlich den Hass in ihrer Struktur erkannte. Es ist immer ein weiter Weg mit der Zweideutigkeit, was sie so besonders schädlich macht. Ich spürte jedoch einen leidenschaftlichen Impuls, der von einem übermächtigen Ideal, einer tödlichen Verkrustung eingeengt wurde. Was sie schrieb, war flüssige Lava. Offenbarte ein profundes Verständnis für die inneren Rückzugsorte des weiblichen Herzens. Fast so, als hätte sie ihr Leben im Vorzimmer einer Analytikerin, einer Frauenärztin oder einer hochkarätigen Soziologin verbracht. Kurze, scharfe, niemals pathetische Sätze. Sie kommentierte das Geschriebene nicht, so als stammten die Texte von einer anderen. Die Praxis der Analytikerin wurde zum Ort ihrer Geständnisse, nach und nach begannen auch Affekte mit hineinzuspielen, wie Blöcke, *die vereinzelt an der Oberfläche eines genau abgezirkelten Diskurses trieben. Dann kamen die Träume. Wütende, düstere, mit Mord und Wahnsinn bevölkerte Träume, Hörsäle voller Mörder, Vergewaltiger, Herumtreiber, offene Herzen und ausgeweidete Bäuche. Das Begehren ist hier nur Schreiben, zerlegt in die Gewalt der imaginierten, geschriebenen Schicksale. Es beginnt, sich auszudrücken, und niemand vermag zu sagen, ob die vor der Leidenschaft schützende Spaltung eines Tages eine andere Bühne bekommen wird als diese Blätter, welche ohne jeden Zweifel eine Veröffentlichung verdienen. Was bedeutet es für einen Analytiker, Hüter und vorübergehend auch Zeuge dieser gefesselten-entfesselten Worte, dieses flammenden Begehrens zu sein?*

Leben ist eine dem Schrecken entrissene Erfindung. Ein Schrecken, den manche in immer anderen Armen besänftigen, andere im Alkohol, wieder andere mit krankhafter Geschäftigkeit. Die Menschen sind ungleich vor der Angst. Es ist gut denkbar, dass jede einzelne Liebkosung der Mutter die Angst auf dem Körper des Kindes ein wenig glättet, dass sie es damit weiter zur Welt bringt, dass jedes Wort, jede gesungene Silbe, jedes Schaukeln der Wiege die Last seiner Welt-Fremdheit erleichtert und dem Kind in einem zutiefst archaischen und absolut lebensnotwendigen Sinn Gastfreundschaft gewährt. So hüllt sie das Neugeborene in einen anderen, einen zweiten, seelischen, Körper ein. Er besteht aus Resonanzen, die womöglich die ersten, an Kinder (übrigens auch an Tiere) übertragenen Codes zum Übersetzen des irrationalen Weltenklangs sind. Weshalb empfinden manche Menschen diese Fremdheit als unerträglich oder erholen sich nicht mehr von ihr? Oft werden sie schöpferisch tätig, gehen an der über einen langen Zeitraum hinweg hochdosierten Angst zugrunde, oder aber sie geben sofort auf, klammern sich an ein rettendes Etwas (Flasche, Spritze, Krise) als Ersatz für eine Zuflucht, die sie in der Wiege nicht bekommen oder annehmen konnten. Und weshalb scheinen andere von Geburt an dagegen immun zu sein?

Eine andere Bühne des Schreibens, eine andere Wiedergeburt.

Als Kind hat H. angefangen, sich für Waffen zu interessieren, für jede Form von Kriegszubehör. Später wurde er Schauspieler und verdiente seinen Lebensunterhalt als Synchronsprecher fürs Kino. Daraus wurde im Laufe der Monate so etwas wie eine zweite Identität, die er dem »Riesen« (der Titelrolle) als Ritterschlag anbot. Hinter dem Riesen lauerte der Schatten eines Vaters, der seine Tochter buchstäblich verschlungen hatte, ohne seinen Sohn anzurühren, welcher nun, im Stich gelassen, wütend auf der Bühne nach der väterlichen Liebe suchte. Später versuchte H., mit seinen Inszenierungen in der Geschäftswelt Fuß zu fassen, und hatte das Gefühl, mit dem Feind zu kollaborieren und einer wirtschaftlichen, kommerziellen Logik zu gehorchen, der er als Künstler eigentlich entkommen wollte. Seine Mutter stammte aus einer nordfranzösischen bürgerlichen Familie von Grundschullehrern. Als sie schwanger wurde, brach die Familie mit dem jungen Paar. Das Kind kam zur Welt und wurde nach einem halben Jahr in eine Pflegefamilie gegeben, bis die Eltern eine Stelle als Lehrer gefunden und die Großeltern die Verbindung akzeptiert hatten. H.'s Eltern holten ihn wieder zu sich und lebten eine Zeitlang mit ihm in Nordfrankreich. Als seine kleine Schwester geboren wurde, trennten sich die Eltern. Der Vater, ein unverbesser-

licher Schürzenjäger, sollte noch zwei weitere Frauen heiraten. Diesen inzestuösen Vater, der das Gesetz offen missachtete, sollte H. sein Leben lang mit einer imaginären Kraft, einer Rüstung, einer Veranlagung zum Gangster ausstatten. Die Mutter hangelte sich von einer Krise zur nächsten, drohte damit, sich umzubringen, die Familie mindestens einmal pro Woche zu verlassen, verlor die Geduld mit den Kindern und schwor ihnen gleich darauf wieder ewige Liebe. Die kleine Schwester bekam schwere Essstörungen und beging mehrere Selbstmordversuche: Damit setzte sie auf dem Altar eines bereits vollzogenen Opfers genau das um, was die Mutter unaufhörlich angedroht hatte.

Als ich H. zum ersten Mal begegnete, war er völlig zersprengt – wie ein Haus, von dem nur noch die Wände und ein Stück vom Dach übrig wären – immer noch ansehnlich, aber völlig schutzlos. Er war misstrauisch, gebildet und auf der Suche nach einer »richtigen Analyse«.

»Wenn mir jemand sagen könnte, was eine richtige Analyse ist …«, gab ich zur Antwort, »aber ja, wir versuchen es.«

Er hatte bereits eine Analyse mit einem Lacanianer und »Hobbyguru« hinter sich. H. litt sichtlich und schien nicht zu glauben, dass man irgendetwas für ihn tun könne. Er wollte jedoch nach eigener Aussage weniger leiden und sprach sofort von einer Frau, mit der er so heftige Krisen von Eifersucht, Begehren und Gewalttätigkeiten ausfocht, dass er mit dem Kopf gegen die Wand schlagen musste, um sich nicht an ihr zu vergreifen. Einmal erschien er mit verbundenem Kopf zu einer Sitzung. Ein paar Monate vorher hatte ich ihm nahegelegt, seinen Vater zu treffen. Ich hatte betont, dass er trotz allem einen Vater gehabt und immer noch habe, auch wenn er in seinen Augen inzestuös und hassenswert sei. Im Anschluss daran hatte er vier Sitzungen verpasst, dann aber seinen Vater zum Frühstück getroffen. Der Vater erzählte ihm, er habe seine Mutter verlassen müssen, weil sie ihn als Baby gegen die Wand geschlagen habe: Sie sei »komplett verrückt« gewesen. Bekanntlich können Perverse beim Anderen eine Gewalt auslösen, die auf ihre eigene, wohlweislich eingedämmte antwortet. Die Perversion des Vaters, der im Hinblick auf eine Wiederannäherung mit seinem Sohn detailreich eine Szene beschreibt, die ihn von der eigenen schweren Unterlassung freispricht, verstellt leider nicht den Blick auf die Wahrheit: H. reproduziert das Vorgefallene mit seinem Körper, indem er sich bei jeder erneuten Krise mit seiner Partnerin selbst verletzt. Es hatte in H.'s Leben eine andere Frau gegeben, die er geheiratet und nach der Geburt ihres Sohnes verlassen hatte, so wie seine eigenen Eltern ihn im Stich gelassen hatten. Françoise Dolto hat mit ihrer gewohnten Sensibilität den Wiedergutmachungszwang erläutert, ein Begriff, der ihr angemessener schien als der des Wiederholungszwanges. Ihr zufolge bemühten wir uns stets um Wiedergutmachung und müssten genau davon geheilt werden. Dieser Wunsch nach Wiedergutmachung zwinge uns dazu, die traumatische Szene erneut abzurufen, sodass die traumatische Wiederholung oft die Oberhand behalte.

Diese paroxysmale Hassliebe lebte H. mit all seinen Partnerinnen, bis er sich selbst hassenswert machte und sein Begehren abtötete, indem er ihres strapazierte. Auf diese Weise »rettete« er seine Mutter, da jede Frau früher oder später aus Liebe so handeln musste wie sie. Er konnte die Trauer um seine Mutter, die er zuletzt ein halbes Jahr vor ihrem Tod gesehen hatte, nicht überwinden. Ich wies ihn auf diesen Sachverhalt hin: exakt ein halbes Jahr, so als müsste er seine Mutter vor ihrem Tod im Stich lassen, damit sie es nicht konnte. »Aber ich wusste doch nicht, dass sie sterben würde«, entgegnete er. Mit dieser Mutter sprach er, der nicht an Gott glaubte, in jeder Kirche, an der er vorbeikam. Im Zuge seiner unmöglichen Trauerarbeit begann er wieder zu schreiben (er hatte bereits ein Manuskript beendet). Während er politische Verantwortung übernahm und sich von seinem Suchtverhalten – Alkohol, Geschwindigkeitsexzesse etc. – befreite, ging er parallel dazu mit seiner Regiearbeit, die er der Vaterwelt zuordnete und als immer unerträglicheren Kompromiss ansah, ein finanzielles Risiko ein. Dazu kam, dass er in seiner Jugend mit dem Theaterlehrer eine Affäre gehabt hatte. Über seine homosexuelle Erfahrung sagte er lediglich, dass es ihm gefallen habe, sich diesem Mann in einer masochistischen Position ausgeliefert zu fühlen.

Eines Tages verkündete er mir, er müsse die Analyse aus finanziellen Gründen abbrechen. Er stellte seine Entscheidung als weise und verantwortungsbewusst dar, indem er mich dezent daran erinnerte, dass ich ihn zu größerer Sparsamkeit animiert hatte. Ich würde ihm seinen Realismus also nicht vorwerfen können! Die Wirklichkeit stürzte über ihm zusammen, dazu die Steuern und der gesamte Rückstand seines ungeregelten Lebens, was zugleich verheerend und befreiend auf ihn wirkte. Ich nahm ihn beim Wort: Am Geld solle es nicht liegen. Er brauche seine Sitzungen nicht mehr zu bezahlen, bis es ihm finanziell wieder besser gehe. Verblüfft gab er zur Antwort, er wolle aber keine so großen Schulden machen. Ich setzte hinzu, dass er gar nichts zurückerstatten müsse, wenn er einverstanden sei, die nötige Therapiezeit in Anspruch zu nehmen. Noch nie hatte ich einem meiner Patienten eine so radikale Lösung vorgeschlagen, dabei gab es weiß Gott welche, die sich in noch ausweglosere Situationen befanden. Doch ich spürte seine Fragilität. Er willigte schließlich ein. Während der vier unentgeltlichen Monate gab er mir Auszüge aus seinem neuen Roman zu lesen, der mit einem Kriegsbericht begann. Später sollte H. beschließen, Analytiker zu werden. Und eine harmo-

nische Beziehung mit einer Frau führen. Allein die mütterliche
Stimme verließ ihn nicht.

Die Geste des Schreibens ähnelt einer Verzauberung, einem Treueschwur – nur wem gegenüber? Und weiß der Verfasser es im Augenblick des Schreibens? H.'s Text schwimmt im Fahrwasser eines traumatischen Ereignisses, aber anders als das Meer, das alle Kräuselungen wieder glättet, ist er ein Appell, eine Provokation, die nach einer Antwort verlangt. Während das Trauma das Opfer herausfordert oder gar notwendig macht, lassen sich seine Überbleibsel an den symbolischen Opfern der Zeugen erkennen. Die Fahrspur verblasst bekanntlich, und es ist, als wäre das Meer nie vom Bug eines Schiffes durchpflügt worden. In einem Menschenleben hingegen verblasst das Vorgefallene nicht. Schon gar nicht, wenn die Fahrspur der Literatur angehört. Denn hier handelt es sich um eine besondere Form des Gedächtnisses: Fiktiv oder poetisch, verkennt sie nicht, was sie den Überlebenden vermacht.

Das Schöpferische lässt sich nicht erklären. Vielleicht aber kann man ergründen, wie sich eine Sprache gegen die Sprache ausbildet. Gegen die Fremdheit der Welt erfindet das Schreiben eine Sprache, um das Unübersetzbare zu übersetzen, um das Unnennbare in einer neuen Form zu Gehör zu bringen. So entsteht eine Sprache für sich allein, um Virginia Woolf zu zitieren, eine Einfriedung, in der das für eine Weile beschützte Subjekt sein Eintauchen in den Strudel der Wirklichkeit verhandelt. Es erprobt die Welt aus einem Exil heraus, das uns von frühester Kindheit an wie eine innere Veränderung eingeprägt ist, um frei zu sein. Diese Sprache umfasst auch die Farben auf der Palette des Malers, die Noten und Hände des Musikers, den behauenen Stein, sämtliche Kunstwerke, ephemeren Installationen und Abstraktionen, Architekturpläne und die stillen Räume zwischen den Barrikaden. Tatsächlich aber ist das Überwinden der Angst seinerseits ein beschwerlicher Prozess, der uns gleichwohl einen Zugewinn an Intelligenz beschert. Er verzehrt uns langsam. Wenn das Subjekt den Weg des inneren Friedens nicht findet und das Exil des Schöpferischen betritt, kämpft es mit einer vielköpfigen Hydra. Aber es kämpft – und dieser Kampf kann ihm eine außergewöhnliche Lebenskraft verleihen. Kein Kunstwerk kann sie erschöpfend verarbeiten. Es sei denn, man beschließt, dem Leben oder dem Werk ein Ende zu setzen (was für die Betreffenden oft gleichbedeutend ist). Denn diejenigen, die wir »Schaffende« nennen, sind zusätzlich zu allem anderen auch für die anderen verantwortlich. Sie tragen eine Verantwortung gegenüber ihrem Werk und gegenüber den Stimmen, denen sie Leben verliehen haben. Sie sind denjenigen gegenüber verantwortlich, die sie lesen, hören, entdecken und für die das Leben ohne sie ein anderes wäre. Mithilfe der Sprache eines angstfernen Weges hält der Körper dieses fragile Gleichgewicht zwischen Angst und Erfindung. Dabei steht er manchmal unter Drogen und (latent immer) unter Hypnose, befindet sich in einem Zustand des Begehrens und der Wachsamkeit, oft der Erschöpfung. Er nimmt Alkohol, Sex und andere Abhängigkeiten zur Hilfe, vielleicht auch eine ganz bestimmte Kugelschreibersorte, genau dieses Fenster oder diese Atelierwand, ein besonderes Licht, den Klang eines bestimmten Studios –, jedem sein Talisman, um ja nicht verschwinden und alles verlieren zu müssen. Wie etwa die »wahrhaft dunkle Dunkelheit« auf der ersten Seite der *Suche nach der verlorenen Zeit*. Diese Seite, deren

234

Anfang uns so vertraut ist, lässt uns in die Verletzlichkeit des Schlafs gleiten und bringt das »Ich« allmählich um jegliche Orientierung und imaginäre Beschaffenheit: Auf diese Weise entdeckt es eine von der Gewohnheit befreite und mithin wahrhaft dunkle Dunkelheit. Beckett sollte in *Worstward Ho* von »entdunkelten« Dingen sprechen. Es ist das »Unscheinbare«, das Bartleby in unseren Augen für immer personifizieren wird, der sture Widerstand gegen ein vorgekäutes Denken, gegen abgeschmackte Bilder, gegen die Dummheit all dessen, was uns immer wieder in die Wiederholungsschleife zieht. Dieses Unscheinbare ist eine unbestimmte, aber außergewöhnliche Verschiebung.

Die Angst, auf die sich das Schreiben stützt, hält nur deswegen an, weil wir aus aller Kraft gegen sie ankämpfen. Damit sich Anderes, Neues, Unverhofftes auftut. Was uns bedrängen kann, ist die Last dessen, was hätte sein können und nicht gewesen ist ... das Nicht-Geborene, das sich nicht hat öffnen können und uns permanent als Bedauern oder Bedrückung heimsucht. Wenn wir unter dem betreffenden Symptom leiden, glauben wir, dass uns dieses Leid am Leben hindert, während es doch in Wahrheit den Preis der Wirklichkeit für uns verhandelt. Wir arrangieren uns mit dem Symptom, das immer noch eine bessere Lösung darstellt, als wenn wir Verrat an der ursprünglichen Treue üben müssten, der wir uns mit unseren ersten überlebenswichtigen Bindungen verpflichtet haben. Das Symptom ist der Versuch, um den Preis eines schuldähnlichen Leids das Leben zu bestehen. Statt schöpferisch tätig zu werden, verzichten wir darauf, nach den Gründen für unsere Erstarrung zu suchen. Das Opfer spiegelt sich in unserem Körper: Erbrechen, Ausschlag, lokale Lähmungserscheinungen, Frigidität, Schlaflosigkeit – schließlich ist es besser, dem Feind ein Bataillon zu opfern und die Offensive zu gewinnen, als das Risiko einzugehen, das ganze »Armeekorps« auf dem Schlachtfeld zu verlieren. Ich denke, man kann diese Ökonomie des Symptoms nur beginnen, wenn man sich zuvor mit ihr verbündet hat. Genau davon erzählen unsere Träume. Das Problem des Symptoms ist seine Unersättlichkeit. Es gibt kaum ein anhaltendes neurotisches Gleichgewicht im Symptom, das wie ein ausgehungerter Riese immer mehr von uns verlangt. Es begnügt sich nicht mit dem, was wir ihm geben (die Analyse will dem Ungeheuer ins Auge sehen, statt es permanent mit neuem Frischfleisch zu versorgen), da es sich vor allem vom Opferwert ernährt: dem Preis, den das Subjekt für sein Begehren zahlen zu müssen glaubt.

Die vier unentgeltlichen Monate waren für H. eine Befreiung: »Ich wusste nicht, dass sich eine Bindung oder ein Pakt anders gestalten kann als eine todbringende Ökonomie, deren Rechnungen nie beglichen werden«, sagte er. Auch wenn das Begleichen der Schulden bei der Analyse grundlegend sein mag, ist die Ökonomie des Begehrens (und damit jede Form der Ökonomie) derartig verrottet und verdorben, dass sie alles in ihrer perversen Verdrehung mitreißt und etwas ganz anderes erfunden werden will … Da H. bereits Erfahrungen im Schreiben hatte und das Schreiben nicht zuletzt auch mein Symptom ist, konnte das vom Trauma verwüstete Gebiet womöglich auf dem Boden der geschriebenen Worte erneut gedeihen. Ich brauchte eine Weile, um zu begreifen, dass die Seiten, die er mir bei jeder Sitzung aushändigte, die Bezahlung ersetzt hatten. Erst als die Ferien kamen und keine Sitzungen mehr stattfanden, merkte ich, dass die »versprochenen« Seiten nicht im Briefkas-

ten lagen. Wenig später wurde sein Roman von einem angese-
henen Verlag veröffentlicht.

Wenn sich das Begehren schreibt, geht es Hand in Hand mit Tod und Freude. Als Schreiben bahnt es sich einen Weg durch die Schicksale unserer Toten: die, die wir geliebt haben, aber auch die, deren unkontrollierte, qualvolle Erinnerung über merkwürdige Wiederholungen und Zufälle, die an die griechische Schicksalshaftigkeit erinnern, weiter in uns arbeitet. Tatsächlich ist die Art und Weise, in der sich das Schreiben einen Weg bahnt, die Kunst, dem Leid zu entsagen. Denn dem Leid zu entsagen, erfordert sehr viel Mut.

Heilung?

Welche Heilung können wir erwarten, wenn uns, einschließlich der Möglichkeit des Sprechens, alles genommen wurde? Wie lässt sich das lebendige Vertrauen in die Sprache, das Labor aller Veränderungen, wiederherstellen? Das Risiko der Heilung beruht auf der Bereitschaft, sich eines Wissens zu entledigen, das eher uns in Beschlag nimmt als umgekehrt. Wann müssen wir unsere bisherige (emotionale, körperliche oder materielle) Grundlage verlassen, um Zugang zu einem ausgedehnteren, aber noch ungewissen und damit beunruhigenden Ort zu bekommen?

Er heißt Ariel. Alkohol, Gewalt, Amnesie. Er wird immer wieder rückfällig, den Teufel fest im Visier. Ein Doppelleben zu geringem Aufwand; eine kaputte Familie, Demütigung, Selbst-

ekel. Da auch ich von dieser nicht enden wollenden Analyse erschöpft bin, fordere ich ihn zum Automatischen Schreiben auf: Er möge in jeder schlaflosen Nacht, alles was ihm einfällt, notieren, ohne sich zu korrigieren oder zu zensieren. Rasch verschafft sich eine insistierende weibliche Stimme Gehör: Eine versteckte Schwester? Eine verstorbene Zwillingsschwester in der vorherigen Generation? Nichts ... Er fängt an zu überlegen, wundert sich über die plötzlich auftauchende Doppelgängerin. Im Prinzip ist keine Homosexualität oder Feminisierung im Spiel. Dafür geht er inzwischen mit einem kürzlich wiedergetroffenen Kindheitsfreund Tangotanzen. Das gefällt ihm. Er trinkt immer noch genauso viel, vielleicht sogar mehr.

Er trinkt, um den Boden unter den Füßen zu verlieren. Der Alkohol spaltet ihn von sich selbst ab, lässt ihn seinen Träumen nachhängen, er fühlt sich freigesprochen, porös. Überzeugt davon, dass ihm die weibliche Stimme eine verdrängte Vorliebe für Männer suggeriert, zwingt er sich zum Besuch von Schwulenbars. Ich bin skeptisch. Er sucht immer krassere Orte auf, versucht sich als Voyeur, tut so, als hätte er das schon immer gemacht und verlässt diese Schauplätze wie einen Boxring. Er will seinem Phantasma im Reinzustand begegnen. Doch er begegnet nichts und niemandem, nicht einmal sich selbst. Dann zieht es ihn in die entgegengesetzte Richtung, er meditiert, huldigt der Askese, stählt seinen Körper und hungert. Ich mache mir Sorgen, weil er stark abmagert. Erneut wendet er sich dem Automatischen Schreiben zu und merkt auf einmal, dass er nicht mehr trinken kann: weder Genuss noch Widerwille, die pure Undurchdringlichkeit. Ist er hinter den Spiegel gelangt? Er beschließt, sich von seinen Freunden fortan Alice nennen zu lassen. Eine noch stärkere Droge? Lachend sagt er, es handle sich um seine amerikanische Identität. Der Widerstand seines Körpers gegen das Trinken erschreckt ihn, als lechzte er nach

Versöhnung. Ich schlage ihm vor, das Risiko einzugehen, wieder ein bisschen zu trinken und daraus eine Art Zwang zu machen. Jeden Abend ein kleines Schlückchen Gift – aber wozu? Möglicherweise war das gefährlich, aber ich wusste keinen anderen Weg. In einem seiner Texte propagiert Peter Sloterdijk die Giftigkeit als einzig möglichen Impfstoff gegen das Böse. Es sei Aufgabe des Denkens, sich den Virus selbst einzuimpfen und die Widrigkeiten der eigenen Heilung nutzbar zu machen.

Nicht spalten, sich vor dem mit Narben übersäten Schwarz-Weiß hüten, in dem die Neurose triumphiert. Alice/Ariel, das von der Mutter verschmolzene Bruder-Schwester-Paar, ein in seiner Geschichte verborgener Inzest, jeden Sommer zwischen ihrem 16. und 19. Lebensjahr. Eines Abends sollte sie sagen: »Zwischen Bruder und Schwester zählt das nicht«, und diese Worte richtete sie an Alice. Denn bei ihren inzestuösen Spielen stellten sie sich, der Welt und allen Blicken entzogen, Alice im Wunderland vor. Die Mutter sieht darin noch immer ihr künstliches Paradies, die Worte stammen von ihr, schuldiges Entsetzen, ein Bruder, der später, mit 30 Jahren, bei einem Motorradunfall ums Leben kam, Schleifen und Schutzschilde des Schicksals. Reicht es anzuhören, was wie ein Gift im Körper schlummert und nun sein Geheimnis preisgeben will? Die mütterliche Amnesie, die verschwiegenen inzestuösen Sommer, die vom Körper ins Denken sickernde Erregung, das Verbot außer Reichweite.

Verblüffende Verbundenheit mit unseren Verletzungen. Das, was wir heimlich tun, was wir uns selbst antun, die herzzerreißende Wehmut nach einem Leben, das wir hätten leben können oder sollen. Dort beginnt die Hölle: mit einem Kindertraum, der zu den kaputten Spielsachen und alten Klassenfotos geräumt wurde. Für Abhängigkeit und Schwermut gibt es kein Vergessen. Keine wohltuende Amnesie, nur Reue. Das Ein-

240

geständnis ihres Scheiterns dient ihnen als Verdünnungsmittel. Aber das ist kein Vergessen. In ihren schlaflosen Nächten liegt eine zerstörte Kindheit.

Die toxische Substanz, die Ariel konsumierte, war auch nicht tödlicher. Mit sechzehn – genau das Alter der ersten inzestuösen Sommer seiner Mutter – hatte er mit einem Fleckenentferner der Marke Eau écarlate *(frz. scharlachrotes Wasser) begonnen. Scharlachrot, wie die Menstruations- und Lebensflüssigkeit, die Flüssigkeit von Tod und Geburt, der ersten Verletzung. Die Flüssigkeit der Träume und heimlichen Bestimmungsorte, das Wasser der Reisen und Zusammenbrüche, heimliches Wasser. Alice/Ariel treten hinter den Spiegel, ihre/seine Mutter hatte vor ihnen die Wege einer verbotenen Lust erforscht und bewahrte nun die Spuren eines verschlossenen Geheimnisses in sich, das, wie sie glaubte, mit ihrem zukünftigen Leben nichts zu tun habe. Der Bruder war tot, es gab keinen Zeugen mehr. Als ihr Sohn der Hölle der Alkoholabhängigkeit verfallen war, hatten alle geschwiegen. Unser Schweigen zeugt von allem Nicht-Sagbaren, es bereitet – manchmal um den Preis des Todes – dem Wahnsinn, aber auch und vor allem der Wahrheit das Lager. Verletzte Engel in einem Körper, den sie nicht verstehen, der nie der ihre sein wird. Verwahrer einer Geschichte, die kein Erbe sät, weder in Worten noch in anderer Form, brennt ihnen diese Wunde in den Körper, ein Erschöpfungszustand, gegen den sie nichts ausrichten können, hilflos gegen die Angst, die weder sagt, woher sie kommt, noch, warum sie da ist. Für sie ist es immer schon zu spät ... Wie soll man mit diesem unmöglichen, untröstlichen Vergessen umgehen?*

In Shakespeares *Sturm* ist Ariel der Luftgeist und Bote. Derjenige, der erscheint. Ariel erlöst Alice, und Alice nimmt Ariel mit auf die andere Seite des Schlafes ... dorthin, wo es den eiligen weißen Kaninchen besser ergeht, wo die Grinsekatze Sie umbringen oder Ihnen das Leben schenken will. Alice weckt Ariel aus einem Traum, der viel wirklicher ist als sein gesamtes bisheriges Leben; kein Wunder also, dass man wieder dorthin zurück möchte – und sei es mit abgeschlagenem Kopf. Was soll man tun, wenn man glaubt, dass sich in der kleinen Flasche das Geheimnis der Metamorphose verbirgt, dass man nur trinken muss, um seinen Körper loszuwerden? Ariel trinkt nicht mehr, Alice weiß, dass sie geträumt hat, die Mutter hat die Vergangenheit jener Sommer offenbart, die grausamer sind als jede künftige Enttäuschung. Nennt man das also »Heilung«?

Eine andere Sprache

Das Risiko existiert im Verhältnis zur Zeit, die es spaltet. James Joyce und Lewis Carroll, Kafka und Melville haben diese Übergänge zwischen Traum und Wirklichkeit in beiden Richtungen erforscht – und sie wussten, was sie taten: Ihre Literatur ist im buchstäblichen Sinne traumatisch. Insofern sollten wir uns kurz mit der Literatur als Ausdrucksform eines abgesicherten Risikos, als Lebenskunst, beschäftigen. Gibt es ein Leben außerhalb der Literatur? Welche andere Möglichkeit haben wir, der Sprache innezuwohnen, in einer zugleich unschuldigen Vertrautheit und verblüffenden Fremdheit?

In *Ulysses* entwirft Joyce die rauschende Konstellation des sogenannten »Subjekts«, bringt dessen unterbrochene, in ihrer Wildheit genau berechneten Stimmen zu Gehör. Molloys innerer Monolog ist ein Gebiet, das man wie eine *terra incognita* betritt: voller Angst, Aufmerksamkeit, Abneigung und unfähig, dort zu verharren; gleichzeitig ist alles fließend, ruhig und frei. Ob wir wollen oder nicht, bringt uns die Literatur das reine Risiko der Sprache zu Gehör. Es ist die Dissonanz, die in eine Welt der vorbestimmten Harmonien einbricht. Jeder literarische Text ist notwendig, in gewisser Weise absolut. In eine Sprache, das heißt in eine *andere* Sprache, zu schlüpfen, bedeutet, an der Muttersprache Verrat zu üben. Den Wunsch nach der Verlängerung desselben, der verhängnisvollen, unfreiwilligen Wildheit des Mütterlichen zu leugnen. Es gibt keine Metapher ohne das Risiko des Wahnsinns. Der Wahnsinn ist eine Metapher, die sich nicht geschlossen hat, die nichts hat einschließen können. Eine Verwirrung im Herzen der Sprache.

In *Billy Budd* geht Melville diesem Wendepunkt in der Sprache auf den Grund, der einen Menschen zum Verwahrer einer Gruppenschuld macht, aber auch zum Verwahrer eines Punktes, an dem er seine Identität aufgibt, um dem Wunschbild des Anderen zu entsprechen. Dieser Wendepunkt verkörpert sich in den erhabensten Ausdrucksformen des Blödsinns – von Kaspar Hauser über den Fürsten Myschkin, den Helden aus Kafkas *Prozess* und Bartleby bis hin zu Don Quichotte – und setzt das Subjekt der Gewalt der gesellschaftlichen Konventionen aus: angefangen bei der zum fatalen Gesetz erhobenen imaginären Bürokratie über die schuldhaften Kriege bis zum Hass des Gerechten. Er führt uns vor Augen, was sich im Menschlichen der Lüge verweigert. Was zum Risiko der Wahrheit bereit ist. Einer Wahrheit zumindest, die in diesen Texten durch die Sprache zum Leuchten gebracht wird. Und in einer gewissen Unvernunft zum Ausdruck kommt – wenn die Vernunft das ist, womit wir urteilen und ein gemeinsames Gesetz schaffen, eine überlieferbare Gewissheit und ein unzweideutiges Wissen.

In den von ihr als *killer-texts* bezeichneten Büchern – etwa in Goethes *Werther*, aber auch in der suchtkranken Figur der *Madame Bovary* – erforscht Avital Ronell die Gefährlichkeit, ja die Letalität eines bestimmten Sprachgebrauchs von Schriftsteller und Leser. Die Toxizität des Textes ist ein notwendiges Gift. Der aufgenommene Giftstoff – womöglich wieder eine Art Impfstoff mit einer schwierigen, also gefährlichen Dosierung? – wehrt sich gegen eine abgenutzte Sprache, die nur Konventionen, Abwesenheiten und eine deprimierende Leere in uns anstaut. Diese verblichene Sprache, meist die unsere, die von Kindern und Psychotikern zu neuem Leben erweckt wird, legt sich wie ein Leichentuch über die Wirklichkeit. Zu unserem Schutz – denn das Lebenspralle der Welt schreckt uns, macht uns labil, ungehorsam und leer. Die sogenannten *killer-texts* gehen uns unter die Haut und infizieren uns ebenso verlässlich wie ein Virus, der unsere Zellen befällt. Sie verändern unser In-der-Welt-sein, zunächst fast unmerklich, dann immer deutlicher, je stärker wir in Resonanz mit ihnen treten. Die Lektüre ist ein Labor, dessen Wirkungskraft wir nicht ermessen. Wir schreiben ihr eine harmlose Gelassenheit zu, die uns lediglich in unserer Freizeit beschäftigt, abends oder mittags vor dem Schlafen oder an ruhigen Vormittagen. Dabei ist das genaue Gegenteil der Fall. Was die Lektüre in uns zum Anstoß bringt, offenbart sich nicht, zumindest nicht sofort. Die von ihr bewirkte Verwandlung ist kontinuierlich und reicht weit über den Augenblick hinaus, in dem wir eine Seite lesen. Daher ist die Lektüre in manchen Momenten des Lebens, ja in manchen Leben überhaupt, unmöglich. Zumindest eine wirkliche Lektüre: sprich das Betreten einer Zone des Entzückens, wo das, was in uns angesprochen wird, nicht greifbar ist.

Den Skandal riskieren

Skandal kommt vom lateinischen *scandalum*, was ursprünglich Fallstrick bedeutet. »Verschwände der Skandal mit meinem Leben, oh, welches Glück wär dann mein naher Tod!« ruft der sterbende Duke of Lancaster, als Richard II. sich anschickt, seine Besitzungen zu konfiszieren. Egal, was man über den Skandal zu schreiben versucht, der Blickwinkel ist von vornherein verstellt. Sofort verleiben wir uns den Gegenstand des Skandals ein. Kann also nicht vielmehr eine Person an einem bestimmten Ort und zu einem bestimmten Zeitpunkt den Skandal verkörpern wie einst Jesus?

Was sorgt heutzutage noch für einen Skandal, was erregt wirklich Anstoß? Anstoß zu erregen bedeutet, jeden Anstand unter sich zu begraben. In früheren Zeiten fand das auf der Straße statt: die Exkommunizierungen der

Surrealisten, die gewaltgeladenen Happenings amerikanischer Künstler während des Vietnamkrieges, Extravaganzen, hartnäckige Entgleisungen ... Streng verurteilte man die Ausbrüche, die lästige Unvernunft, die gegenseitigen Hassattacken, böswilligen Angriffe, Tricks und künstlichen Paradiese, verwarf sie als aussichtslose Kämpfe. Doch das intellektuelle Leben forderte diesen Preis. Was ist heute von unseren Empörungen noch übrig? Was machen wir aus unseren Revolten? Wenn wir schon nicht mehr unsere Befindlichkeiten offen zur Schau stellen können, sollten wir wenigstens dem Skandal noch seine Daseinsberechtigung lassen.

Die Sprache von Joyce bricht das gewöhnliche Zuhören, sie tut uns Gewalt an, wie die von Céline oder auf quälende Weise auch das Schreiben von Proust oder Virginia Woolf. Wir können unserer Gedankenlinie, unserem Rhythmus nicht folgen, werden ständig abgetrieben und entrissen, der Text brandet über uns zusammen, zerstört systematisch unsere Deiche und Zufluchtsorte. Joyce legt alle Stimmen eines Menschen bloß, etabliert Trennungslinien und bricht einzelne Handlungsstränge. Der Einbruch ist beabsichtigt, die Gewalt ist Methode. Womöglich hat man diese Texte auch deshalb kanonisiert, um sie zum Schweigen zu bringen. Ihre universelle Anerkennung kaschiert nur unzureichend das Unbehagen, das sie auslösen, das Unbezähmbare, die überlegene Wildheit, den entschlossenen Kampf gegen die Schlafmittelverkäufer und den Handel mit einer hirnlosen Sprache.

Allein das Kunstwerk sorgt für den wahren Skandal, weil es eine neue Sprache erfindet. Ein Akt, ein Ereignis oder eine Person können »als Performer« bisweilen selbst zum Kunstwerk werden. Insofern gehören sie ein bisschen der Sprache der Welt an, die sie unfreiwillig – also ohne ein klares Bewusstsein ihrer momentanen Bedeutung für die Geschichte – erneuern. Der Skandal wirkt ansteckend, er provoziert eine Krise in unserer Wahrnehmung der Welt. Insofern ist jede Zensur schon im Voraus entschärft, weil die Welt Jahre später dieser neuen Sprache unfreiwillig ihre Identität und ihre Öffnungen entlehnt. Heutzutage fürchten wir den Skandal, und die scheinbar dominante Nicht-Zensur ist nur der Deckmantel einer Epoche, die reaktionärer ist als je.

Der Skandal steckt gelegentlich in dem, was am Flüchtigsten scheint – in den Falten der Dinge, den Oberflächeneffekten. Unsere Epoche würde gern alles glätten, bis es verschwindet: die Menschen hinter den Situationen, Hierarchien und Entscheidungen verblassen lassen, nur keinen Anstoß erregen, alles wiedergutmachen können. Pierre Zaoui schreibt dazu: »Im Moment der tiefsten Erschütterung kann man nur noch für die Oberflächenereignisse empfänglich sein, die sich zeitgleich in der Welt und in uns selbst ereignen, weil die Oberfläche die Welt und uns selbst, Geist und Körper vereint.«[32] Denn zum Skandal gehört auch alles, was man dem Negativen, der Krankheit und dem Tod zugeordnet hat, was sich weder ändern noch rechtfertigen lässt. Keine imaginäre Wiedergutmachung kann uns einen geliebten Verstorbenen zurückbringen: Diesen Skandal haben nicht wir verursacht, er bricht über uns herein. Er schafft weder Versöhnung noch Wiedergutmachung, er ist in vielerlei Hinsicht purer Un-Sinn – wie soll man ihn preisen, einen Ausweg finden, ihm einen Wert zugestehen? Etwa, indem man in jedem Ereignis einen Sinn, einen Horizont sieht?

Der Skandal ist unstillbar und unversöhnlich; die

Fluchtlinie, die er eröffnet, lässt sich nicht schließen. Er ist keine Alternative, die man einer anderen vorziehen kann, er ist weder der Gegenstand einer Wahl noch einer Wette, er kann weder benutzt noch eingeholt werden, er ist einfach plötzlich da. Er färbt auf die umgebende Wirklichkeit ab, verschiebt sämtliche Stütz- und Bezugspunkte, Staudämme, Schwellen und Alphabete. Er ist ein sich ausweitender Kreis, dessen Umgrenzung zu keinem Zeitpunkt absehbar ist. Vielleicht enthält er einen der Barbarei, also der Gleichgültigkeit abgetrotzten Raum des Denkens.

Seine Kindheit riskieren

Das Risiko der Kindheit einzugehen heißt, nie zu vergessen, dass wir einmal Kind waren. Leichter gesagt als getan. Wir kehren unserer Kindheit den Rücken zu, erinnern uns an sie, um sie umso besser in einer abgeschlossenen Vergangenheit vergraben zu können. Wieder in die Kindheit einzutauchen bedeutet, die Welt der Enttäuschung, aber auch des Staunens zu betreten. Die Kindheit, die in uns Erwachsenen präsent ist, hat nichts mit der Kindheit unserer Vergangenheit und der Wiedererinnerung gemein: Wir haben sie in uns gehegt, haben ihre Konturen aufmerksam nachgezeichnet, die Fundamente neu errichtet, die Atmosphäre verfälscht und der Chronologie mithilfe von Fotoalben nachgeholfen. Diese Kindheit ist nicht schwer zu erinnern, sie ist etwas sperrig, manchmal sogar gefährlich, und wird je nach den Bedürfnissen unserer Anpassung an die Erwachsenenwelt neu erfunden. Die lebendige Kindheit in uns ist etwas völlig anderes. Eine Erfahrung purer Intensität, wie eine seltene Droge, die man nur schwer vergessen kann, wenn man sie erstmal ausprobiert hat. Eine geistige Last, die eine fast rauschhafte Leichtigkeit und intakte Kreativität auslöst. Der Zugang zu dieser Kindheit ist jedoch den meisten von uns verwehrt. Als geheim klassifiziert, lagert sie unzugänglich in unseren Archiven. Es gibt keinen Schlüssel, der uns wenigstens vorübergehend Eintritt gewähren könnte. Also muss man sich gewaltsam Zutritt verschaffen: als Dieb hineinschlüpfen und das Wesentliche entwenden. *Re-ignite it*, heißt es im Englischen. Selbst darüber zu sprechen ist schwer, denn die zeichenhaften Wörter fliegen uns aus einem ausweglosen Exil zu.

Weshalb nur ist sie uns so strikt untersagt: Was macht ihre Gefährlichkeit aus, ihre extreme Entflammbarkeit, ihre Ansteckungskraft und ihren Wahnsinn? Ja, auch der Wahnsinn ist nicht weit: Unordnung, Ungereimtheit, Wahn und Visionen, das drängende Begehren, aber auch die Einsicht (*insight*), die unmittelbare Wahrnehmung des Verlässlichen und Zweideutigen, die schöpferische Macht der Sprache und die Fähigkeit, die Welt an all ihren Punkten zu bewohnen. Es ist ein Risiko, unachtsam zu leben, auszublenden, was unsere Werte geprägt hat, unsere Gewissheiten und Zweifel, unsere bewusste Empfindung, wenigstens ein bisschen Gut und Böse unterscheiden zu können. Jenseits der Erinnerung drängt sich uns die Kindheit jedoch ständig auf, sie durchdringt unser Leben wie ein flüchtiger Sommerregen, der uns eines Abends die Düfte, das Gefühl einer Nacht ohne Müdigkeit unversehrt zurückbringen könnte.

Die Kindheit ist die einzige metaphysische Erfahrung, die wir in dem Bewusstsein machen, dass sich unser Leben auf einmal umgekehrt hat. Wir haben die Rückseite der Welt gesehen. Die verborgene Doppelung, die Kulissen. Dann kommt das Vergessen. Und das Erwachsenenalter, das dem Ideal auf die Seite der Wirklichkeit verhilft, die verborgene Rückseite der Platon'schen Höhle, die geheime Botschaft der Proust'schen Madeleine, das Motto einer jeden Erzählung. Kind gewesen zu sein bedeutet, etwas aus aller Kraft herbeigesehnt zu haben. Als wunderbares, leichtfertiges, eigenwilliges, unentschlossenes Kind, das sich auf einen gemeinsamen Traum mit seinen Stofftieren stützt.

Das Kind weiß voller Vertrauen sein Geheimnis geteilt. Die Welt spricht mit ihm, und das Kind spricht mit der vertrauten Welt, sogar mit den Gespenstern. Das Unbekannte ist bezähmbar. Diese innere Sicherheit ermöglicht ihm zu denken, befreit seine Träume und seine Erwartung. Dann ein plötzlicher Blitz am ungetrübten Sommerhimmel. Die Gefahr bringt die Grundfesten einer vermeintlich sicheren Welt ins Wanken. Das Schwanken überträgt sich auf das Kind: An den Rändern dieser Welt gibt es also Unbezähmbares, einen Raum purer Wildheit, der sich selbst mit Wörtern nicht bannen oder fassen lässt. Dieser Blitz ist keine Sache, die man dem Kind verweigert hat, aber womöglich ein beiläufig über das Wichtigste in seinem Leben gefälltes »Nein«, das nicht nur Enttäuschung und Kummer bewirkt, sondern der Wirklichkeit ein ganz anderes Gesicht verleiht. Dabei kann es sich um einen Sturz mit dem Fahrrad, um eine für ein paar Tage aufgeschobene Reise oder das nicht eingehaltene Versprechen einer Abendgeschichte handeln – nicht die Bedeutung eines Ereignisses ist für die Kindheit prägend, sondern der unvermittelte, schwindelerregende Sturz aus der sicher geglaubten Welt. Plötzlich lässt ein Spalt in der vertrauten Landschaft eine nackte Horizontlinie durchschimmern. Und dort, an diesem im buchstäblichen Sinne undenkbaren Ort, wird das Kind ein paar Sekunden oder Stunden lang *sehen*. Plötzlich alleingelassen mit dem zerstörten Refugium. Diese Erfahrung ist, wenn sie wahrhaftig stattfindet und nicht abgestritten, verleugnet, ausgelöscht oder verfälscht wird, eine grundlegende. In der Doppelung der Welt tut sich eine andere Welt auf, die zuvor in ihrer Dichte, ihrer Sanftheit, ihrer schützenden Hülle verborgen war. Wer hätte geglaubt, dass der Geist just in dem Moment aus der Flasche schwebt, wenn wir weinen? Das Fahrrad liegt am Boden, wir stehen wieder auf und fahren weiter. Es ist scheinbar nichts passiert, schon sind wir ohne die kleinen Stützräder wieder in Fahrt, fühlen uns frei. Ein berauschendes Gefühl. Der Schock schmiegt sich wie ein winziges Tier in uns. Alle tröstenden Worte sind nutzlos geworden. Und das erlebte Entsetzen breitet sich aus wie ein leichtes Lauffeuer, das nach und nach die ganze Landschaft erfassen, ihre Ränder und Zugänge anders einfärben wird. Die Wirklichkeit wird nie mehr dieselbe sein.

Wir können die Kindheit nicht riskieren, weil sie sich in uns riskiert. Die Frage ist, ob wir ihr Gastfreundschaft gewähren können. Der Blitz am Sommerhimmel führt uns in eine Welt, in der das Staunen möglich wird, weil sich dort am Rand der Seite, des Hügels, Ihrer Augen und Ihres Herzens etwas abgelagert hat, was die Unvollständigkeit der Welt und des Begehrens ausdrückt, die Schwäche und gleichzeitig die Vergebung der Schwäche. Es bedeutet, dass dieses Sich-Verlieren zwar schmerzhaft, aber nicht endgül-

254

tig ist, dass der Sprache Missverständnisse und Zweideutigkeiten einbeschrieben sind, wir aber trotzdem sprechen können, dass wir jederzeit verlassen werden, aber dennoch atmen und lieben können. Dass uns das auf eine sehr unerwartete Art vergeben wird und dass wir jenseits aller Erwartung nie die Hoffnung aufgeben können und dürfen.

Ich bin immer ein artiges Kind gewesen.

Wie oft ich diesen Satz wohl gehört habe! Artig für wen? In Bezug auf was, auf welchen Wahnsinn, auf welche Qualen, welche erahnten Abgründe? Ein artiges kleines Kind ist unendlich beunruhigend.

»Eigentlich habe ich an ein romantisches Leben geglaubt. Aber dann ist mein Leben ganz anders verlaufen: In der Schule war ich immer die Beste, später bin ich Lehrerin geworden und habe den erstbesten Mann geheiratet, der mich wollte. Alles machte mir Angst, aber ich war immer ruhig, ganz ruhig. Außer an dem Tag, als mein kleiner Bruder meiner Puppe die Augen ausgerissen hat, da wusste ich, dass mich das Leben verraten würde, das war der Anfang von meinem Fall, der noch immer anhält. Ich habe nichts begriffen: nichts von Drogen, Rockmusik, Erotik oder dem Begehren. Warum? Meine Intelligenz war wie eine Explosion an einem Regenhimmel, ich habe Ihnen nichts zu sagen, es gibt nichts zu hoffen. Ich bin schon immer alt gewesen, mein Leben spielt sich in der Vergangenheit ab, Sie können mir die Gegenwart nicht zurückgeben.«

Die Kindheit ist hilflos. Ohne die Möglichkeit, sich in die eigens für sie konstruierten Refugien zu flüchten, ist sie ein immer wiederkehrendes Risiko.

Beharrlichkeit

Wir wiederholen dasselbe Thema mit entwaffnender Beharrlichkeit, wir denken uns Seitenwege aus, kreisen aber wie an einer Longe vorsätzlich um eine feste Achse, die uns frühzeitig von der Welt erzählt, *die* Welt erzählt und uns zum Sprechen befähigt hat – um aus ganzer Kraft zu versuchen, den Spiegel umzustürzen, auf dass er am Atem zerschelle und jede Ähnlichkeit in Stücke zerspringe. Wir schmieden Komplotte für unser Begehren, die mit dem ersten Luftzug in sich zusammenfallen. Wir glauben uns vernichtet, spüren, wie unsere fragile Zuflucht, unsere Rüstung und jede künftige Anerkennung mitgerissen wird. Dann wirft die Melancholie der Erwartung ihren Schatten auf jemanden, der den leichten Stoff, aus dem unsere heimlichen Grausamkeiten sind, zusammenzuraffen bereit ist.

Wir haben vergessen, dass wir erotische Kinder gewesen sind. Wir haben die Welt geschmeckt, haben berührt und sind berührt worden, wir haben ein Geräusch gehört, bis es mit der Nacht verschmolz und uns einhüllte wie eine zauberhafte Milchstraße, wir haben einen Grashalm, einen Kieselstein, ein Wort, lauter unmögliche Dinge in den Armen gewiegt. Wir haben unter unseren halb geschlossenen Lidern einem umgekehrten Lebenszeichen aufgelauert, haben Übergänge, Zeichen, Alphabete konstruiert, haben versucht, das Geheimnis zu ergründen und uns zu unserer eigenen Beruhigung Geschichten zu erzählen. Und all das haben wir vergessen. Eine ungeheuerliche Energie, ganz umsonst aufgewendet, für ein paar flüchtige, brennende Empfindungen, die uns wie nicht entschlüsselte Vorzeichen noch immer unter der Haut sitzen.

Mit dem Körper des Neugeborenen, das zur Welt kommt und von seiner Mutter getrennt wird, mit dem ersten Atemzug der schmerzlichen Trennung, der Vertreibung aus dem erinnerungshaltigen Wasser entsteht die Erotik. Der gesamte Körper ist erotisch, er bebt, empfindet und denkt, liebt und verzweifelt. Er wartet, leidet und verspürt die unendliche, intensive Lust, in einen liebenden Blick, einen sanfte Worte flüsternden Atem eingehüllt zu werden. Wie kann man zu sich selbst zurückfinden? Wie enterotisiert sich allmählich dieser Körper, ganz der reinen Empfindung seiner Existenz ausgesetzt, durch und für den anderen, und doch frisch von ihm getrennt? Nach und nach desensibilisiert sich der Körper des Neugeborenen, man bedeckt ihn, er verschließt sich zunehmend, die Empfindungen konzentrieren sich auf den Mund, die Extremitäten, auf die späteren erogenen Zonen. Doch das Gedächtnis des Körpers spaltet, verstreut und vergisst

sich, der rundum bebende Körper des Neugeborenen entgleitet uns, er erlischt beim Kontakt mit der Wirklichkeit,
lebt jedoch in unseren Träumen, Zuneigungen, Anziehun-
gen, Schwindeln, Ängsten und Albträumen weiter. Er versteckt sich in Parfums, die wir mögen, erwacht plötzlich
in der flüchtigen Berührung mit einer Passantin, ent-
schwindet wieder. Ein Leben lang versuchen wir, ihn ab-
zuschütteln und aufs Neue einzuholen, uns an seinen Geschmack zu erinnern, wunderbringender Rest eines
verlorenen Lebenselixiers. Wir sind zutiefst von seiner
Existenz überzeugt, aber wagen nicht mehr, daran zu glauben.

Die Beharrlichkeit ist eine Verlängerung der Obsession,
ihrer obskuren, pathologischen Doppelgängerin. Die Obsession bringt uns um den Verstand, hält uns nächtelang
wach im Kampf gegen eingebildete Feinde oder versäumte
Verabredungen. In der Tat lenkt uns die Obsession von anderen Gedanken ab, sie wappnet uns gegen einen Angrei-
fer, damit wir umso besser vergessen, was uns heimlich
verenden lässt. Um die Obsession zu überwinden, müssen
wir sie wollen. Müssen uns bemühen, sie zu entschärfen,
indem wir sie nachdrücklich und ununterbrochen bis zum
Rand ergründen. Die Beharrlichkeit ist die Verkehrung
der Passivität in ein Handeln: weil sie uns animiert hat,
das Risiko dieser Passivität, der Willensverweigerung einzugehen, und wir uns von dem, was sie weder verstehen
noch begreifen kann, durchdringen lassen.

Man spricht von der Beharrlichkeit einer Person, die
sich nicht von ihrem Objekt der Begierde und ihrer Lust
trennen kann. In der Bedeutung dieses Wortes schwingt
etwas Ungehöriges mit, als verletzte es ständig die Grenze
des Möglichen oder zumindest des Wünschenswerten. So

als wäre der Sieg des von der Beharrlichkeit Riskierten immer kurz davor, zu scheitern und eine allzu oft aufgeschobene Schlacht aufzugeben. Wie ihre obskure Schwester, die Obsession, gewinnt auch die Beharrlichkeit nur in ihrem Verhältnis zur Wahrheit Sinn. Und verwandelt sich dann vielleicht, schweigsam wie ein Vorzeichen, in Geduld. Die Beharrlichkeit richtet sich auf die Wahrheit (unserer Liebe, Gedanken und Handlungen), um sich in ihr zu erfahren, die Obsession, um uns von ihr zu befreien. Das Vorzeichen ist die Zeit, in der wir sind, in all den winzigen Brüchen und Diskontinuitäten, die keinen Plan und kein Entkommen erkennen lassen. Dafür aber die Prägung durch etwas, was uns schon immer beseelt hat: ein geistiger Hunger.

Die Zukunft riskieren

>»... etwas, das er zerstreut und kleinmütig von einer Gegenwart durchgelassen hat, die ihm die Zukunft eröffnete ... Man muss in seiner Bewegung innehalten und um sich selbst kreisen: sich bekehren oder vielleicht tanzen.«
>
> Maria Zambrano, *Waldlichtungen*

Wir verweigern uns der »reinen« Zukunft. Ihre hochgradige Toxizität überschwemmt uns bereits wie ein gebrochenes Versprechen. Also wälzen wir die Verantwortung ab – Joker! – und zaubern traurig eine Entschuldigung aus dem Ärmel. Das Risiko des Zukünftigen einzugehen, ist eine Verschwendung, die wir uns nicht leisten wollen. Denn wir könnten möglicherweise verlieren, was wir so sorgfältig angehäuft haben: Gewohnheiten, Einwilligungen, heimliche Niederlagen, flüchtige Vergnügen, kleine Arrangements mit den Toten. Unsere Verstecke sollen aufgedeckt werden, ohne die Gewissheit, wenigstens ein bisschen geschützt zu sein? Nein danke. Es ist doch so heilsam, sich irgendwohin flüchten zu können.

Die heutige Phänomenologie verzichtet auf die wichtige Idee der Zeit, die in der Metaphysik bis zum 20. Jahrhundert so grundlegend gewesen ist. Die Totalität (von Zeit, Raum und Welt) zu denken ist anscheinend überholt. Wir befinden uns im Zeitalter der offenen, also lokalen und fraktalen Totalität. Eine Perspektive, in der sich die Mikro-Diskontinuitäten und Fluchtlinien unserer Vision bündeln. Willkommen in der kinetischen Kultur, unsere Bilder in *Cutup*-Technik und rascher Montage ergänzen unser Tun, unsere Vorahnungen, die Worte einer stets präsenten imaginären Projektion. Es gibt keine klare Trennung mehr zwischen Innen und Außen, weder in der Unterscheidung von privat und öffentlich noch im juristischen oder gesellschaftlichen Bereich oder in der Vorstellung, die wir uns von unserem an ein Ideal des Vielfachen und Transparenten geketteten Lebens machen. Die heutige Zeit besteht aus Fragmenten und blitzschnellen Aneinanderreihungen, die sich nicht mehr mit einem panoptischen Blick einfangen lassen. Die Zukunft wird zu einer reinen Projektionsfläche aus den einander bedingenden Möglichkeiten der Wirklichkeitszustände. »Wir fürchten alle den Einbruch des Unerwarteten«, schreibt Michela Marzano. »Wir haben eine solche Angst vor der Zukunft, dass wir zu allen möglichen zwanghaften Verhaltensweisen bereit sind, um das als gefährlich Erachtete zu entschärfen. Doch das zwanghafte Verhalten, das die Angst bekämpfen soll, erzeugt oft nur eine noch größere Angst.«[33]

Alle Unwissenheit ist zukünftig. Ein eigenhändig von uns unterschriebener Miniaturakt der Barbarei. Und doch wollen wir wiederfinden, was uns zu extremen Lebenden gemacht hat. Wir wollen lieber nichts wissen und uns im Voraus geschlagen geben. Denn es ist absurd, ohne jede Gewissheit und ohne Schlachtplan das Kampffeld zu betreten. Genauso fassen wir meist die Zukunft ins Auge – des Risikos unwürdig. Es sei denn, sie wird von der Vergangenheit aus gedacht, von unserer und der unserer Erzeuger aus, von einem sicherheitshalber in uns gespeicherten Wissen; daher das Selbstvertrauen, mit dem wir ein Gebiet beschreiten, das uns nicht ganz unbekannt ist.

Um die Zukunft zu riskieren, sollte man noch ein bisschen verweilen können. Ja, bewusst in Verzug geraten, dem irrwitzigen Wettlauf der Stunden, Tage und Monate nachhinken, den Programmen und Listen, den Erwartungen und Pflichten, die auch ohne uns bereits erfüllt sind. Das Risiko zählt, wie Adam Philips 2011 schreibt, zu den *negatives capabilities*: Wege, die man im Unterschied zum Kleinen Däumling rückwärtsgeht, um sich (endlich) zu verlaufen. Die Zukunft zu riskieren, wäre demnach eine andere Möglichkeit der Entschleunigung, des Umwegs, des Abwartens in den Kulissen außerhalb des Blickfeldes, bevor sich alles überstürzt: wie in dem Film *Russian Ark* von Alexander Sokurow, der aus einer einzigen langen Einstellung besteht.

Tom ist Architekt. Er arbeitet in einer Agentur, ist ständig mit Entwürfen, Akten und Wettbewerben beschäftigt. Bei seiner ersten Sitzung sagt er nur »Ich bin müde«, sonst nichts. Ein paar Monate lang bleibt es dabei. Eines Morgens aber erklärt er: »Ich kann wirklich nicht mehr, Sie müssen mir helfen.« Er hatte geträumt, dass er sich in einem Haus mit fremden Räumen befand. Sobald er eines der Zimmer betrat, öffnete sich eine Tür zum nächsten Raum. Der Traum wurde zum Albtraum. Es gab keinen Ausweg aus diesem System unendlicher Öffnungen.

Welcher unauffindbare Zufluchtsort lässt uns zum Erbauer

und Heiler der Häuser anderer werden? Weshalb ersinnen wir für andere ein Refugium, das wir uns selbst versagen? Tom erwachte aus seinem Traum mit einer unbeschreiblichen Angst. Er musste sich stark zusammenreißen, um seinen Tag in Angriff zu nehmen, als bahnte sich eine Katastrophe an, deren Vorzeichen nur ihm bekannt wären. Doch nichts geschah. Ihm blieb nur die Erinnerung an die unbestimmte Öffnung der Räume. Er wollte diese Nacht des Entsetzens verstehen, aus Angst, dieser Albtraum ohne bedrohliche Gegenstände, Gestalten oder offensichtliche Verwünschung könnte ihn wieder heimsuchen. Der Traum erschloss sich ihm schließlich im beruflichen Kontext auf einer Baustelle. Er renovierte gerade einen Schlossflügel aus dem 18. Jahrhundert im Périgord Vert, wobei er sehr behutsam vorgehen musste, weil man ihm von einem Untergeschoss aus römischer Zeit berichtet hatte. Dort aber entdeckte er keine Ruinen, sondern einen Geheimgang. Eine noch relativ neue Unterführung verband das Dorf mit dem Schloss. Sie stammte vermutlich aus dem Krieg und war durch Unwetterschäden weitestgehend versperrt. Nach seiner Freiräumung führte der Durchgang in einen großen gewölbten Raum, in dem noch diverse Papiere und Lagepläne erhalten waren. Tom studierte sie: Fast jedes Haus im Dorf hatte einen zweiten Zugang, er hatte die gesamte Struktur eines Lebens im Untergrund vor sich. Er beschäftigte sich mit der Geschichte der Résistance in der Region, mit ihren Verzweigungen und ihrer Organisation, wunderte sich selbst über seinen Eifer. Bei seinen Nachforschungen erfuhr er, dass eine der Familien drei Söhne verloren hatte, die ein paar Tage vor Kriegsende festgenommen worden waren. Er traf diese Familie. Dann passierte fünf Jahre lang nichts. Als sein Großvater starb, erfuhr Tom, dass dieser im Krieg seinen jüdischen Vater und dessen kleinen Bruder bei sich versteckt und als jüngste Kinder seiner eigenen

Familie ausgegeben hatte. Und, dass seine »richtigen« Groß-
eltern deportiert worden waren. Kein Familienstand mehr,
nichts. Sein eigener Vater hatte diese Geschichte offenbar eini-
germaßen bewältigt, wenn man davon absieht, dass er mit
50 Jahren an Krebs gestorben war. Sein Onkel aber, der kleine
Bruder, war drogenabhängig geworden. Obdachlos hatte man
ihn eines Tages tot – verhungert oder erfroren? – in einem Kel-
ler gefunden. Sein Körper war ein Wrack gewesen, er war noch
nicht einmal dreißig geworden. Tom, der erfolgreiche Architekt,
hatte sein Leben lang für andere Häuser und Refugien gebaut.
Das Schweigen war tödlicher als jede Erinnerung. Warum hatte
man ihm nichts gesagt? Er hatte nicht den Mut und die Kraft
gehabt, seinen sterbenden Großvater danach zu fragen.

Unser Schweigen muss nicht immer tödlich sein. Aber unsere Feigheit, die diesem Schweigen ein Alibi aufhalst. Der
katholische Großvater hatte die beiden Kinder adoptiert,
um sie zu retten, aber es war ihm nicht eingefallen, ihnen
diese Geschichte später zu erzählen. Er war ein einfacher
Held. Die Menschen tun, was sie können: mit ihrer Geschichte, mit den Verstrickungen aus Lügen und Gefühlen, mit ihrem von falschen Gedanken getrübten Bewusstsein, selbst da, wo die Großmut Leben retten will
und kann. »Das Gesagte der Vergangenheit in ein gegen-
wärtiges Lebenstun zu übersetzen, gleicht einem Kampf.
Dieser Kampf hat jedoch nur dann einen Sinn, wenn er
uns von der Vergangenheit und den Vätern rettet. Wenn
er uns der Tradition entreißt und uns zu einem Überlebenden in unserer Sprache und Kultur macht«, schreibt
Frédéric Boyer. Die Psychoanalyse ist eine Form der In-
besitznahme, die Neues hervorbringt. Wir sprechen mit
jenem Anderen, dem Analytiker, um ein uns angeblich

vorbehaltenes Erbe zu verwandeln. Die oberste Notwendigkeit der Psychoanalyse ist der innere Bruch. Das Gefühl zu akzeptieren, in jeder Sprache verwaist zu sein. In diesem Sinne ist sie ein Überlebenspakt. Es gilt nicht, unsere Verschuldung zu steigern oder das Vergessen einsickern zu lassen, sondern im Gegenteil, die Ruinen zu verlassen und das Schweigen zu brechen.

Das Risiko der Schönheit

Die von der Schönheit ausgelöste Erschütterung ist radikal. Sie trifft uns an einer Stelle unseres Wesens, die nach menschlichem Ermessen vielleicht als Paradies gilt. Sie ist Freude und bereitet Freude, sie ist eine Ausdehnung und Erweiterung unseres Wesens. Eine unendlich viel schwerere Probe als die Hölle. Der Schönheit ist ein gewisser Schrecken eigen, denn ihre Vollkommenheit lässt uns innehalten, ja in einer schwindelerregenden Schwebe außerhalb jeder materiellen Kontingenz verharren. Der Ausschnitt einer Wand, weiß auf weiß, kreidiges Abendlicht. Mehr braucht es nicht. Oder ein zufällig begegnetes Gesicht, dessen Harmonie man fast unwirklich nennen könnte, wenn sie nicht so konkret, so gegenwärtig wäre und sich in diesem Augenblick wie eine Verheißung in uns eingravierte. Die Schönheit hat, unabhängig davon, ob man gläubig ist, etwas mit der Transzendenz gemein. Zumindest mit jenem Spalt, der zeichenhaft auf das verweist, was sie bewirkt. Sie berührt unser inneres Chaos, unser getrübtes Verhältnis zu uns selbst, alles Vernachlässigte. Die Schönheit erinnert uns an eine uralte Ordnung, als unser Leben mit der Empfindung eines im höchsten Grade vertrauten Anderen, uns (Aus)Tragenden verknüpft war: wir im Herzen eines anderen Herzens, ein wundersames Gleichgewicht, neun Monate lang ungebrochen wie die Zeit. Die Erfahrung des Schönen lässt uns an eine gerettete, verschonte Welt glauben, so als gäbe es fern von aller Subjektivität eine jeder Absicht überlegene Erfahrung. Der Schönheit wohnt jedoch ein Entsetzen inne, über das in der Literatur viel geschrieben worden ist. Das, worauf die Schönheit verweist, entzieht sich gleichzeitig immer wieder.

Er war von einer blendenden Schönheit. Als Tänzer hatte er die Gnade erlebt, auf seine Mitmenschen wie ein Engel zu wirken: Ein Mann in einem schlanken, geschmeidigen Körper, der dem der schönsten Frauen ebenbürtig war. Als er an meiner Tür klingelte, war ich sprachlos. Buchstäblich bestürzt von der Schönheit meines Besuchers. Verwirrt bat ich ihn zu warten, bevor ich ihn hereinließ. Durch das große Fenster waren die Zweige eines Kastanienbaums zu sehen. Die Lampen strahlten ein warmes Licht aus. Meine Verwirrung legte sich nicht. Ich wusste nicht mehr, wohin mit meinem Körper und mit meinem Blick, dabei hatte ich schon so viele verschiedene Menschen und Körper diesen Raum durchqueren und sich auf die Couch legen sehen. Noch nie hatte ich mich von einem Patienten angezogen gefühlt, und auch jetzt war es keine Anziehung, sondern etwas Beunruhigenderes, Unentschlosseneres, vielleicht könnte man sagen: etwas Zusätzliches, wenn ich gewusst hätte, was in diesem Augenblick in mir vorging.

Der junge Mann setzte mir seine Verzweiflung auseinander, nirgends zu existieren, sich in einer ungebrochenen Einsamkeit exiliert zu fühlen: Er wollte seinem Leben ein Ende setzen. Praktisch jenseits allen Verlangens, im Appel eines unsäglichen Schmerzes. Seine Schönheit bedeckte ihn wie ein Leichentuch. Ich sollte ihn nie wieder so erleben. Beim zweiten Mal empfing ich ihn ohne Verwirrung, da ich auf seine schwerelose Anmut und sein Gesicht vorbereitet war. Doch ich versuchte, anhand meiner anfänglichen Überwältigung zu verstehen, was die anderen bei seinem Anblick empfanden, den von seiner Vollkommenheit – die im Laufe der Jahre vermutlich abnehmen würde, aber noch nicht die Waffen streckte – vergrößerten Kreis der Einsamkeit zu begreifen. Wie konnte die Intelligenz des Körpers, der sich auf das Tanzen verstand, den Raum mit einer solchen Schönheit füllen, dass die Vollkommenheit der Gesten alles Einzigartige verdrängte?

Die Schönheit erhebt und verstört uns. Sie fixiert uns in dem, was uns übersteigt. Weit davon entfernt, ihr Subjekt zu sein, wird derjenige, der sie empfindet, gewissermaßen zu ihrer Sache, nicht im Sinne eines Objekts, sondern als Resonanzeffekt, der jede Vorstellung von Zugehörigkeit oder Subjektivität dekonstruiert. Die Schönheit ist nichts Persönliches und kann doch vom Einmaligsten herrühren. Sie ist, auch wenn es sich um ein Gesicht handelt, ein nackter Teil der offenbarten Welt. Man betritt die Schönheit wie einen Kreuzgang, wo sich das Regelmaß wiederholt und doch ein anderes ist, was sich hier emporschwingt – oder sollte man besser sagen: erleichtert? – ist der heimlich arbeitende Geist.

Die Schönheit knüpft mit dem Körper ein unmögliches, fast unerträgliches Bündnis. Der Körper wird paradoxerweise zensiert. In seiner Herrlichkeit wird er buchstäblich unansehnlich, wird zu einem phantasmatischen Objekt, zu einer Quelle der Einsamkeit. Er ist ein Illusionsfaktor, seine Empfindungsfähigkeit ein Prinzip der Verwirrung, das unablässig den mathematischen Berechnungen des Wahren angepasst werden muss. Nicht alle griechischen Denker definieren den Körper als Ort von Verwirrung und *Hybris*: Die Kyniker und Materialisten sollten versuchen, glühend für seine Stofflichkeit einzutreten. Später verwarf die Religion die Herrschaft der Ideen zugunsten der ungleich sinnloseren eines Gottes und tradierte das ursprüngliche Misstrauen gegenüber allem Körperlichen. Zumindest gegenüber einem Erkenntnisprinzip, das alles Sinn- und Körperliche zum Maßstab des Wahren erhebt. In dieser Hinsicht stellte Descartes die Gleichung der westlichen Moderne auf: Wenn wir die Technik wollen, müssen wir alle Wissensquellen prüfen, um unter der Ägide des Göttlichen nur die messbaren, für die Wissenschaft tauglichen zu behalten. Die Revolution stellt sich schleichend ein: über das Barock, die Biegung, die Optik und schließlich die Wissenschaft selbst, die erneut das prüfende, zum Zeugen berufene Subjekt beschwört. Unermüdlich wird der Himmel den Umlaufbahnen der Physiker religiöse Gebiete abtreten müssen. Die Revolution besteht in der Entdeckung des Subjekts, dass das Wahre noch wahrer erscheint, wenn man das Wirkliche verformt. Was aber bleibt dann von der Schönheit? Eine einfache Metrik der Harmonie? Ein gewisses an der Wahrheit geprüftes Maß des Körpers und der Idee? Seit Nietzsche wissen wir, dass die Konzepte eine Genealogie und Geschichte haben, dass die Vorstellung von Wahrheit veränderlich, beweglich und, wie Deleuze sagte, *deterritorialisierbar* ist.

Der junge Mann wurde später Fotograf, ein langer Umweg über das »Außen« des Körpers oder vielmehr einen von außen betrachteten Körper; in der Freiheit des fotografischen Bildausschnittes endlich das Recht, nicht mehr wie ein Schmetterling im Blick des Anderen fixiert und verschlungen zu werden. Dieser Umweg über die präzise Technik einer Geste und eines Augenblicks, der an ein bestimmtes Licht oder einen spezifischen Ort gebunden ist, die Tatsache, im anderen seine Sichtbarkeit suchen zu müssen – all das verschaffte ihm, die entsprechende Distanz zu seinem Entsetzen, für seine Mitmenschen ein reines Objekt des »Sehens« zu sein. Von seiner Mutter vernachlässigt und verbissenen Tanzschulen ausgeliefert, die ihn 15 Jahre lang schmerzlich ausbluteten, sah er, als er mit der Analyse begann, keinen anderen Ausweg mehr als die Zuflucht zum Skateboarden und einem Leben auf der Straße. In der Fotografie (seine Kompositionen aus ungewöhnlichen, bunt zusammengestellten Gegenständen fanden rasch Anklang) misstraute er nach wie vor Gesichtern und Nahaufnahmen. Vor allem aber lehnte er es ab, sich selbst fotografieren zu lassen und rettete sich so vor einer Zurschaustellung, auf die er jahrelang reduziert gewesen war. Hier prallte die Fotografie an der Körnung der Wirklichkeit ab, und zwischen dem Bodentraining und dem Rand der Fotografie fügte sich eine ganze Welt neu zusammen.

Die Schönheit verweist uns auf diesen Spalt im Inneren der Wirklichkeit, den sie selbst weder umschließen noch begrenzen kann, so nahe sie der Vollkommenheit auch sein mag. Indem wir die Schönheit riskieren, sind wir gezwungen, das Negative, Unvollkommene zu berücksichtigen, das, was eine Linie erzittern lässt und zerstört, ohne irgendetwas zu verklären – weder Ästhetik noch Ornamente. Ihre Bewegung bleibt als Gnadenzustand in der Schwebe. Sie ist eher Verb als Substantiv. Vielleicht ist sie insofern eine heimliche Mathematik der Wirklichkeit wie die Geste des Fotografen: Im Augenblick der Aufnahme ist das Eingefangene schon wieder woanders, unsichtbar in dem, was er unserem Sehen unterbreitet.

Das Risiko des Geistes

Der Geist weht, wo er will, heißt es. Der Geist bezeichnet etwas, das sich unter den sichtbaren Dingen der Welt nicht benennen lässt. Er bezeichnet den der sinnlichen Welt entnommenen, sie innerlich beseelenden Teil. Die Väter sind die Hüter des Geistes. Sie können den Geist eines Kindes öffnen, ihm Flügel wachsen lassen, damit es sich aufschwingen kann – oder es ihm verbieten. Väter sind ihren Kindern geistige Berater und als solche gefährlich. Denn ihr Wachen wirkt beunruhigend, verleiht der Welt Kontur und auch dem Kind, das diese Welt durch die väterlichen Augen sieht. Erklär mir die Welt, bittet das Kind vor dem Einschlafen, nimm mich in den Arm, nimm mich mit in deine Wörter und deinen Glauben, lass mich nicht allein. Und wenn der Vater diesen Weg nicht eröffnet, wenn er das Gebet des einschlafenden Kindes nicht

hört und sein Versprechen bricht, ist der Geist gefährdet –
der Geist, nicht notwendigerweise das Kind. Der Geist
weht, wo er will, aber wenn ihm der Weg versperrt wird,
fühlt sich das Kind einsam. Allein mit seinen Ängsten vor
Gespenstern und seinen ungewissen Kümmernissen.

Warum der Vater? Warum nicht die Mutter, der Grund-
schullehrer, der treu wachende Hund, das Haus? All das
zählt ebenfalls, aber erst danach. Ist der Vater – egal ob tot
oder abwesend, egal ob er Verrat begangen hat, untreu, be-
trügerisch oder gewalttätig ist – trotz allem ein Vater? Ein
Vater ist jemand, der eine lebendige, mögliche und liebevolle Trennung zwischen der ursprünglichen Mutter der
Matrix und dem Kind vollzieht, der ihm beibringt, dass
ein Leben außerhalb des Mutterleibs möglich und wün-
schenswert ist, dass man viel lernen und Spaß haben
kann, dass es erlaubt ist zu begehren und dass dieses Begehren unerschöpflich ist und ebenso wie der Geist viel
eher uns trägt, als wir es tragen. Der Vater ist nicht unbedingt wirklich, verlangt aber nach einem Raum der Anerkennung in der Mutter und, etwas abgewandelt, auch im
Kind. Im Geheimnis seines Herzens. Dort, wo es leise
sprechen, flüstern und seinen Gedanken nachhängen
kann. Das Leben ringsum als Landschaft. Väter sind – leider oder glücklicherweise – unersetzbar. In diesem Sinne
ist der Vater stets ein »Risiko«, das von der Mutter erwählt
und ernannt sein muss, um seine Macht und/oder seinen
Namen zu verewigen. Der Vater wird durch das Begehren
einer Frau ernannt, die er zur Mutter macht. Später kann
er seinem Kind einem stillschweigenden Übereinkommen
zufolge ermöglichen oder verbieten, sich vom Geist heimsuchen zu lassen: einem Geist, der das Begehren polari-
siert und in Bewegung setzt.

Der Geist eines Kindes, auf das der Vater sich projiziert hat, ist freier. Andernfalls muss man ihn eigens erobern. Bei Cervantes geht es nur darum: um verlorene Väter und Kriege, auch um Siege über Perversion und Wahnsinn. Oft fechten wir unsere Kämpfe unwissentlich im Namen unserer Väter aus. Wir meinen, mit bloßen Händen ein einsames Ringen auszutragen, während wir eigentlich nur dem Schatten unseres Vorgängers nachjagen, dem wir nicht zuletzt auch unser Leben verdanken.

Wie die Idee ist auch der Geist pure Heimsuchung. Er begibt sich in uns hinein und beruft uns ein. Wir haben weder den Einfluss noch die Möglichkeit, aus ihm ein Objekt (des Denkens) zu machen, ein Verhältnis (zur Welt), ein Projekt, einen Vektor. Er erfährt sich in der ihm eigenen Freiheit. Es liegt mir fern, den Geist mit irgendeinem Zaubertrick sakralisieren und ihn aus der Kategorie des Weltverständnisses in eine spirituelle Wesenheit verwandeln zu wollen. Doch gerade weil der Geist eine weitere Wiege ist als jede Kultur, jede Denkordnung und jeder Glaube, befähigt er uns zur Alterität.

Das Universelle riskieren?

»Es gibt keine Menschlichkeit, die nicht an der sie umfassenden Unmenschlichkeit teilhat.«

Annie Le Brun

Das Universelle hat keinen Wert ohne eine ständige Aufmerksamkeits- und Erinnerungspflicht für das Besondere. Für das, was das Konzept, das Ideal, das Schöne und Gerechte auf die Seite der Fragilität stolpern lässt, des »Menschlichen, Allzumenschlichen«, das weder vertretbar noch konsequent darstellbar ist. Die Niederlage des gleichwohl so ruhmreichen Kant'schen Imperativs zwingt uns, das Universelle im Kontext der Aufklärung zu denken, aber auch an den Randgebieten, wo die Wörter zu seiner Verteidigung fehlen. Lösen sich die Menschenrechte in der Flut löblicher Absichten auf, die auf den in der westlichen Demokratie groß gewordenen Menschen einstürzt? Dazu verurteilt, die politischen und gesellschaftlichen Ansprachen zu füttern, droht das Universelle eine leere Hülle zu werden, die sich nur noch an ihrem Namen festhält. Ist also die Gastfreundschaft, unter deren Schutz ich gern die gesamte Psychoanalyse stellen würde, noch ein universeller Wert? Von vornherein stellt sie die Frage, wer sie verdient und wer nicht. Auf wen wird man sein Mitleid, seine Dankbarkeit und seinen Argwohn ausdehnen? Denken Sie nur an Kerberos, der den Eingang zur Unterwelt bewacht; alle Schwellenhüter sind furchterregende Wesen, die in unseren Mythologien die Angst vor dem Ganz-Anderen, also in erster Linie den Toten, bestimmen, und die Welt der Lebenden von derjenigen potenzieller Wiedergänger, Gespenster und Geister trennen. Die Gastfreundschaft ist eine Sache der Schwelle. Indem sie Innen und Außen abgrenzt, macht sie die Überschreitung denkbar, aber auch Aggression, Einladung oder Austausch, alles, was sich möglicherweise in diesem Grenzbereich abspielt. Die Psychoanalyse wird an der Schwelle einer von den Leidenschaften gestörten Vernunft ausgeübt. Sie ist eine Kunst zwischen zwei Toden, eine Kunst der zweiten Geburt, der Kulissen und Randregionen, kurzum, all jener Räume, die dafür sorgen, dass sich die Welt nicht endgültig vor einem Wissen oder einer Regel verschließt. Manchmal kann ein Patient, der sich auf das Universelle stützt, in seiner besonderen Geschichte plötzlich freier werden. Aber ist es überhaupt Aufgabe der Psychoanalyse, das Universelle zu befragen, ja darauf einzugehen? Das Universelle einzuberufen, setzt voraus, dass in den Kontingenzen der Welt ein transzendentaler Stützpunkt existiert. Die Frage ist, ob dieser eine Struktur des Menschlichen bezeichnet oder einen Gedankenhorizont, eine wissenschaftliche Hypothese, eine Ethik?

Unsere Geburt ist der Akt einer nicht psychologischen, sondern ontologischen Gastfreundschaft: Wir stammen von einem anderen ab, werden unserer Konstitution nach von einer Mutter (aus)getragen. Die primäre Gastfreundschaft kommt mit der Geburt. Sie ist die Bedingung des Lebens schlechthin. Wir sind sterblich, und unsere Endlichkeit macht uns zu irdischen Überbringern. Der Akt der Gastfreundschaft ist nach Jan Patocka nur dann sinnvoll, wenn dieses Ereignis weder dem Gastgeber noch dem Empfang noch dem Ankömmling angehört, sondern der Geste des Willkommensheißens. Die Formulierung, Zeit zu erübrigen, ist auf Hebräisch gleichbedeutend mit dem Wort »einladen«, was heißt, dass es zum Zeiterübrigen mindestens zweier Menschen bedarf.

Die Psychoanalyse hat dem Wahnsinn Gastfreundschaft gewährt und einen Raum geschaffen, wo sich der Arzt zu Zeiten Freuds erstmals zurücknahm, damit der Patient zu seinem eigenen Arzt werden konnte. In der analytischen Sitzung findet die bedingungslose Gastfreundschaft, deren einzige Regel in der Akzeptanz alles Kommenden besteht, den Raum für ein neues Übersetzen. Freud zufolge ist es Ziel der Analyse, den Menschen wieder liebes- und arbeitsfähig zu machen. Ein großartiges Vorhaben, solange man nicht vergisst, dass die Arbeit etymologisch der Qual verwandt ist, sprich: der Enthebung des zur Sklaverei erniedrigten souveränen Subjekts. Dieses Sklaventum unterwirft das vermeintlich freie Subjekt zermürbenden Treueverpflichtungen, fesselnden Bewunderungen, vernichtendem Hass und Archiven, die in ihm abgelagert wurden wie die gespenstische Erinnerung eines Alters ohne Vergessen. Dabei muss ich an eine besonders markante analytische Kur denken, bei der ich größte Schwierigkeiten hatte zu verstehen, was vor sich ging. Ich musste mich mit diesem Dunkel abfinden und versuchen, es nicht durch ein aufgepfropftes Wissen zu erhellen, mich eher auf die unerklärliche Zuversicht stützen, dass meine Patientin aus ihren Nöten befreit werden würde. Zwei Jahre nach Ende der Behandlung versuchte sie, mir in einem Brief auseinanderzusetzen, was damals mit ihr geschehen sei. Sie gehörte körperlich wie seelisch zu den »von häuslicher Gewalt getroffenen Frauen«, und ich hatte während der ersten Monate der Analyse das Gefühl, eine machtlose Zeugin dieser grauenvollen Situation zu sein. Als Lustobjekt eines Mannes, dessen Skrupellosigkeit sie nicht sehen wollte, entschuldigte sie ihren Peiniger in jeder erdenklichen Weise. Eines Tages aber sagte sie: »Es ist vorbei, er wird mich nie wieder anrühren.« Und dem war tatsächlich so. Sie brauchte noch ein Jahr, um sich endgültig von ihm zu trennen, wurde aber nie mehr bedrängt oder geschlagen. Sie kommentierte dieses Ereignis wie folgt: »Plötzlich habe ich begriffen, dass man *eine Frau* nicht schlagen kann. Niemals.« In ihrer Formulierung *eine Frau* bündelte sich das Universelle der menschlichen Würde. In ihrem Brief hieß es weiter: »Sie haben mir durch Ihr Zuhören eine Kraft zuerkannt, die ich nicht hatte, einen Horizont, an den ich nicht mehr glaubte, und eine Würde, der ich seit Langem entsagt hatte. So konnte ich mich eines Tages auf das universelle Prinzip berufen, dass man weder eine Frau noch ein Kind körperlich angreifen kann – als meine erste Zuflucht und erste Freiheit.«

Heimsuchungen

.

Das Risiko, sich heimsuchen zu lassen, ist gelinde gesagt eine merkwürdige Probe. Von welchem Wesen, welcher Sache, welchem Ereignis werden wir heimgesucht – und wie lässt sich diese Gegenwart genau benennen? Inwiefern ist die Heimsuchung, wenn sich das Risiko an der anvisierten Gefahr bemisst, eine Bedrohung? Und warum *möchten* wir überhaupt heimgesucht werden?

Ob von einer Erinnerung vereinnahmt oder von einer Stimme, die den Tod herausfordert, wie die Gespenstergeschichten in der englischen Literatur des späten 19. Jahrhunderts – werden wir nicht im Grunde immer von uns selbst heimgesucht? Von unserem Doppelgänger? Kollektiv oder individuell, vergiften diese Heimsuchungen unsere Nächte und verwildern unsere Liebesgeschichten. In Literatur und Film verkörpert die mysteriöse Gestalt des

Doppelgängers am besten das, was ich hier als Heimsuchung erfassen möchte. »Das Thema der Heimsuchung«, schreibt Elie During, »überschneidet sich (...) mit dem bizarren topologischen Phänomen des Doppelgängers, der doch nur sich selbst verdoppelt, nur eine Umdrehung um sich selbst ist.«[34] Sich heimsuchen zu lassen bedeutet, sich insgeheim einzugestehen, dass wir von unseren eigenen Doppelgängern überfordert werden. Dass in uns ein Vampir lauert, der sich von unserem Blut und unserer Identität ernährt, unsere Keuschheit schändet und sein eigenes Spiegelbild verkennt. »Wie jeder weiß, haben Vampire kein Spiegelbild«, erinnert Elie During. »Doppelgänger haben angeblich genauso wenig Konsistenz wie die in einem Spiegel schwebenden virtuellen Bilder.«[35] Wir werden heimgesucht, ohne es zu wissen, höchstens unsere Albträume erinnern uns von Zeit zu Zeit daran, bevor sie schnell wieder in den beunruhigenden Falten des Schlafs verschwinden.

Heimgesucht zu werden bedeutet, einer ständig wiederkehrenden Vergangenheit ausgesetzt zu sein, welche die Gegenwart zu einem Hallraum macht und sie je nach der puren Gegenwart des Ereignisses mit unverständlichen Variationen sättigt und permanent verschiebt ... Wie können wir diese vampirischen Schatten, vernachlässigten Gespenster und unbestatteten Toten erhellen? Mit welcher Intelligenz können wir bis zum Risiko der Heimsuchung gehen? Über die Intuition, die in das Herz einer philosophischen Doktrin vordringen kann, schreibt Bergson: »Ein Bild, das in seiner Sichtbarkeit fast Materie ist und doch auch wieder fast geistiger Art, insofern es sich nicht mehr berühren lässt – ein Gespenst, das uns verfolgt, während wir den Sinn der Lehre hin und her wenden, und auf das wir angewiesen sind, um den entscheidenden Hinweis auf die einzunehmende geistige Haltung und den Gesichtspunkt, von dem aus wir betrachten, zu gewinnen.«[36] Kann diese Intelligenz der Heimsuchung nur ein Blick ins Dunkle sein, ohne die Möglichkeit einer Erhellung, ohne Vermeidung des Negativen?

Eines Tages kam mir ein Einfall für eine analytische Kur, die schon drei Jahre dauerte. Ich wollte auf eine Patientin eingehen, die Schwierigkeiten hatte, ihre zweite Wochensitzung einzuhalten. Ich schlug ihr vor, am selben Tag zweimal hintereinander zu kommen: zunächst zur gewohnten Zeit, also um zehn Uhr, dann ein bisschen spazieren zu gehen oder im Café unten eine halbe Stunde zu warten und um elf Uhr ihre zweite Sitzung wahrzunehmen. Das Zwischenschalten eines Leerlaufs zwischen zwei Sitzungen gefiel der Patientin erstaunlich gut. Sie hatte daraufhin mehrere Träume, in denen ein Kind auftauchte, das sie in der Menge verlor oder um das sie sich nicht zu kümmern verstand, sodass es starb. Verwundert über diese Hartnäckigkeit (die Patientin hatte selbst noch keine Kinder), fragte ich sie nach ihrer Familiengeschichte und der Geburtenreihenfolge. War etwa ein Kind »vergessen« worden? Welches fehlende Grab suchte die Nächte dieser Frau heim?

Ein paar Monate später stellte sich heraus, dass die zwischengeschaltete Sitzung symbolisch auf ein verschwundenes Kind der mütterlichen Linie verwies, das bei der Geburt gestorben war und dessen Platz sie nun zu tragen hatte. Müssen wir uns, um den Fluch aufzuheben – das absolute Loyalitätsgebot gegenüber dem Abwesenden oder dem Kummer der Eltern –, von unseren verlorenen und verschwundenen Doppelgängern befreien, die aus den Archiven und Diskursen gelöscht wurden und auf dem Schlachtfeld als verschollen gelten? Indem wir die Heimsuchung riskieren, werden wir selbst zu Wiedergängern, müssen Gräber und Archive öffnen und bei den Lebenden eine vielleicht illusorische, aber doch notwendige Zustimmung für die Vergangenheit ihrer Väter einholen. Den inneren Rückzugsort, in dem unsere Gewalttätigkeiten und Verwünschungen wohnen, wird es nie zu befrieden gelingen. Wie Annie Le Brun in ihrem wunderbaren Essay *Si le noir avait une forme* (2010) schreibt, gibt es eine Irreduzibilität des Negativen, das sich nicht in Licht verwandeln lässt und für das wir ebenfalls verantwortlich sind. Dieses unbezähmbare »Dunkel« schließt den Schrecken nicht aus. Es zwingt ihn, zu uns zurückzukommen, und uns, ihm ins Auge zu sehen. Die Heimsuchung zu riskieren bedeutet, der Grenze, an der Leben und Tod miteinander verschmelzen, ganz nahe zu kommen. Und während wir uns diesen Weg bahnen, stützen wir uns auf die konstante Intensität des Sprechens, eines zum Träumen fähigen Sprechens. Das Dunkel als Dunkel wird selbst zu einem Mess- und Forschungsgerät, das uns zu Hellsehern macht. Es ist das Unmenschliche, das uns heimsucht – und genau das versuchen wir jedes Mal zu leugnen, zu ignorieren und aus unserem Leben zu verbannen, als dürfte es nicht in den Bannkreis des Bewusstseins dringen.

Spiralen, Ellipsen, Metaphern, Anamorphosen

Die Ellipse zählt zu den schönsten mathematischen Figuren des Ausbrechens. Ein unbeweglicher Fluchtpunkt. Eine Ausgangstür aus dem Sichtbaren ins Unsichtbare. In fraktaler Hinsicht ein Katastrophenpunkt in einem Universum der Kontinuität: eine Volute. Die Ellipse hat zwei Brennpunkte, einen sichtbaren und einen unsichtbaren. Diskret widersetzt sie sich jeder Form von Autorität, öffnet die barocke Schräge in der vom zentralen Subjekt bestimmten Perspektive. In das Ein- und Auffalten der Anamorphose schlüpft der Tod, der Schwindel, der unter unseren Schritten plötzlich einen Raum entfaltet. Die Spirale katapultiert den zweiten Stützpunkt der Ellipse in eine nie erreichte Zukunft. Ihre Bewegung scheint mir am besten unser Verhältnis zur Vergangenheit, insbesondere zum Trauma, zu beschreiben. Die Reaktualisierung in der

Gegenwart, auf demselben Punkt der Achse, nur ein Stückchen weiter oben, ermöglicht einen anderen Zugang zur Vergangenheit, als wollte die verdrängte Vergangenheit ständig erneut begutachtet und umgestaltet werden.

Was könnte mit dem Risiko der Ellipse gemeint sein? Die Notwendigkeit, an eine Vermeidungsstelle der Vergangenheit zurückzukehren, sie abermals zutage zu fördern und gleichzeitig einen Fluchtpunkt, ein Fenster auf dem Schachbrett zu fixieren. Sich innerhalb einer vorgeschriebenen Figur, eines erzwungenen Verhältnisses zur Macht die Möglichkeit einer Robinson'schen Existenz auszumalen. Ich denke hier an die wunderbaren Texte von Olivier Cadot (*Retour définitif et durable de l'être aimé*, 2002 und *Un mage en été*, 2010) sowie an Derridas Seminar *Das Tier und der Souverän II*, das mit der elliptischen Figur Robinsons einsetzt. Überall in der Ellipse überschwemmt das Schweigen den Diskurs, der die Figur umgrenzen möchte. Die Ellipse vermehrt die beunruhigende Vertrautheit, das *Unheimliche*. »Bekanntlich ist die beunruhigende Fremdheit, so wie Freud sie definierte, nicht die Entschleierung eines per se merkwürdigen, vergrabenen Geheimnisses, sondern die Rückkehr des Bekannten oder Vertrauten im Gewand des Merkwürdigen. Das Beunruhigende ist nicht das, was zurückkehrt, sondern die *Rückkehr* an sich, mit anderen Worten, das Wiedergehen (*revenance*), welches für diesen Fremdheitseffekt im Alltag sorgt: die Rückkehr desselben *als anderes* (eben weil es zurückkehrt).«[37]

Das Risiko der Ellipse einzugehen bedeutet, in sich einen Fluchtpunkt zuzulassen, einen Punkt der reinen Metapher, durch den sich der Sinn unablässig verflüchtigt und seiner eigenen Stütze entledigt, immer wieder das

Modell nachzubilden und ständig zu verschieben, damit eine neue Figur entsteht, welche die erste verrückt. Dieses Risiko setzt voraus, dass sich die Gewissheit von der Einheit des Bewusstseins, die unfehlbare Erfahrung von Zeit und Raum in uns, dem Schwindel einer nachgebenden Stütze aussetzen muss, einer fehlenden Atmung, einem an die Wirklichkeit geschmiedeten Traum. Das Verschobene, das Ausweichen und Ausbrechen aus der Wirklichkeit, wird von Platon mit dem Trugbild (*simulacrum*) gleichgesetzt. Die minimale Abweichung oder die Krümmung der Wirklichkeit bewirkt ein Zur-Seite-Treten im Sein, eine Ungleichheit sich selbst gegenüber.

Metapher (griechisch *metaphorá*) bedeutet transportieren. Dem Wörterbuch zufolge wird bei einer Metapher ohne formale Einleitung eines Vergleichs der eigentliche Ausdruck durch einen anschaulichen Begriff ersetzt. Bei Lacan ersetzt und verdrängt die Metapher einen Signifikant durch einen anderen Signifikanten. Die Metapher erfindet im Raum der Sprache eine Bewegung, eine Dynamik, eine Spannung zwischen zwei Begriffen, die einen neuen Sinn schafft – um den Preis der Verdrängung. Zu diesem Transport gesellt sich die Kunst des Ersetzens, sprich: der Trick des Zauberers, der eine Taube aus dem Tuch flattern lässt. So entsteht eine Verschiebung, eine Form der Anmut in der Sprache, die uns in ihre Metamorphosen hüllt und uns wie Kinder über ihre Kunststücke staunen lässt.

Die Metapher erfindet einen Sinnraum, den es vorher nicht gab. Wie die Ellipse, ihre visuelle Schwester, ist sie die Verkörperung des Risikos in der Sprache. Ein per se einzigartiger Raum, weil die Annäherung zwischen den beiden Begriffen der Metapher nur ein einziges Mal, in diesem bestimmten Kontext und in genau diesem Moment des Textes oder des Sprechens greift. Insofern versperrt sich die Metapher der Sinndoppelung und öffnet bei jedem Transport ein neues Symbol wie auf unseren Computerbildschirmen. Doch gleichzeitig verkörpert sie die Möglichkeit, immer das Gleiche – warte auf mich, liebst du mich, ich verzeihe dir – scheinbar auf tausenderlei Art zu sagen. Sie etabliert eine Verbindung zwischen zwei Sachen, nähert sich der einen mithilfe der anderen, entnimmt der einen ein bisschen Sinn, um sie der anderen zuzuführen und so für beide eine erweiterte Wirklichkeit, eine sanfte Bestürzung zu erfinden. Ob sie das womöglich zu einer Instanz der Verdrängung macht? Nicht unbedingt, denn die Metapher zielt nicht auf Auslöschung oder Vergessen, sie lässt uns in der Schwebe zwischen zwei Welten. Der erste Begriff, den die Metapher durch einen anderen (oder mehrere andere) ersetzt, fungiert als unsichtbare Doppelung des neuen Begriffs, des metaphorischen Einfalls. Dieser gehört schon nicht mehr ganz der alten Welt der Sprache an, aus der die Metapher ihn gelöst hat, ist aber auch noch nicht in dem neuen Bild angekommen, welches sie für ihn gefunden hat. Die Metapher gewährt der Sprache eine merkwürdige Gastfreundschaft, denn nicht zuletzt tut sie ihr auch Gewalt an. Sie bezeichnet jenen Wendepunkt in der Sprache, wo der Geist zuhause ist. Ein Ort des Rückzugs und der Stille.

Die Metapher ist der Raum der Dialektik und Ternarität. Mit dem ersten Begriff wird ein zweiter verglichen, und die neue, von der gegenseitigen Annäherung bewirkte Sequenz erschließt in diesem Bildtransfer oder -*transport* einen »erweiterten« Sinn. Etwas Ähnliches geht bei der Analysesitzung vor sich. Die subjektive Position, zu der wir gezwungen sind, wird durch einen neuen (seelischen) Ort ersetzt, an den wir während der Sitzung transportiert werden, ohne dabei unsere Ausgangsposition ganz zu verdrängen. Die Metapher ist ein gewalttätiger Akt. Denn es gibt kein Zurück. Zwangsläufig bleibt in dem neuen Begriff, der den ersten gewaltsam ersetzt und durchdrungen hat, immer die Erinnerung an den Ursprung erhalten. Es ist dabei nichts verdrängt worden, sondern verloren gegangen: Und in dieser Möglichkeit des Verlusts liegt etwas Lebendiges.

So enthält die Anamorphose ein Bild des Todes unter der scheinbaren Darstellung von Lust und Leben. In dem, was sie zwischen Freude und Endlichkeit, zwischen dem angedeuteten Schädel und den Gesichtern, Kelchen und Stoffen aufblitzen lässt, ist sie eine umfassend lebendige, das Licht verkörpernde Metapher.

Die Nacht in Betracht ziehen

Die Nacht ist unsere heimliche Weite. Der Raum unseres stummen inneren Wahnsinns. Die Nacht speichert unsere Ängste und erlöst uns tagsüber von ihnen mithilfe eines wohltätigen Gedächtnisverlusts, dessen unteilbarer Rest die Angst bleibt. Die Nacht ist unsere Wahrheit, sie bestellt uns an einen älteren Ort, den wir manchmal Seele nennen und dessen Sprache für uns unentzifferbar ist. Wir sind ihr fremd, und doch fordert sie uns auf, sie in unserem Innersten als Schwester, ja, als Waffe anzuerkennen.

Die Nacht in Betracht zu ziehen heißt, sich dem Umherirren Eurydikes anzuschließen, die Nicht-Auflösung des Rätsels zu kennen. Es heißt einzusehen, dass der Un-Sinn, der Alice ins Labyrinth eines Rosengartens führt, wo Gärtner die weißen Rosen rot anmalen und vor der verrückten

Königin ihr Leben riskieren, die exakte Kopie unserer Welt der Vernunft ist. Dass wir in unserem Verhältnis zum Zufall, zum Tod, zur Zeit, zur Liebe und vor allem zu unserer Geburt einer Absurdität trotzen müssen, die sich durch kein Wissenssystem, keinen Befehl, kein Geheimnis oder Komplott auflösen lässt. Die Nacht in Betracht zu ziehen, verunsichert uns innerlich wie eine Theaterbühne, auf der ohne Kulissen oder Proben das Stück direkt ablaufen würde. Und die reine Linie dieser Sprache, eine von weit her stammende, jeden Abend neue Geschichte, die sich aus dem Spiel der Darsteller speist, verwandelt sich hier vor unseren Augen auf wunderbare Weise.

Angeblich hat es angefangen wie ein Kinderspiel, so etwas wie Himmel und Hölle. Beidbeinig abgesprungen, hopp, hopp, und wieder zurück. Dann hat sich der Schwindel eingestellt, ohne jeden Halt. In letzter Not ist sie dann zu mir gekommen, wie zu einem Zauberer oder einem Regenmacher in der Wüste. Ich habe ihr die Tür geöffnet, ohne sie zu kennen, ohne herausfinden zu wollen, wer mich ihr empfohlen hatte. Sie setzte sich in den Sessel, der so weit dem Fenster zugekehrt war, dass kaum Tageslicht in den Raum drang, ein Stückchen schiefergrauer Himmel. Anfangs sagte sie nichts, von meinem Schweigen nicht gerade ermutigt. Dann hörte ich plötzlich: Wie soll ich zurückkommen?

Welches Zurück gibt es aus einer so langen Nacht, die alles verschluckt hat: Zeit- und Raumbezüge, Liebes- und Freundschaftsschwüre, Wissen, Gesetz, Stofflichkeit der Dinge, die Variable x des Begehrens – alles, was für Sie und mich normalerweise ein Leben ausmacht?

Ich bin nicht leicht zu beeindrucken, habe mein Leben lang alles Mögliche gehört: Klagen, Brutalität, Erwartungen, unbän-

diges Begehren, Respektlosigkeit – nicht genug, nie genug –
Neid, Risiko. Doch nun weiß ich plötzlich nicht mehr recht, was
diese Sitzung schützen und ans Ufer leiten wird (egal, was für
ein Ufer, solange es im Chaos des Stroms Halt verleiht), fühle
mich selbst schutzlos der anvisierten Nacht ausgeliefert, die sich
in den ruhigen, schlichten Worten dieser Frau plötzlich auftut.

Ich sage: »Aber warum soll es zu Ende sein, wo doch gerade alles erst anfängt? Sehen Sie das nicht? Verstehen Sie nicht, dass
Ihnen genau das so viel Angst macht? Beinahe hätten Sie »wir«
gesagt und sich für den Bruchteil einer Sekunde dieser zutiefst
menschlichen Angst zugehörig gefühlt? Ja, begreifen Sie nicht
selbst, dass sich Ihr Leben nicht morgen, sondern hier und jetzt
wendet und neu erfindet, während Sie über die Unmöglichkeit,
zu leben und weiterzumachen, sprechen. Dabei geht es vielleicht
gar nicht ums Weitermachen, sondern eher darum, dieses Weitermachen endlich abzulegen, nicht das Leben als solches, aber
das Immergleiche, das Nicht-enden-wollende. Ja, mit dem hart-
näckigen Weitermachen aufzuhören, künftig alle Waffen und
Rüstungen abzulegen, die komplette Nacht, in der Sie sich befinden, zu begrüßen, diese Nacht als die allererste zu begreifen,
als die Nacht Ihrer Geburt, jeder Geburt, die Nacht allen Anbe-
ginns, des anfänglichen Stammelns.

Sie hörte zu weinen auf. Sie schaute mich an, als ob ich verrückt wäre, sehr aufmerksam und unendlich sanft. Jetzt bin
ich diejenige, die den Wahnsinn auf mich genommen hat und
die Gefahr, dafür das Leben, also die Liebe, zu riskieren. Denn
die Liebe hält uns aufrecht in diesem Leben, aus dem die Nacht
gewichen ist, bis sie keinem möglichen Horizont, keinem
menschlichen Wort mehr angehört.

Sie sagte: »Aber das ist unmöglich, Sie haben überhaupt
nichts verstanden!«

»Was gibt es denn zu verstehen? Alle, die Sie verstanden ha-

ben, haben Sie einer abgrundtiefen Verzweiflung und absolu-
ten Einsamkeit überlassen. Manchmal kann das Verständnis
die Intelligenz beleidigen, weil es um jeden Preis einen Sinn
ohne Freiraum, ohne jedes Geheimnis erobern will.

Dieses Mal schaute sie anders, und ich spürte ihre Angst. Die
Angst eines Tiers, dem wir in seinem absoluten Vertrauen zu
uns einen Freiheitspakt eröffnen, den es allein nicht in Be-
tracht gezogen hat. Und das für diesen Pakt der Vorstellung
einer ewigen Einsamkeit entsagen muss.

Das Vertrauen fordert diesen Preis. Einen horrenden Preis,
wenn man eine solche Einsamkeit am eigenen Leib erfahren
hat. Man kann nicht zweimal auf sie verzichten, das wäre nicht
zu überleben.

Sie sagte: »Einverstanden, ich will gern versuchen, das mit
Ihnen und von Ihnen zu lernen.«

Ich streckte meine Hände nach ihr aus, sodass ich sie fast
berühren konnte, und erwiderte:

»Sie wissen ja, dass ich Ihnen das nicht geben werde, sondern
dass Sie selbst in diese Nacht eintauchen müssen. Ich bin schon
alt, mit mir würden Sie sich bald wieder verlassen fühlen, und
das möchte ich nicht. Unsere Begegnung wird genügen.«

»Nein, ohne Sie schaffe ich das nicht«, antwortete sie. »Ich
brauche Sie dafür. Bitte glauben Sie mir.«

Ich wusste, dass ich nicht Nein sagen konnte. Dass ich mich
eine Zeitlang mit dieser Öffnung konfrontieren musste, damit
sie erneut Vertrauen schöpfen, ihr Blick zurückkehren und ihr
Herz wieder aufgehen konnte.

In *Richard II.* zeigt Shakespeare einen König, der sich lieber absetzen lässt, als sein Wort zu brechen. In einem grandiosen Dialog mit Bolingbroke, Duke of Lancaster, erläutert er die Probe einer Beckett'schen Entblößung, wenn

der Mensch jenseits seiner königlichen Funktion in seiner Souveränität alles ablegt, was ihn konstituiert – mit Ausnahme seines Lebens. Diese Absetzung ist unsere gemeinsame Nacht. Indem wir uns von unseren offiziellen Funktionen, Anerkennungsbedürfnissen und Schachereien befreien, betreten wir die Nachtseite, auf der wir nur noch in der Einzigartigkeit einer Stimme, eines Körpers, einer Präsenz existieren. Jedes entstehende Werk bringt etwas von dieser gefährlichen Nacht mit sich, in der wir bis zu dem Umkehrpunkt vordringen, an dem wir uns von uns selbst befreien. Das Shakespeare-Drama war seinerzeit so bedrohlich, dass seine Aufführung verboten wurde. Einen König zu zeigen, der sein Königtum aufgab, einen »Nicht-König« und winzigen Punkt am Rande des Abgrunds, der sich nicht zur Wehr setzte, war riskant. Die Nacht in Betracht zu ziehen, verstellt die Zuflucht zu einer späten, rettenden Helligkeit. Der einzige Widerstandspunkt der Nacht ist ihre heimliche Dichte.

Revolutionen

»Das Wesentliche des Revolutionärs ist nicht die
Umwendung als solche, sondern dass er in der
Umwendung das Entscheidende und Wesenhafte
ans Licht bringt.«

Heidegger

Bevor sie Revolte wird, erinnert uns die Revolution daran, dass eine vertraute Welt vergangen ist. Ist auch unsere Welt tatsächlich vergangen und wenn ja, welche Welt?
Die Welt der handschriftlichen Briefe, der Sextanten und
Tinte, der vor einem Altar abgelegten, vermeintlich le-
benslangen Gelöbnisse, die Welt der Langsamkeit, des
Halbdunkels und der Zweideutigkeit? Nein, es sei die Welt
des Konsums, so der Philosoph Bernard Stiegler, die in ab-
sehbarer Zeit zu Ende gehe, wobei wir die Konsequenzen
und die künftige Revolution zu tragen hätten. »Bisher
wollten wir immer mehr Geld, Sex, Geschwindigkeit,
Transparenz und Gewinn, aber damit das auch weiterhin
funktioniert, müssen wir daran glauben.«[38] Auch wenn
ein blauer Hoffnungsschimmer in den Büros der Trader
leuchtet, bricht das Konstrukt nach und nach in sich zu-

sammen, wenn wir nicht mehr an den Profit glauben. Die Banken hören auf zu investieren, wollen in Bezug auf eine nur noch scheinbar wirkliche Welt kein Risiko mehr eingehen, spekulieren mit immer künstlicheren Summen auf mögliche Gewinnspannen und vergessen, dass sich hinter diesen Zahlen reale Männer und Frauen abstrampeln. Und wir sehen angeblich bereits das Ende ab.

Eine verlockende Vorstellung, aber trifft sie tatsächlich zu? Die Wahrheit ist ein höchst instabiler Indikator: Wir nutzen sie für unsere dringendsten, prosaischsten Bedürfnisse und bekräftigen oder aber entkräften sie je nach ihrem fluktuierenden Wert. Kann man also den Verfall unserer unleugbar so kapitalistischen Epoche für dermaßen *vorhersehbar* halten? Glauben, dass es mit der unbegrenzten Expansion des Mehrwerts, dem Kreislauf der zu spekulativen Zwecken immer wieder neu evaluierten materiellen Güter bald vorbei sei, diese Welt bereits so gut wie »vergangen« sei? Von welcher Revolution würden wir dadurch entbunden? Die Vorzeichen für die Zukunft sind nicht so lesbar, wie wir meinen, weshalb sich meist nur ein paar Künstler und Denker als visionär erwiesen haben. »Jetzt weiß das Seelenleben nur zu genau, dass es nur gerettet wird, wenn es sich Zeit und Raum für Revolten gewährt: einen Bruch vollziehen, wiedererinnern, neu beginnen. Vom Gebet über Kunst und Analyse bis zum Dialog: Das zentrale Ereignis ist und bleibt die infinitesimale große Befreiung: immer wieder von neuem beginnen. Ohne sie bleibt der Globalisierung lediglich die Berechnung der Raten des Wirtschaftswachstums und der genetischen Wahrscheinlichkeiten.«[39] Der israelische Politologe Zeev Sternhell erinnert daran, dass die Revolution ein Erbe der Aufklärung sei, weil sie sich auf einen humanistischen Universalismus gründete, der jede Form von Kommunitarismus oder Partikularismus ablehnte – ein universelles Denken, das seither von den Nationalismen und dem sogenannten Volksgeist in Frage gestellt worden sei. Claude Lévi-Strauss antwortet darauf: »Man kann jedoch nicht darüber hinwegsehen, dass der Kampf gegen alle Formen von Diskriminierung, trotz seiner dringenden praktischen Notwendigkeit und der hohen moralischen Ziele, die er sich zuschreibt, an derselben Bewegung teilhat, die die Menschheit einer Weltkultur entgegentreibt, die jene alten Partikularismen zerstört, denen die Ehre gebührt, die ästhetischen und spirituellen Werte geschaffen zu haben, die dem Leben seinen Wert verleihen (...).«[40] Der Kampf, für den Lévi-Strauss eintritt, ist im Voraus verloren, denn schon bald wird es keine »wilden« oder nomadischen Völker mehr geben, die von den Werten und Objekten unserer Kultur unberührt geblieben sind. Am Ende seines Lebens interessierte sich der geniale Verfasser von *Traurige Tropen* nicht mehr für die großen kulturellen Strukturen, sondern für das Winzige, für Steine und Pflanzen, für das Licht, für all die vergessenen und verkannten Dinge, die so viel unbedeutender scheinen als der Preis eines Menschenlebens.

»Seit der Französischen Revolution stellt die ›politische Revolte‹ die laizistische Version jener Negativität dar, die das lebendige Bewusstsein kennzeichnet, wenn es seiner tiefgründigen Logik treu zu bleiben versucht; die Revolte ist unsere Mystik, gleichbedeutend mit Würde«, schreibt Julia Kristeva.[41] Die Revolution ist eine stellare Bewegung derer, die zuerst zu sich selbst zurückkommen, bevor sie wieder vorwärtsstreben. Aus welcher Erinnerung, welcher Rückkehr speist sich die Revolte, die semantisch in jeder Revolution enthalten ist? Wenn nie etwas vergangen ist, wenn sich jede Bewegung in die vorherige einrollt, um ein Stück weiter weg ihre Forderung nach einem bisher nicht darstellbaren Raum des Denkens zu riskieren? Womöglich entsteht jede Revolution in dem, was wir Technik nennen, denn die menschliche Erfindung geht gewissermaßen der Darstellung der von ihr ersonnenen Welt voran. Spontane Revolutionsbewegungen sind Kinder der Technik und der Habgier einer unablässig ihre eigenen Nachkommen verschlingenden Welt. Die Revolution kündigt sich nicht mit Pamphleten und Dekreten an, sie zwingt uns, für unser Ideal einzustehen. Wir begreifen nicht, dass wir bald Sklaven unserer eigenen Erfindungen sein werden. Unser Traum von der Welt gehorcht dem fast kindlichen Begehren, alles zu besitzen und alles zu kennen, nicht dem Begehren, das sich in der Heidegger'schen Metapher des »Wohnens« ausdrückt. Die Revolution ist ungreifbar, wie ein Ereignis, das erst nachträglich wirklich gedacht werden kann. Sie ist nur gleichzeitig mit ihren hybriden Objekten denkbar. Fast auf sensorische Weise gebiert sie eine neue Welt. Bernhard Stiegler mag damit nicht einverstanden sein, aber die Banken werden ganz sicher nicht investieren und ihre Gewinne einstreichen, um anschließend (als vergangene Welt) zusammenzubrechen und sich der Revolution – keiner Nelkenrevolution, sondern der Revolution einwandfrei denkender neuer Umweltschützer – zu öffnen. Nein, die Revolution wird ihre Kinder verschlingen, deren Objekte zerstören und durch noch leistungsfähigere, unbeständigere und schnellere ersetzen, die eine immer noch phänomenalere Anpassungsfähigkeit erfordern. Für welche andere Welt, ist kaum zu erahnen, denn es ist nicht einfach, Zeitgenosse der eigenen Epoche zu sein. Die kommende Welt wird die Sprache unserer neuen Spielzeuge, unserer neuen Wörter, Bilder und Codes sprechen. Zwar werden sie etwas Vergangenes bewahren, aber nur indem sie es sich einverleiben und auf taktilen Displays neu erfinden.

Eine Welt versinkt vor unseren Augen. Wir tun uns schwer damit, die Zeugen dieser Revolution zu sein. Wir schwanken zwischen Nostalgie, Bedauern und Erwartung, die Augen auf die Horizontlinie geheftet, ohne zu sehen, dass sie sich – unserer Sicht ebenso vertraut wie der Wirklichkeit – mit uns verschiebt. Die Revolution zu riskieren bedeutet vielleicht, irgendwann eine Grenze erreicht zu haben, hinter der kein Denken, keine Freiheit und keine Liebe mehr möglich sind. In dieser Kehrtwende, die Nein sagt, eine andere Sprache, ein neuer Tag anbricht. Eine Revolution setzt die Einwilligung voraus, alles zu verlieren: Doch ein solcher Moment stellt sich nur selten ein, weil wir unbedingt alles behalten wollen und die Situation sich aus jener vorsorglichen Sparsamkeit, aus dem allmählichen Verschlingen unserer selbst durch uns selbst speist. Um sich dieser Bewegung anzuschließen, von der alles mitgerissen werden kann, braucht es Wahnsinn und Vision, vor allem aber eine Solidarität, ohne die keine Revolte beginnen kann. Selbst wenn die Technik unvermittelt die Seite wechselt, bleibt sie trotzdem der Machtkontrolle und -ausübung verschrieben, kann sich aber kurzerhand auch in den Dienst des Tyrannenmörders und Gefängnisöffners stellen. Es ist ein Verhältnis aller zu allen, zu einer selben Zeit, zu einem Gemeinsamen, das die gleiche Sprache spricht – und das ebenso selten ist wie eine wahrhaftige Begegnung zwischen zwei Menschen. Diese Lichtung des Seins (nicht unbedingt im Heidegger'schen

Sinne) eröffnet eine zweite, anders gefärbte Gleichzeitigkeit. Ein kollektiver Ausdruck des Jubels, der eine phänomenale, alles, selbst die Revolution erfassende Energie verströmt. Wie alle Aufbrüche wird jedoch auch die Revolution verarbeitet, formatiert und schließlich zu einer neuen Restauration umerzogen. Aber nichts kann sie ungeschehen machen. Dass sie ausbrechen kann, ist das, was uns heutzutage am meisten fehlt.

Wenn die Revolution unsere Mystik ist und unabhängig von der Grausamkeit der Altäre, auf der ihre Ideale geopfert wurden, auch bleibt, dann, weil sie auf eine *Kehrseite* verweist. Auf eine Negativität, der eine unveräußerliche Freiheit eignet, welche man zu einem bestimmten Zeitpunkt unter Lebensgefahr herauszufordern und zu verteidigen bereit ist. Sein Leben für die Revolution zu riskieren, ist konstitutiv für unser Menschsein. Das kann meines Erachtens nicht anders sein, auch wenn die friedliebenden Himmel der Demokratie weit in die Zukunft vorauszudeuten scheinen.

Das Risiko der Unterwelt
(Eurydike)

>»Die reine Liebe ist nackt, von allem befreit. Sie
> stellt keine Ansprüche, sie erwartet und begehrt
> nichts, sie verlangt keinerlei Ausgleich für sich
> selbst, weder für ihr Heil noch für ihre Vollkom-
> menheit.«
> Madame de Guyon

Wir sind alle Eurydikes. Wir tragen ihre Zahl und ihren
Namen in uns. Wir haben geliebt, wir sind geliebt worden
und haben diese Liebe verloren, sind weit in der sogenannten Unterwelt verschwunden, wo niemand mehr beweint
wird. Nacht und Verzweiflung trotzend, ist uns eines Tages jemand holen gekommen und hat uns die Möglichkeit
eines lebendigen, geliebten Körpers zurückgegeben, die
Möglichkeit, wieder ins Leben emporzusteigen. Eurydike
erzählt von uns: Sie ist eine in jeder Hinsicht moderne, ja,
wie alle wahren mythischen Gestalten, eine zutiefst zeitlose Figur. Die Hölle variiert von Epoche zu Epoche. Anders
als bei Hieronymus Bosch oder in den Gebetbüchern tut sie
sich für uns auf, sobald wir unsere Menschlichkeit fliehen.
Eurydike erinnert daran, dass uns der Tod jederzeit und in
sämtlichen Formen holen kann: vom Verzicht bis zum Op-

fer, von der Anästhesie bis zur Verlorenheit. Sie erinnert daran, dass das Risiko der »Sterbensverweigerung« eine Wette ist, die wir, nachdem wir dieses Leben mehr oder weniger erfüllt, freudig und intensiv durchquert haben, am Ende verlieren.

Eurydike wiederzufinden bedeutete für Orpheus, der Stimme nachzugeben, die nach ihm rief. Konnte er sie denn nicht ins Leben zurückführen, oder war es wieder ein Traum, eine Illusion? Der Mythos verschweigt, dass Eurydike nicht in die Unterwelt zurückkehrt, sondern zwischen den Lebenden und den Toten umherirrt. Sie wird für immer die Rufende nach dem Geliebten und der Liebe bleiben.

Ist Eurydike die Einzige, die zwischen Lebenden und Toten wandelt? Besteht unsere Schuld darin, nicht mehr die Hölle riskieren zu wollen, um ins Leben zurückzukehren? Wie viele Frauen hat Eurydike die Hölle durchgemacht, weil sie ihre Liebe verloren hat und sich in dieser Liebe selbst abhandengekommen ist. Dabei durchquert man Räume, in denen alles nur noch Echo, Trugbild, Täuschung und Verwüstung ist. Doch die heutige Hölle ist alles andere als desolat: Strafen, Reue, Erwartungen sind aus ihr verbannt, man lebt im Rausch des Augenblicks. Sämtliche Wünsche werden erhört, aller Groll ist vergessen, jede Kränkung vergeben. Zwischen schillernden Wonnen und Trompe-l'oeil-Himmeln regiert allein der Augenblick. Schon lange gibt es in der Hölle keine Kessel, Folter oder Fronarbeit mehr. Man amüsiert sich köstlich, ja sogar mit Eleganz und einem verfeinerten Streben nach Lust. Als Eurydike in die Unterwelt kam, wurde sie zunächst von ihrer sterblichen Schwermut, ihrem Liebeskummer und ihrer Verwirrung befreit. Die Erinnerung an den Geliebten war nur noch ein Schatten. Willkommen in den Zimmern der Ewigkeit, hier wiederholt sich alles in zierlichen, schwerelosen und heiteren Endlosschleifen. Bloß keine Trauer, die wäre fehl am Platz! Hier ist Leichtigkeit gefragt, den Neuankömmlingen wird eine in ihrer Gewalttätigkeit suspekte und unsinnig beunruhigende Vergangenheit abgenommen. Die Bemühungen, sie wieder aufzuerwecken, sind vergeblich. Eurydike wird sich weder an den Schlangenbiss noch an die fleischliche Liebe erinnern, lautlos betritt sie einen Raum, der in seiner permanenten Wildheit die reine Abwesenheit eines geliebten Körpers birgt.

In der Hölle ist – oder glaubt sich zumindest – jeder geschützt. Es wird keine Unordnung geduldet. Keine Abweichung, kein Zögern und keine Überraschung. Die freiwillige Knechtschaft ist Gesetz, hier herrscht Ruhe. In den Gängen psychiatrischer Sicherheitstrakte ist es auch nicht stiller, hier aber kommt man ohne Medikamente aus. In der Hölle wird nicht der geringste Zwang ausgeübt. Kein Gesetzeszusatz, nicht einmal ein Kodex. Keine Schriftstücke, keine Schuldsprüche, Richter oder Gefangene – es gibt nichts zu überschreiten. Es gibt keinen anderen Raum. Die Transzendenz ist ein flockiger, beim Kontakt mit dem Kragen rasch dahinschmelzender Schnee – die reine Wirkung des Weiß. Die Horizontlinie schließt sich um sich selbst. Allein die Vorstellung eines Auswegs wäre verheerend, dementsprechend gibt es sie nicht. All das gehört einer anderen, unvordenklichen Zeit an.

Eurydike ist von Orpheus geliebt, besungen und erhofft worden. Als Tote hat sie keine Bindungen mehr. In der Unterwelt ist die Zeit keine Hilfe, sie filtert nicht. Wozu soll man versuchen, ihr zu entkommen, Wörter wie »wollen«

oder »bevorzugen« haben hier keinen Sinn. Es bedarf keiner Justiz, denn es gibt nichts zu wünschen oder zu neiden. Alles, einschließlich unserer selbst, wird ewig sein, denn es gibt weder Besitz noch Enteignung. Die Körper bieten sich dar und entziehen sich wieder, alle Erotik ist verschwunden, allein die Vorstellung von Begehren wäre deplatziert. Begehren reimt sich mit Strahlkraft, Vermissen, Durst, Erwartung, Schwindel, Haut, Liebkosungen, Sturz, Ungewissheit. Die Hölle wird von ihren Bewohnern selbst reguliert, ohne dass es einer Überwachung von außen bedürfte, die Gefügigkeit der Seelen ist so groß wie ihre Leere. Sie sind von sinnlosem Kummer, banger Erwartung, sogar von der Schwermut entlastet worden und schweben libellengleich durch eine ewige Gegenwart. Ohne Hast. Die einzige Gewalt besteht im Fehlen der Gewalt. In der Hölle ist jeder Name nur entlehnt, man kann ihn behalten oder abwerfen, nur noch mit einem unbestimmten Pronomen – er, sie, du, ich – bezeichnet werden. Auch das fällt nicht ins Gewicht. Die Errungenschaften des Egos leisten keinen langen Widerstand und lösen sich in erschöpftem Wohlwollen auf – nur hier und da werden noch ein paar Kämpfe ausgetragen, ein bisschen Spektakel muss sein, aber sie sind schnell vergessen und die Gegner bereits von ihrem gegenseitigen Irrtum wie von der Sinnlosigkeit ihres Angriffes überzeugt.

In der Hölle ist der Körper kein Problem mehr, das Sprechen jedoch schon. Es lebt in der Angst vor seinem eigenen Verschwinden, und da die Wörter keiner Zeit, Dauer oder Kausalität mehr angehören, drehen sie sich beständig murmelnd um sich selbst und auf den Lippen. Hier ist alles sinnhaft. Man will Verschwörungen entlarven, den versteckten Sinn hinter einer banalen Meldung erkennen, alles Falsche, Doppelsinnige und Trügerische aufspüren. Nichts widersteht der Hölle besser als der den Dingen verliehene Sinn. Merkwürdigerweise wird hier viel auf das Wort gegeben. Der entscheidende Schlag erfolgt von dem, der sich am besten der Sprache zu bedienen weiß. Alles Gesagte kann interpretiert, also auch umgedreht werden, man schlüpft hinein wie in ein Kleidungsstück, das Totschlagargument in der Tasche, den spitzen Humor geschultert und den nächsten Satz schon auf den Lippen. Es kommt nicht in Frage, sich gehen zu lassen. Das Wort ist eine Waffe. Die einzige hier.

Eurydike misstraut den Wörtern. Seit sie an Orpheus' Gesang teilhat, seit sie seine Stimme gehört hat, die Flüche aufheben und zu der beseelten wie unbeseelten Welt sprechen kann, misstraut sie dem Sprechen. In der Unterwelt, wo sie als Einzige schweigt, zieht sie den Wörtern die gläsernen Wände vor, die das von draußen einfallende Licht reflektieren. Die Hölle ist eine exakte Kopie unserer Welt der Lebenden. Eine Fläche, die auf eine Ewigkeit aus Pappe projiziert wird, wo die Epochen einander überlagern und die Nebeneinanderstellung eine zeitliche Kontinuität suggeriert: wie unsere Fotoalben, die beim Durchblättern die Illusion eines ganzen Lebens im DIN-A4-Format mit einem Überaufgebot an Lächeln und traurigen Kindern vermitteln.

Eurydike erkundet die Unterwelt. Was ist noch von der Menschheit übrig? Der geschlechtliche Körper begattet und ent-gattet sich, alle möglichen Bündnisse werden in Betracht gezogen, nur wenige gehen bis zur Berührung, woraus sich die seltsame Entkörperlichung dieser Örtlichkeiten erklärt – der Ausgang ist bekannt, und die Lust erschöpft sich auf der Suche nach einer Grenze, an der sie zerschellen kann. Lange war die Hölle der Erotik von Bosch oder Brueghel verpflichtet, den mit grausamer Verfeinerung gebeutelten Körpern, wo Menschen mit Vogelköpfen andere, verrenkte Körper neben schreienden Scheiterhaufen zerfleischten. Doch (leider!) ist es mit solchen Rezepten nun aus und vorbei. Die Folter ist nur noch den Lebenden vorbehalten. Nichts dergleichen in der Hölle. Das Grenzenlose ruft nicht zum Verbrechen, sondern zur Grausamkeit auf, allerhöchstens zu einer von der Gleichgültigkeit erzwungenen Form des Voyeurismus. Hier ist die Wollust schwerelos, ohne Bindungen oder Gelübde. Ohne Verrat, weil man einander nichts verspricht. Die Hölle ist ein unbestimmter Korridor mit bläulichen Nachtlämpchen. Es gibt keinen endgültigen Ort, dem wir unsere Seele antragen könnten.

Eurydike, die Welt der Toten konnte dich nicht ein zweites Mal aufnehmen, du warst den Lebenden, der menschlichen Stimme schon zu nahe. Du existierst praktisch nicht mehr. Das Gewicht des Geliebten ist in deinen Armen verblichen, dein Gedächtnis hat keinen Halt mehr, auch die Bilder haben sich nach und nach verflüchtigt. Was bleibt, ist die Gewissheit, eine überwältigende Liebe gelebt zu haben. Nun bist du dort, wo die Verstorbenen sind. Ein Reich ohne Schatten, weder Halbdunkel noch Finsternis, dafür eine starke Überbelichtung von Formen, Körpern und Objekten. Du versuchst zu denken, aber es gibt keine Zuflucht für das Denken. Denken wir nur in der Not, in der Angst, angesichts eines nahenden Ereignisses, in der Erwartung? Das Denken hat sich aufgelöst und mit ihm jede Vorstellung einer möglichen Gegenwärtigkeit. Letztlich fehlt es der Selbstwahrnehmung an Anmut und Leichtigkeit, du stellst dir die sogenannte Idee – eine Form von Euphorie – als etwas Skurriles vor, das mit Vorsicht zu behandeln ist. Die Hölle ist ein Ort der Loslösung ohne Versprechen einer Zuflucht. Man gewöhnt sich recht schnell daran. Sich von sich selbst zu lösen, ist jedoch etwas anderes. Hier findet alles einen ständigen Nachhall, wie Kinderreime, die uns plötzlich wieder einfallen, nachdem wir geglaubt haben, endlich den Vorbestimmungen unserer Vergangenheit und Familie entkommen zu sein. Die Wildheit besteht in der fast vollständigen Missachtung der geknüpften Bindungen, der emotionalen Befindlichkeiten, des Austauschs und Teilens. Die Hölle ist eine Welt ohne Echo. Jeder versucht dort, und zwar vergeblich, zu enden, und zu sprechen – doch, was soll ausgedrückt, welche Wahrheit soll riskiert werden? Die Wahrheit hat nichts mehr zu bedeuten und nichts widersteht der wiederkehrenden, ätzenden Metapher der Ewigkeit. Die Wildheit ist die Herrschaft des Gesetzlosen, hier aber ist das Gesetz undenkbar. Die Wildheit hat keine andere Wirklichkeit außer ihrem eigenen Namen, sie ist selbsternannt und löst sich nach Belieben wieder auf. Die Wildheit ist eine Abdeckerin von Körpern. Von Körpern, denen jede Einzigartigkeit genommen wurde, ohne Geruch, Silhouette oder Stimme, auch hier ist alles zersetzt und neu zusammensetzbar. Das Bizarre an der Hölle ist, dass sie die Spuren der Dinge unbegrenzt aufbewahrt. Ein Ereignis vergeht nicht, es ereignet sich immer wieder bis zu seinem endgültigen Verschleiß, bis sein Geschmack, seine Sprache, seine Zeichenhaftigkeit niemandem mehr etwas sagen: Dann erst löst es sich auf und zergeht.

Man könnte Eurydike als traurig bezeichnen, was jedoch hier, wo die Traurigkeit nur noch als schnödes Wort wirklich ist, sinnlos scheint. Die Traurigkeit beansprucht einen Raum zwischen Tragik und Freude, eine Art Vorzimmer des Verlorenseins, wo ihre charakteristische Molltonart in einer unverkennbaren Selbstvergessenheit erklingt. Auch das kennzeichnet die Wildheit – weder Traurigkeit noch Freude noch Übergänge. Die Hölle hat keine Kehrseite, sie öffnet sich nur auf sich selbst: auf das Labyrinth ihrer Leidenschaften, auf das obszöne Spektrum der einem wilden Gesetz – der puren Lust – unterworfenen Körper und dementsprechend auch auf das Grauen.

Eurydike, du weißt nicht, was man von dir will. Wenn überhaupt etwas von dir erwartet wird. Erhofft zu werden, hält die Lebenden lebendig. Auch die Lebende, die du einst warst. In der Hölle zerstäubt jede Erwartung zu einem feinen Beschlag zwischen den Wörtern. Kein morgen, um das Gewicht des Glühens, die Leichtigkeit zu ertragen. In der Hölle kommt alles auf die Bühne. Dramaturgie des ewigen Fests, das zu einem makabren Befehl geworden ist: Bloß keine Langeweile! Wie sollst du dir vorstellen, dass dich jemand holt und dich hier in den Arm nimmt? Du hast einen innigen Geliebten gehabt. Eine Schlange hat dich gebissen und zu den Toten geschickt, in eine vom Tag nicht unterschiedene flüssige Nacht. Woher soll man die Kraft zu hoffen nehmen? Weiterzumachen, wenn es keine Hinterwelt mehr gibt, kein anderes Szenario, keine Kulissen? Dich nicht verlassen, weil du sonst verschwinden würdest, denjenigen nach, die Dante zufolge von niemandem beweint werden, Tote unter Toten, an die nicht einmal eine lebendige Erinnerung appelliert. Und für die niemand betet.

Wie kann man aus dem Dunkel über den Lebenden und Toten treten, wenn sie sich nicht voneinander lösen lassen? Welcher Weg der Liebe könnte Eurydike retten? Orpheus ist bis in die Unterwelt herabgestiegen, um sie zu holen. Doch der Augenblick des Umdrehens ist und bleibt ein Rätsel. Nach all seinen Anstrengungen dreht er sich unvermittelt um und schickt dich zurück in die Hölle! War es von Anfang an eine Maskerade? Eine sinnlose und grausame Prüfung, eine letzte Kränkung? Es war ihm befohlen worden, sich nicht umzudrehen. Die einzige Bedingung. Orpheus hatte sie, ganz seiner Liebe ergeben, akzeptiert. Aber hatte er auch verstanden, was ihm aufgetragen worden war?

Man hat den Mythos in Bezug auf Erinnerung und Vergangenheit interpretiert. Das Umdrehen sei der umgekehrte Weg der Befreiung. Es gehe um den unabänderlichen Pakt des Menschseins: Wir sind sterblich, weder in einer umkehrbaren Zeit zuhause noch allmächtig, einfache Wesen in Rufweite, in dem kaum wahrnehmbaren Wunder der Präsenz. Es wäre eine Falle zu glauben, dass Orpheus tatsächlich existiert und kein bloßes Trugbild ist. Wir warten permanent auf jemanden, der zurückkommt. Die einzig gültigen Wörter lauten »vergib mir«, »nimm mich zurück«. »Hol mich ab«, sagen, denken, weinen die Kinder, bis sie sich endlich trösten, bis sie vergessen und geheilt sind. Du hast hartnäckig daran geglaubt, dass man dich selbst aus der Unterwelt noch holen würde, und Orpheus hat diese Distanz überwunden. Dann bist du mit ihm oder, wie es im Mythos eigentlich heißt, hinter ihm wieder emporgestiegen. Der Mythos ist ein gemeinsames, ebenfalls nachhallendes Sprechen, das allen angehört und allen zufliegt. Dieses Sprechen der Erzählung, das sich vielleicht an vormenschheitliche Zeiten erinnert, sagt, dass Orpheus sich trotz seines Versprechens umdreht und die Liebe mit Schrecken überzieht: Erfolgt das

Umdrehen nicht, weil die Geliebte aus dem Reich der Toten nach uns ruft?

Die Freiheit erfüllt sich für den, der sie begehrt, sie
kommt in und mit dem Begehren, reines Ereignis im Inneren des Begehrens. Sie lässt sich nicht dem Wollen zuordnen, ist weitaus ursprünglicher, wie schon Spinoza wusste,
fest in den Mechanismus des Begehrens geschmiegt, dieses kleine Uhrwerk, das uns zu Lebenden macht. Ist das
Verharren im Sein, dem Zuwachs an Sein, den wir »Freude«
nennen, Zustimmung? Aus der Unterwelt emporzusteigen, heißt, das Exil zu verlassen, einer Stimme zu folgen,
die aus größter Ferne ruft, von einem Punkt aus, bis zu
dem du dich selbst nicht verloren wusstest, und diese zu-
rückrufende Stimme verleiht dir einen neuen Körper,
Struktur und Zuflucht. Dann aber … dreht Orpheus sich
um, und dir wird der Anblick seines Körpers zuteil, seine
fragile, dem Begehren ausgelieferte Menschlichkeit – das
wusste die Unterwelt: Sie wusste, dass er sich umdrehen
würde, weil er dich liebte. Es gab keine Überraschung. Die
Hölle ist die in Zwangsläufigkeit verkehrte Zeit. Trotzdem
geschah etwas Unvorhersehbares, denn du bist nicht in
die Unterwelt zurückgekehrt, weil aus ihr kein Entkommen ist. Hättest du dem Ruf Folge geleistet, wärst du sofort aus der Unterwelt gekommen, wenngleich du nicht
zusammen mit ihm hättest lebendig sein können. Er wiederum glaubte dich abermals verloren und verzweifelte.
Er starb eines langsamen Todes und wurde schließlich
von den auf seine Leidenschaft eifersüchtigen Mänaden
zerrissen.

Wo aber warst du? Denn weder tot noch lebendig hat-
test du keinen Ort mehr, noch nicht einmal mehr diesen
grenzenlosen Ort des puren, barbarischen Wahnsinns,

einer beunruhigenden, unendlichen Sanftheit, den man Hölle nennt? Du wirst in eine Zwischenwelt eingehen, ausgeschlossen von der einen wie der anderen Welt, ohne jede Zugehörigkeit, und diese Freiheit wird dir kostbar sein. Doch wie alle prophetischen Stimmen wirst du einsam sein, eine Passantin, die niemand erkennt, aber alle gesehen haben. Reine Zeugin, eine aus dem Raum gestanzte Silhouette, ein schwereloser Körper.

Liegt Eurydikes Raum im Inneren der Sprache, als Beginn jeder Metapher? Eine Metapher zwischen Lebenden und Toten, ein Mythos, der in jeder wissenden Frau an die Weiblichkeit appelliert. Du bist in den Raum des Buchstabens geschlüpft, zwischen die Wände und Gebiete, mit jener Geste, die einer Antwort harrt; du belebst im Inneren der Sprache diesen Übergang, an dem wir noch nicht wieder ganz lebendig, aber auch nicht mehr tot sind, denn unaufhörlich schreibt und vergisst sich alles, selbst in den bestbewachten Archiven lagern nicht-entschlüsselte Botschaften, versiegelte, abgefangene Briefe, die noch nicht von ihren Empfängern gelesen wurden – und du wachst über jeden einzelnen. Dir, Eurydike, wurde der Tod verweigert, aber auch die Wiedergeburt. Eurydike in jedem Brief, ob durchgestrichen, vergessen, geschrieben, neu geschrieben, wütend gelöscht, weggeworfen, zugestellt, vergangen oder zukünftig. Eurydike, reisender Hermes, bewohnt den einzigen unbewohnbaren Ort zwischen den Wörtern, jenen flüchtigen Schnittpunkt zwischen den Sterblichen und ihren Toten. Sie ist in den Haarstrich der Schrift eingebrochen, dort, wo das Wort auf die Wirklichkeit trifft – und nun zeigt sich das Ungreifbarste von allem: das, was wir Begehren nennen. Den Raum des Begehrens zu riskieren, seine lebendige Metapher, den Raum, der ihn von dem Ersehnten trennt – Menschsein, Körper, Gedächtnis, Sinn des Lebens, Heilung, Anerkennung –, das von der Metapher Erschlossene, schafft einen anderen Raum: den möglichen Raum des Sprechens.

Anmerkungen

1 Die Legende von Orpheus und Eurydike steht mit dem Mysterienkult in Zusammenhang. Als Sohn des thrakischen Königs Oiagros und der Muse Kalliope wusste Orpheus mit seiner Lyra wilde Tiere zu betören und selbst unbelebte Geschöpfe zu rühren. Eurydike wurde bei ihrer Hochzeit von einer Schlange in den Fuß gebissen und starb. Nachdem Orpheus den Cerberus und die furchterregenden Eumeniden in den Schlaf gesungen hatte, vermochte er auch Hades, den Gott der Unterwelt, zu besänftigen. Eurydike durfte Orpheus in die Oberwelt folgen, allerdings unter der Bedingung, dass er sich unterwegs weder nach ihr umschauen noch das Wort an sie richten dürfe. Doch als sie die Unterwelt verlassen wollten, konnte Orpheus nicht umhin, sich nach Eurydike umzusehen, die daraufhin endgültig verschwand. »Da, sie verlangend zu sehn und besorgt, dass Kraft ihr gebreche, / Schaut er liebend sich um, und zurück gleich ist sie gesunken. / Sehnlich die Arme gestreckt, auf dass er sie fasse und selber / Werde gefasst, hascht nichts

denn weichende Lüfte der Arme.« (Ovid, *Metamorphosen*, 10. Buch). Orpheus war untröstlich. Die gängigste Version seines Todes lautet, dass die Mänaden so verzweifelt über seine Treue zu Eurydike waren, dass sie ihn in Stücke rissen. Die trauernden Musen bestatteten seine Gebeine am Fuß des Olymps. Auf der Grundlage dieses Mythos entstand der Orphismus.

2 Annie Le Brun: Si rien avait une forme, ce serait cela, Paris 2010 (Übersetzung Nicola Denis).

3 Elie During: Faux raccords: la coexistence des images, Arles 2010.

4 Friedrich Nietzsche: Jenseits von Gut und Böse. Zur Genealogie der Moral, Kritische Studienausgabe. Hg. von Giorgio Colli und Mazzino Montinari, 3. Aufl., München 1993, S. 295.

5 Emmanuel Levinas, Die Zeit und der Andere, Hamburg 1989, (Paris 1947), S. 26 f.

6 Euripides, Fragmente. Übersetzt von Gustav Adolf Seeck, München 1981 (Fragmente 276 und 265 a), S. 113 u. S. 111.

7 Übersetzt von Nicola Denis.

8 Gilles Deleuze: Die Immanenz: ein Leben, in: Friedrich Balke und Josef Vogl (Hg.): Gilles Deleuze – Fluchtlinien der Philosophie, München 1996, S. 30.

9 Levinas, Jenseits des Seins oder andes als Sein geschieht, Freiburg 2011, S. 272.

10 Maurice Blanchot: Der Gesang der Sirenen. Essays zur modernen Literatur. Aus dem Französischen von Karl August Horst, Frankfurt am Main 1988, S. 111.

11 Elie During, Faux raccords, S. 75.

12 Novalis: Schriften. Hg. v. L. Tieck und Fr. Schlegel, Berlin 1837, S. 235.

13 Maurice Merleau-Ponty: Phänomenologie der Wahrnehmung. Aus dem Frz. v. Rudolf Böhm, Berlin 1966, S. 482.

14 Gilles Deleuze: Schizophrenie und Gesellschaft. Texte und Gespräche von 1975–1995. Hg. v. Daniel Lapoujade, übers. v. Eva Moldenhauer, Frankfurt am Main 2005, S. 178.

15 Ebd., S. 282.

16 Der Begriff Angst. Aus dem Dänischen übersetzt von Gisela Perlet, mit einem Nachwort hg. von Uta Eichler, Stuttgart 1992 (Reclams UniversalBibliothek, Bd. 8792), S. 53.

Soren Kierkegaard wird 1813 in Dänemark in eine Familie geboren, die einer engagierten pietistischen Gemeinschaft angehört. 1831, in Hegels Todesjahr, beginnt er sein Theologiestudium. Rasch aufeinander sterben seine Mutter, seine drei älteren Schwestern sowie zwei seiner Brüder. Er verfällt in eine tiefe Schwermut, die durch den Tod des Vaters 1838 noch zunimmt. Zwei Jahre später verliebt er sich in die junge Regine Olsen, von der er sich ein Jahr später überraschend wieder trennt. Im selben Jahr beendet er seine Doktorarbeit *(Über den Begriff der Ironie mit ständiger Rücksicht auf Sokrates)* und zieht nach Berlin, wo er die Vorlesungen Schellings besucht. 1843 veröffentlicht er sein erstes bedeutendes Buch *Entweder – Oder* unter dem Pseudonym Victor Eremita, verzichtet auf eine Laufbahn als Pastor und verfasst eine Reihe bedeutender philosophischer Schriften: *Der Begriff Angst (1844), Stadien auf dem Lebensweg (1845), Abschließende Unwissenschaftliche Nachschrift zu den Philosophischen Brocken* (1846) und *Die Krankheit zum Tode* (1849). Er stirbt mit 42 Jahren. Kierkegaard, der sich deutlich von Hegels Philosophie abgrenzt, übernimmt dennoch das Prinzip der »Dialektik«, um es auf die Wirklichkeit des konkreten Daseins mit ihren Zufällen, Zweifeln und Qualen anzuwenden. Er versteht sich als Vertreter der sokratischen Ironie und verficht die Idee einer absoluten Negation gegenüber dem Hegelschen System, das jede Negation im dritten, spekulativen und positiven Augenblick der Ankunft des Geistes aufheben will. In *Der Begriff Angst* erkundet Kierkegaard, wie sich die Freiheit selbst als Paradox erfährt, da nur ein freier Mensch die Erfahrung der Angst machen könne – die Erfahrung der Freiheit als Bürde und Hindernis.

17 Ebd. S. 50.

18 Deleuze, Schizophrenie und Gesellschaft, S. 183.

19 Levinas, Die Zeit und der Andere, 1984, S. 60.

20 Martin Heidegger: Was heisst Denken?, in: Merkur, VI. Jahrgang; 7. Heft, Juni 1952, S. 601.
21 Michel de Montaignes Gesammelte Schriften. Historisch-kritische Ausgabe mit Einleitungen und Anmerkungen unter Zugrundelegung der Übertragung von Johann Joachim Bode, herausgegeben von Otto Flake und Wilhelm Weigand. 8 Bände, Georg Müller, München und Leipzig 1908–1915, Bd. 1, S. 53.
22 Deleuze, Schizophrenie und Gesellschaft, S. 41.
23 Sigmund Freud: Die Traumdeutung (1900), Studienausgabe A. Mitscherlich, Bd. 2, Frankfurt am Main 1972, S. 503.
24 Henri Bergson: Das Lachen, Aus dem Französischen von Julius Frankenberger und Walter Fränzel, Jena 1921, S. 25.
25 Zit. nach: Frédéric Boyer, Gagmen, Paris 2002 (übersetzt von Nicola Denis).
26 Zit. nach Annie Le Brun, Si rien avait une forme, ce serait cela, S. 103 (nicht auf Deutsch übersetzt)/der Begriff wird von Schlegel auf Frz. verwendet.
27 G. W. F. Hegel, GW, Bd. 8, Hamburg 1968, S. 187 f.
28 Novalis: Schriften. Das philosophische Werk I, hg. v. Hans-Joachim Mähl und Richard Samuel, Darmstadt 1965, Bd. 2, S. 524.
29 Deleuze, Schizophrenie und Gesellschaft, S. 36.
30 Elie During, Faux raccords, S. 45–47.
31 Maurice Blanchot: Der Gesang der Sirenen. Essays zur modernen Literatur. Aus dem Französischen von Karl August Horst, München 1963, S. 112.
32 Zit. nach Pierre Zaoui, La traversée des catastrophes, Paris, 2010, S. 113.
33 Zit. nach Michela Marzano: Le contrat de défiance, Paris, S. 18.
34 Zit. nach Elie During, ebd., S. 42.
35 Ebd.
36 Bergson: Denken und schöpferisches Werden. Aufsätze und Vorträge, Hamburg 2015.
37 Zit. nach During, Faux raccords, S. 49.
38 Nach Gesprächsaufzeichnungen im franz. Fernsehsender France 3.

39 Julia Kristeva: Die Zukunft einer Revolte, Frankfurt am Main 2016, S. 13.
40 Claude Lévi Strauss: Der Blick aus der Ferne. Aus dem Frz. von Hans-Horst Henschen und Joseph Vogl, Frankfurt am Main 2008.
41 Kristeva, Zukunft einer Revolte, S. 17.

Rachel Corbett
Rilke und Rodin
Die Geschichte einer Freundschaft
Aus dem Englischen
von Helmut Ettinger
379 Seiten. Gebunden
Mit 22 Abbildungen
ISBN 978-3-351-03687-4
Auch als E-Book erhältlich

Die Geschichte einer Freundschaft

Mitreißend und berührend erzählt Rachel Corbett erstmals die Geschichte einer großen Künstlerfreundschaft, die 1902 in Paris beginnt. Der Bildhauer Auguste Rodin wird zur Vaterfigur für den jungen Rainer Maria Rilke, der sich nach Antworten auf die existenziellen Fragen seines Künstlerlebens sehnt. Es folgen intensive Begegnungen, ein dramatisches Zerwürfnis und eine bewegende Versöhnung. In dieser inspirierenden Freundschaft zweier herausragender Persönlichkeiten spiegelt sich die aufstrebende künstlerische Moderne zu Beginn des 20. Jahrhunderts.

»Nach Sonnenuntergang wünschte Rodin mit den Worten Bon courage eine gute Nacht. Das verwirrte Rilke zunächst ein wenig, aber dann glaubte er zu verstehen. Rodin wünschte ihm Mut, weil er wusste, ›wie nötig das ist, jeden Tag, wenn man jung ist‹.« (aus Rilke und Rodin)

Regelmäßige Informationen erhalten Sie über unseren Newsletter. Jetzt anmelden unter: www.aufbau-verlag.de/newsletter

François Lelord
Christophe André
Der ganz normale Wahnsinn
Vom Umgang mit schwierigen Menschen
Aus dem Französischen von Ralf Pannowitsch
366 Seiten. Broschur
ISBN 978-3-7466-1687-2
Auch als E-Book erhältlich

Sind Sie glücklich
mit ihren Mitmenschen?

»Wenn man dieses Buch gelesen hat – ich schwöre es Ihnen – ist man glücklich«, schwärmte Elke Heidenreich über François Lelords »Hectors Reise«. Wenn man »Der ganz normale Wahnsinn« gelesen hat, ist man auch glücklich mit seinen Mitmenschen, so nervtötend sie auch sein mögen. Wie man sich am besten mit schwierigen Menschen arrangiert und trotzdem die Fassung bewahrt, erklärt dieses überaus eloquente und amüsante Buch.

»Ein unterhaltsames Plädoyer, im Umgang mit schwierigen Menschen nicht gleich das Handtuch zu werfen.« Der Tagesspiegel

Regelmäßige Informationen erhalten Sie über unseren Newsletter. Jetzt anmelden unter: www.aufbau-verlag.de/newsletter

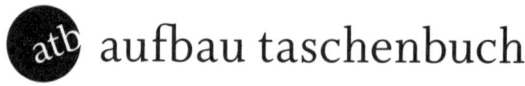

Christophe André
François Lelord
Die Kunst der Selbstachtung
Aus dem Französischen
von Ralf Pannowitsch
335 Seiten. Broschur
ISBN 978-3-7466-1805-0
Auch als E-Book erhältlich

Sind Sie glücklich mit sich selbst?

»Wenn man dieses Buch gelesen hat – ich schwöre es Ihnen – ist man glücklich«, schwärmte Elke Heidenreich über François Lelords Bestseller »Hectors Reise«. – Wenn man »Die Kunst der Selbstachtung« gelesen hat, macht man auch andere glücklich. Einfühlsam und amüsant werden unsere Zweifel wie Sehnsüchte geschildert. Außerdem findet sich eine Fülle von Ratschlägen, wie man die richtige Balance zum Glücklichsein erlangt.

»Wie es auch bestellt sein mag um Ihre Diplome, Ihre Erfolgsaussichten, Ihr Bankkonto – Sie werden in diesem Buch bestimmt einen Dreh finden, der Ihnen Ihre Verfassung aufpoliert.« ELLE

Regelmäßige Informationen erhalten Sie über unseren Newsletter. Jetzt anmelden unter: www.aufbau-verlag.de/newsletter

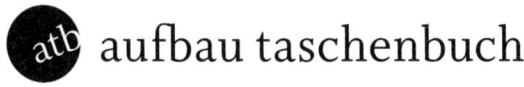